KB145210

코로나19 바이러스
"친환경 99.9% 항균잉크 인쇄"
전격 도입

항균잉크란?

언제 끝날지 모를 코로나19 바이러스
99.9% 항균잉크(V−CLEAN99)를 도입하여 「안심도서」로
독자분들의 건강과 안전을 위해 노력하겠습니다.

Clean Zone

본 도서는 항균잉크로 인쇄하였습니다.

항균 +
99.9%
안심도서

항균잉크(V-CLEAN99)의 특징

◉ 바이러스, 박테리아, 곰팡이 등에 항균효과가 있는 산화아연을 적용

◉ 산화아연은 한국의 식약처와 미국의 FDA에서 식품첨가물로 인증받아 **강력한 항균력**을 구현하는 소재

◉ 황색포도상구균과 대장균에 대한 테스트를 완료하여 **99.9%의 강력한 항균효과** 확인

◉ 잉크 내 중금속, 잔류성 오염물질 등 **유해 물질 저감**

TEST REPORT

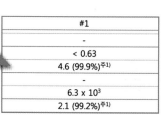

#1
-
< 0.63
4.6 (99.9%)주1)
6.3 x 10³
2.1 (99.2%)주1)

Clean Zone

SD에듀
(주)시대고시기획

만점받는 NCS 수리능력 마스터

+ 무료NCS특강

SD에듀
(주)시대고시기획

Always **with you**

사람이 길에서 우연하게 만나거나 함께 살아가는 것만이 인연은 아니라고 생각합니다.
책을 펴내는 출판사와 그 책을 읽는 독자의 만남도 소중한 인연입니다.
SD에듀는 항상 독자의 마음을 헤아리기 위해 노력하고 있습니다.
늘 독자와 함께 하겠습니다.

PREFACE

머리말

수리능력은 공사·공단 NCS 채용을 시행하는 대부분의 공기업에서 출제하는 영역이다. 사칙연산, 통계, 확률 등 기초연산과 기초통계에 관한 문제 유형이 다양하며, 특히 난이도가 높은 공사·공단의 시험에서는 도표분석, 및 자료해석 유형의 문제가 많이 출제되어 있다. 따라서 제한된 시간 안에 여러 영역을 빠르고 정확하게 풀이해야 하는 시험의 성격을 고려할 때 수리능력에 출제되는 지문에 대한 빠른 이해가 요구된다. 현재 수리능력은 지문이 짧지만. 풀이 과정을 살펴보았을 때 긴 문제도 자주 볼 수 있다. 그렇기 때문에 응용수리능력의 공식을 반드시 암기하여 적절한 답을 도출해야 한다. 그러므로 취업준비생들은 수리능력의 정확한 출제 유형을 알고, 그에 맞는 공식을 적절하게 적용할 수 있도록 꾸준한 연습이 필요하다. 특히, 통계 문제에서의 사건 발생 여부만 잘 판단하여도 공식을 적용하기 수월해지기 때문에 의도를 잘 파악하는 것이 중요하다.

공사·공단 필기시험 합격을 위해 **SD에듀**에서는 NCS 도서 시리즈 1위의 출간경험을 토대로 다음과 같은 특징을 가진 도서를 출간하였다.

📑 도서의 특징

첫 째 필수 전략을 통한 독해법 학습!
필수 7가지 전략을 통해 수리능력 계산법을 익힐 수 있도록 하였다.

둘 째 필수 계산법을 통한 나만의 계산법 정립!
앞서 익힌 필수 전략을 바탕으로 Topic별 자료 분석 연습을 통해 나만의 계산법과 빠른 자료 분석력을 기를 수 있도록 하였다.

셋 째 모의고사를 통한 실전 대비!
수리능력 모의고사 2회를 통해 실제 시험처럼 자신의 실력을 점검할 수 있도록 하였다.

넷 째 다양한 콘텐츠로 최종 합격까지!
온라인 모의고사와 AI면접을 무료로 제공하여 채용 전반을 대비할 수 있도록 하였다.

끝으로 본 도서를 통해 공사·공단 채용을 준비하는 모든 수험생 여러분이 합격의 기쁨을 누리기를 진심으로 기원한다.

NCS직무능력연구소 김현철 외

수리능력 소개

수리능력 정의 및 하위능력

업무 수행 시 사칙연산, 통계, 확률의 의미를 정확하게 이해하고 이를 업무에 적용하는 능력

하위능력	정의
기초연산능력	업무를 수행함에 있어 필요한 기초적인 사칙연산과 계산방법을 이해하고 활용하는 능력
기초통계능력	업무를 수행함에 있어 필요한 기초 수준의 백분율, 평균, 확률과 같은 통계 능력
도표분석능력	업무를 수행함에 있어 도표의 의미를 파악하고, 필요한 정보를 해석하여 자료의 특성을 규명하는 능력
도표작성능력	업무를 수행함에 있어 자료(데이터)를 이용하여 도표를 효과적으로 제시하는 능력

수리능력 학습법

01 응용수리능력의 공식은 반드시 암기하라!

응용수리능력은 지문이 짧지만, 풀이 과정은 긴 문제도 자주 볼 수 있다. 그렇기 때문에 응용수리능력의 공식을 반드시 암기하여 문제의 상황에 맞는 공식을 적절하게 적용하여 답을 도출해야 한다. 따라서 문제에서 묻는 것을 정확하게 파악하여 그에 맞는 공식을 적절하게 적용하는 꾸준한 연습과 공식을 암기하는 연습이 필요하다.

02 통계에서의 사건이 동시에 발생하는지 개별적으로 발생하는지 구분

통계에서는 사건이 개별적으로 발생했을 때, 경우의 수는 합의 법칙, 확률은 덧셈정리를 활용하여 계산하며, 사건이 동시에 발생했을 때, 경우의 수는 곱의 법칙, 확률은 곱셈정리를 활용하여 계산한다. 특히, 기초통계능력에서 출제되는 문제 중 순열과 조합의 계산 방법이 필요한 문제도 다수 출제되는 편이므로 순열(순서대로 나열)과 조합(순서에 상관없이 나열)의 차이점을 숙지하는 것 또한 중요하다. 통계 문제에서의 사건 발생 여부만 잘 판단하여도 계산과 공식을 적용하기가 수월하므로 문제의 의도를 잘 파악하는 것이 중요하다.

03 자료의 해석은 자료에서 즉시 확인할 수 있는 지문부터 확인하라!

대부분의 공사·공단 취업준비생들이 어려워하는 영역이 수리영역 중 도표분석, 즉 자료해석능력이다. 자료는 표 또는 그래프로 제시되고, 쉬운 지문은 증가 혹은 감소 추이, 간단한 사칙연산으로 풀이가 가능한 지문 등이 있고, 자료의 조사 기간 동안 전년 대비 증가율 혹은 감소율이 가장 높은 기간을 찾는 지문들도 있다. 따라서 일단 증가·감소 추이와 같이 눈으로 확인이 가능한 지문을 먼저 확인한 후 복잡한 계산이 필요한 지문을 확인하는 방법으로 문제를 풀이한다면, 시간을 조금이라도 아낄 수 있다. 특히, 그래프와 같은 경우에는 그래프에 대한 특징을 알고 있다면, 그래프의 길이 혹은 높낮이 등으로 대강의 수치를 빠르게 확인이 가능하므로 이에 대한 숙지도 필요하다. 또한, 여러 가지 보기가 주어진 문제 역시 지문을 잘 확인하고 문제를 푼다면 불필요한 계산이 줄어들 수 있으므로 항상 지문부터 확인하는 습관을 들이기를 바란다.

04 도표작성능력에서 지문에 작성된 도표의 제목을 반드시 확인하라!

도표작성은 하나의 자료 혹은 보고서와 같은 수치가 표현된 자료를 도표로 작성하는 형식으로 출제되는데, 대체로 표보다는 그래프를 작성하는 형태로 많이 출제된다. 지문을 살펴보면 각 지문에서 주어진 도표에도 소제목이 있는 경우가 대부분이다. 이때, 자료의 수치와 도표의 제목이 일치하지 않는 경우 함정이 존재하는 문제의 비중이 높으므로 도표의 제목을 반드시 확인하는 것이 중요하다. 도표작성의 경우 대부분 비율 계산이 많이 출제되는데, 도표의 제목과는 다른 수치로 작성된 도표가 존재하는 경우가 있다. 그렇기 때문에 지문에서 작성된 도표의 소제목을 먼저 확인하는 연습을 하여 간단하지 않은 비율 계산을 두 번 하는 일이 없도록 해야 한다.

👤 수리능력 세부사항

하위능력		교육내용	
기초연산 능력	K (지식)	• 수의 개념, 단위, 체제 • 다양한 계산방법의 이해 • 결과 제시 단위 사용 방법의 이해	• 업무에 필요한 연산 기법의 유형 • 계산결과 제시방법의 이해
	S (기술)	• 수치화된 자료의 해석 • 연산 결과에 적합한 단위 사용 • 계산 수행 방법에 대한 평가 • 계산결과의 업무와의 관련성 파악	• 업무에 필요한 사칙연산 수행 • 계산결과를 다른 형태로 제시 • 계산결과의 오류 확인
기초통계 능력	K (지식)	• 경향성의 개념 • 그래프의 이해 • 통계자료 해석방법의 종류	• 기초적인 통계방법의 이해 • 기초적인 통계량과 분포의 이해
	S (기술)	• 빈도, 평균, 범위에 대한 계산을 통한 자료 제시 • 데이터를 측정하는 방법 선택 • 계산결과의 오류 확인	• 계산결과에 대한 효과적인 표현 • 계산 수행 방법에 대한 평가 • 계산결과의 업무와의 관련성 파악
도표분석 능력	K (지식)	• 도표의 종류 • 도표 제목 해석 원리 • 도표로부터 정보 획득 방법의 이해	• 도표 분석 방법의 이해 • 시각화 자료 이해 • 도표 종류별 장단점 이해
	S (기술)	• 도표의 구성요소 파악 • 제시된 도표의 비교, 분석 • 도표의 핵심내용 파악	• 표 · 다이어그램 · 차트 · 그래프 분석 • 도표로부터 관련 정보 획득 • 도표의 정보와 업무와의 관련성 파악
도표작성 능력	K (지식)	• 도표 작성 목적 • 도표의 종류 • 도표를 이용한 핵심내용 강조방법의 유형	• 도표 작성 절차의 이해 • 도표를 활용한 표현 방법의 이해 • 시각화 표현 방법 이해
	S (기술)	• 도표로 전달한 내용 결정 • 도표 내용에 적절한 제목 진술 • 정확한 단위 사용 • 다양한 이미지에 대한 효과적인 활용	• 도표의 종류에 따른 효과적인 표현 • 도표로 제시할 결과 주요내용 요약 • 내용을 효과적으로 전달할 크기, 형태 파악

도서 구성

STEP 1 필수 7가지 전략으로 수리능력 계산법 확인

필수 7가지 전략을 통해 수리능력 계산법 및 자료 분석법을 익힐 수 있도록 하였다.

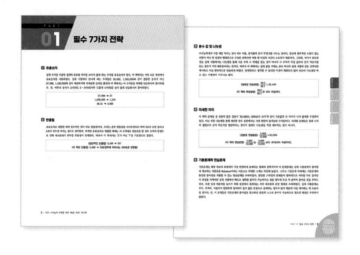

STEP 2 필수 계산법으로 단계적 학습

'유형의 이해＋접근법＋자료유형'을 통해 자료 분석력을 높일 수 있도록 하였다.

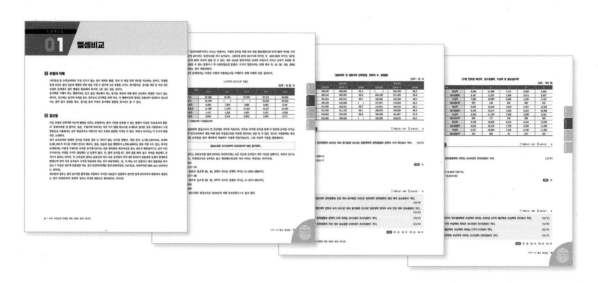

STEP 3   필수 모의고사를 활용한 실전 연습

2회분의 필수 모의고사와 모바일 OMR 답안채점 / 성적분석 서비스를 통해 실제로 시험을 보는 것처럼 실력을 점검하고 확인할 수 있도록 하였다.

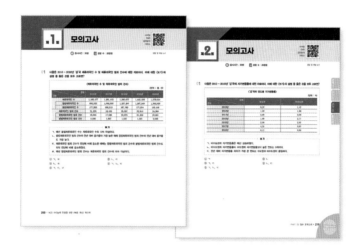

STEP 4   상세한 해설로 정답과 오답을 완벽하게 이해

정답과 오답에 대한 상세한 해설을 통해 혼자서도 학습을 할 수 있도록 하였다.

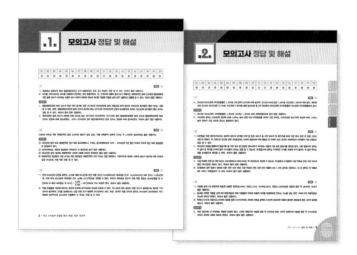

이 책의 목차

| PART 1 | 필수 7가지 전략 |

| PART 2 | 필수 계산법 |

TOPIC 01 뺄셈비교 · 006

TOPIC 02 곱셈비교 · 024

TOPIC 03 분수비교 · 042

TOPIC 04 증가폭의 비교 · 060

TOPIC 05 단순한 비율 – 1, 5, 10, 50% · 078

TOPIC 06 복잡한 비율 – 20%, 30% · 095

TOPIC 07 배수 – 2배, 2.5배, 5배 · 112

TOPIC 08 총합이 주어지지 않은 경우 · 130

TOPIC 09 많은 수의 뺄셈 · 148

TOPIC 10 증가율 계산 · 164

TOPIC 11 감소율 계산 · 182

| PART 3 | 필수 모의고사 |

제1회 모의고사 · 200

제2회 모의고사 · 219

정답 및 해설

필수 모의고사 정답 및 해설 · 002

01

필수 7가지 전략

이 책은 단순하게 계산 연습만 시키는 다른 계산 연습책들과는 달리 철저하게 선택지에서 만나게 되는 유형들을 반복적으로 연습하는 데 주안점을 두고 집필되었다. 따라서 정확한 값을 구하기보다는 선택지의 정오를 판별할 수 있는 수준까지만 설명되어 있다. 또한, 실전 활용도를 높이기 위해 문제 풀이 역시 깔끔하게 정돈된 수치들과 부호들이 아닌 실제 시험지에 메모하는 내용들을 그대로 수록해 놓았다. 문제를 풀 때마다 시간이 부족했다거나 시험장에서 우왕좌왕하며 시간과 시험지의 여백만 허비했던 수험생이라면 이 풀이법을 최대한 자기 것으로 만들기 바란다. 분명히 좋은 결과가 있을 것이다.

01 필수 7가지 전략

1 유효숫자

실제 수치를 이용한 결과와 유효한 차이를 보이지 않게 하는 수치를 유효숫자라 한다. 이 책에서는 거의 모든 계산에서 유효숫자를 사용하였다. 실제 시험에서 만나게 되는 수치들은 20,000, 1,500,000과 같이 깔끔한 숫자가 아닌 27,689, 1,539,092와 같이 계산하기에 지저분한 숫자들 뿐인데 이 책에서는 이 수치들을 최대한 단순화시켜 풀이하였다. 즉, 아무리 숫자가 크더라도 2 ~ 3자리(아주 드물게 4자리)를 넘지 않게 단순화시켜 풀이하였다.

> 27,689 ➔ 27
> 1,539,092 ➔ 1,540
> 39.21 ➔ 3,920

2 반올림

유효숫자로 변환할 때에 필수적인 것이 바로 반올림이다. 우리는 흔히 반올림을 사사오입이라 하여 5보다 크면 올리고 5보다 작으면 버리는 것으로 생각한다. 하지만 유효숫자로 변환할 때에는 이 규칙대로 반올림을 할 경우 오차의 발생으로 인해 대소관계가 뒤바뀔 위험성이 존재한다. 따라서 이 책에서는 '5'가 아닌 '7'을 기준점으로 잡았다.

> (일반적인 반올림) 3,566 ➔ 357
> (이 책의 반올림) 3,566 ➔ 356(경우에 따라서는 350으로 변환함)

3 분수 값 및 나눗셈

수리능력에서 가장 애를 먹이는 것이 바로 비율, 증가율과 같이 무언가를 나누는 것이다. 암산에 천부적인 소질이 있는 사람이 아닌 한 덧셈과 뺄셈만으로 구성된 선택지에 비해 배 이상의 시간이 소요되기 때문이다. 그런데, 여기서 중요한 것은 실제 시험에서는 나눗셈을 통해 나온 수치 그 자체를 묻는 것이 아니라 그 수치가 특정 값보다 큰지 작은지를 묻는 경우가 거의 대부분이라는 것이다. 따라서 이 책에서는 실제 값을 구하는 것이 아니라 실제 시험과 같은 선택지를 제시하고 이를 반복적으로 연습하게 하였다. 당연하다고 생각할 수 있지만 이것이 체화되지 않아 단순히 나눗셈만 하고 있는 수험생이 너무나도 많다.

$$\text{(잘못된 연습방법)} \ \frac{20.3}{60.7} \fallingdotseq 33.44\%$$

$$\text{(이 책의 연습방법)} \ \frac{20.3}{60.7} \text{은 30\% 이상이다.}$$

4 미세한 차이

이 책의 문제들 중 상당히 많은 것들이 '50.02%는 50%보다 크다'와 같이 기준값과 큰 차이가 나지 않게끔 구성되어 있다. 이는 직접 나눗셈을 통해 계산할 경우 실전에서는 거의 판단이 불가능한 수치들이다. 이러한 문제들은 원래 수치의 절반보다 큰지 작은지를 판단하라는 것이지 절대로 나눗셈을 직접 해보라는 것이 아니다.

$$\text{(잘못된 연습방법)} \ \frac{5,002}{10,000} = 50.02\%$$

$$\text{(이 책의 연습방법)} \ \frac{5,002}{10,000} \text{는 } \frac{5,000}{10,000} \text{보다 크다(50\% 이상이다).}$$

5 기본문제와 연습문제

기본문제는 해당 자료의 유형에서 가장 빈번하게 출제되는 형태의 선택지이며 이 문제들에는 실제 시험장에서 풀이할 때 메모하는 내용들을 Solution이라는 이름으로 최대한 그대로 복원해 놓았다. 그리고 기본문제 아래에는 기본문제와 동일한 풀이법을 적용할 수 있는 연습문제를 수록하였다. 동일한 스타일의 문제들이 반복되므로 지루할 수도 있지만 이 과정을 거쳐야만 실제 시험에서 빠르고 정확한 풀이가 가능하다는 것을 염두에 두고 꼭 끝까지 풀어줄 것을 부탁드린다. 또한 실전 적응력을 높이기 위해 실전에서 출제되는 거의 대부분의 문장 형태를 수록하였다. 실제 시험문제는 주어, 목적어, 서술어가 깔끔하게 정리되어 있지 않은 문장으로 출제되는 경우가 많기 때문에 이를 대비하는 데 도움이 될 것이다. 단, 이 문제들은 기본문제의 풀이법을 참고하면 충분히 스스로 풀이가 가능하므로 별도의 해설은 수록하지 않았다.

6 · 어색한 표현들

문제를 풀다보면 '10 ~ 29인 규모의 사업체 수는 일용직 고용 비율(%)의 50배 이상이다.'와 같이 결괏값의 의미를 알기 어려운 것들이 간혹 등장한다. 결론적으로 이런 문항의 결괏값은 아무런 의미를 가지지 않는다. 이 책에서는 결괏값을 해석하는 것이 중요한 것이 아니라 이 수치들을 빠르게 계산해낼 수 있는 것을 연습하는 것이 목적임을 명심하자. 같은 맥락에서 위 예시의 '일용직 고용 비율(%)'이라고 제시되어 있는 것은 소수점으로 변환하여 계산하지 말고 표에 제시된 수치를 그대로 사용해서 계산하기 바란다. 즉, 계산 연습에 필요한 수치가 '30'이었는데 하필 그 자료에서는 '30'이라는 수치가 비율(%)로 제시되어 있었던 것 뿐이다.

7 · 시험지의 여백

시행사에 따라 다를 수 있지만 대개 실제 시험장에서 만나게 되는 시험지는 생각보다 크지 않으며 문제를 풀만한 여백이 넉넉하게 주어져 있지 않다. 이 책의 대부분의 해설들은 이를 염두에 두고 계산을 최소화하는 방향으로 구성되었다. 따라서 이 책의 문제가 아닌 다른 교재의 문제를 풀 때에도 어떻게 하면 계산을 최소화할 수 있는지를 고민하며 풀이하기 바란다. 다시 강조하지만 시험시간은 넉넉하지 않으며 시험지의 여백은 생각보다 넓지 않다.

02

필수 계산법

01 / 뺄셈비교

1 유형의 이해

사칙연산 중 수리능력에서 가장 인기가 없는 것이 의외로 뺄셈, 특히 두 대상 간의 차이를 비교하는 것이다. 특별한 출제 포인트 없이 단순히 뺄셈만 하면 답을 구할 수 있기에 그런 경향을 보이는 것이겠지만, 증가율 계산 등 여러 다른 유형의 문제에서 결국 뺄셈을 활용해야 하기에 그런 것도 있을 것이다.

증가액을 구해야 하는 뺄셈비교는 분수 값을 계산해야 하는 증가율 계산에 비해 훨씬 간단하며 특별한 이슈가 없는 편이다. 최근에는 증가액 자체를 묻는 경우보다 증가액들 간의 비교, 즉 뺄셈비교의 형태로 응용되어 출제되고 있는데 이는 결국 앞서 설명한 배수, 증가율 등의 주제가 증가액과 결합된 것이라고 볼 수 있다.

2 접근법

다른 유형의 선택지와 다르게 뺄셈을 다루는 유형에서는 풀이 시간을 단축할 수 있는 방법이 사실상 '유효숫자의 활용'과 '징검다리법' 둘 뿐이다. 물론, 수험서에 따라서는 여러 가지 뺄셈 테크닉을 소개하고 있지만 실제 시험장에서 그런 방법들을 사용한다는 것이 현실적으로 어렵기도 하고 오히려 혼란만 가져올 수 있다. 따라서 여기서는 이 두 가지 방법만을 소개한다.

먼저 유효숫자란 원래의 숫자를 이용한 것과 큰 차이가 없는 숫자를 말한다. 예를 들어, 8,722,120이라는 숫자와 3,931,651의 차이를 구해야 한다고 해보자. 물론, 단순히 둘을 뺄셈하여 4,790,469라는 답을 구할 수도 있다. 하지만 문제에서는 이렇게 구체적인 수치를 요구하기보다는 다른 항목과의 대소비교를 묻는 경우가 대부분이므로 굳이 이런 수치보다는 어림한 수치로 판단해도 큰 문제가 없다. 즉, 앞의 숫자를 87, 뒤의 것을 39로 놓고 차이를 계산해도 큰 차이가 없다는 것이다. 이 숫자들의 경우는 유효숫자 바로 다음 숫자들이 각각 2와 3이어서 반올림의 문제가 발생하지 않았는데 만약 다음 숫자들이 크다면 반올림을 하는 것이 바람직하다. 단, 이때는 5가 넘었다고 해서 반올림을 하지 말고 7 이상인 경우에 반올림을 하는 것이 안전하다(예를 들어 876이라면 그냥 87로, 878이라면 88로 놓고 판단하라는 것이다).

대부분의 경우는 앞의 2자리만 뽑아내도 무방하나 주어진 자료들이 밀집되어 있다면 앞의 3자리까지 확장하여 계산하는 것이 안전하다(이 문제의 경우는 872와 393으로 뽑아낸다는 것이다).

다음은 흔히 '징검다리법'이라고 부르는 방법이다. 이해의 편의를 위해 위의 예를 활용해본다면 37과 89의 차이를 구하기 위해 중간에 40이라는 징검다리를 하나 놓아보자. 그렇다면 37과 40사이의 차이인 '3', 40과 89의 차이인 '49'를 더한 52가 37과 89의 차이가 됨을 알 수 있다. 매우 단순한 원리이지만 숫자의 자릿수가 커지고 숫자가 복잡할 때 유용하게 사용할 수 있는 방법이니 꼭 숙달되었으면 좋겠다. 여기서 징검다리는 10의 배수 즉, 10, 50, 100, 3000 등으로 설정하는 것이 바람직하다.

그렇다면 실제 문제에서는 이것이 어떻게 적용되는지를 이해하기 위해 아래의 표를 살펴보자.

〈A지역의 임가소득 현황〉

(단위 : 천 원, %)

구분 / 연도	2016	2017	2018	2019	2020
임가소득	27,288	27,391	27,678	27,471	29,609
경상소득	24,436	( )	( )	25,803	26,898
임업소득	8,203	7,655	7,699	8,055	8,487
임업외소득	11,786	11,876	12,424	12,317	13,185
이전소득	4,447	4,348	4,903	5,431	5,226
비경상소득	2,852	3,512	2,652	2,668	2,711

※ (임가소득)＝(경상소득)＋(비경상소득)

2017년과 2018년의 경상소득이 빈칸인 채로 주어진 자료이며, 각주로 주어진 산식을 통해 이 빈칸에 들어갈 수치는 제일 위 줄의 임가소득에서 제일 아래 줄의 비경상소득을 차감한 것이라는 것을 알 수 있다. 참고로 시험문제는 항상 이렇게 빼야할 숫자들을 멀리 배치하여 계산하기 어렵게 만들어놓는다. 그럼 다음의 지문을 판단해보자.

경상소득은 2016년부터 2020년까지 매년 증가한다.

이 자료의 경우는 유효숫자를 앞의 2자리로 처리하기에는 모든 연도의 숫자들이 매우 비슷한 상황이다. 따라서 임가소득과 경상소득은 3자리로, 비경상소득은 2자리로 놓고 판단해보자(십의 자리 이하는 버린다는 의미이다).

2016년 : 244

2017년 : 273－35

징검다리를 40으로 놓으면 35, 40, 273이 되므로 전체의 차이는 5＋233＝238이다.

2018년 : 277－26

징검다리를 30으로 놓으면 26, 30, 277이 되므로 전체의 차이는 4＋247＝251이다.

2019년 : 258

2020년 : 269

결론적으로 2017년의 경상소득은 2016년에 비해 감소하였으므로 옳지 않다.

③ 자료유형

| 문제 1 |

〈일반대학 및 전문대학 입학정원, 입학자 수, 충원율〉

(단위 : 명, %)

구분	일반대학			전문대학		
	입학정원	입학자 수	충원율	입학정원	입학자 수	충원율
2005	323,537	308,650	95.4	( )	218,783	82.2
2010	329,045	325,537	98.9	218,482	211,565	96.8
2015	331,854	327,644	98.7	183,025	181,253	99.0
2016	332,379	318,803	( )	177,877	175,053	98.4
2017	317,367	313,241	98.7	172,601	166,910	96.7
2018	314,024	311,125	99.1	168,673	162,828	96.5
2019	313,884	310,229	98.8	166,229	161,687	97.3
2020	312,655	309,060	( )	162,335	152,072	93.7

기본문제　　　　　　　　　　　　　　　⏱ 제한시간 : 10초　⧖ 소요시간 :　　초

Question

2010년 일반대학 입학정원의 2005년 대비 증가분은 2010년 전문대학의 입학정원과 입학자 수의 차이보다 작다.　　(○/×)

Solution

일반대학 : 329−323=6
전문대학 : 218−211=7

정답 ○

연습문제　　　　　　　　　　　　　　　⏱ 제한시간 : 48초　⧖ 소요시간 :　　초

01 2016년 일반대학 입학정원의 전년 대비 증가분은 2020년 일반대학 입학정원의 전년 대비 감소분보다 작다.
　　　(○/×)

02 2015년 일반대학 입학자 수의 2010년 대비 증가분은 2018년 일반대학 입학자 수의 전년 대비 감소분보다 크다.
　　　(○/×)

03 전문대학 입학정원과 입학자 수의 차이는 2015년이 2016년보다 작다.　　(○/×)

04 전문대학 입학정원의 전년 대비 감소분은 2020년이 2018년보다 크다.　　(○/×)

정답 01 ○　02 ×　03 ○　04 ×

| 문제 2 |

〈구별 연도별 예산액, 징수결정액, 수납액 및 불납결손액〉

(단위 : 백만 원)

구분		A	B	C	D	E
2018	예산액	8,532	11,096	7,741	6,059	9,894
	징수결정액	8,481	11,037	7,695	6,014	9,827
	수납액	7,685	10,286	6,985	5,240	9,185
	불납결손액	372	416	405	398	345
2019	예산액	8,904	12,552	7,916	6,607	10,525
	징수결정액	8,752	12,517	7,850	6,554	10,388
	수납액	8,242	11,108	7,622	5,920	9,324
	불납결손액	256	717	106	299	582
2020	예산액	8,700	13,629	8,010	6,645	12,000
	징수결정액	8,615	13,540	7,723	6,500	11,630
	수납액	8,277	12,820	7,545	6,120	11,250
	불납결손액	165	290	72	210	184

기본문제

제한시간 : 10초   소요시간 :   초

Question

A구의 예산액과 징수결정액의 차이는 2018년이 2020년보다 크다. (O/X)

Solution

2018년 : (8,500−8,481)+32=51
2020년 : 8,700−8,615=85

정답 ✕

연습문제

제한시간 : 48초   소요시간 :   초

01 2018년 B구의 징수결정액과 수납액의 차이는 2020년 B구의 예산액과 수납액의 차이보다 작다. (O/✕)

02 C구와 D구의 수납액의 차이는 2018년이 2019년보다 작다. (O/✕)

03 2020년 예산액과 수납액의 차이는 C구가 D구보다 작다. (O/✕)

04 E구의 예산액과 수납액의 차이는 2018년이 2020년보다 크다. (O/✕)

정답 **01** ○ **02** ✕ **03** ○ **04** ✕

| 문제 3 |

〈연령대별 시간 사용〉

구분		20대 (20 ~ 29세)	30대 (30 ~ 39세)	40대 (40 ~ 49세)	50대 (50 ~ 59세)	60세 이상
필수시간		11:30	11:15	11:14	11:16	11:53
	수면	8:23	8:06	7:58	7:50	8:15
	식사 및 간식	1:46	1:52	1:58	2:03	2:05
	기타 개인유지	1:21	1:17	1:18	1:23	1:33
의무시간		7:42	8:58	8:49	8:06	5:27
	일(구직활동포함)	3:33	5:41	5:38	5:19	2:50
	학습	1:54	0:17	0:07	0:05	0:03
	가사노동	0:33	1:07	1:00	0:50	1:08
	이동	1:42	1:53	2:04	1:52	1:26
여가시간		4:49	3:48	4:00	4:40	6:40
	교제 및 참여	0:55	0:39	0:39	0:45	1:00
	문화 및 관광	0:07	0:04	0:04	0:02	0:01
	미디어 이용	1:39	1:46	2:11	2:39	3:52
	스포츠 및 레포츠	0:28	0:23	0:27	0:40	1:00
	기타	1:40	0:56	0:39	0:34	0:47

기본문제

제한시간 : 10초   소요시간 :   초

Question

수면시간과 식사 및 간식시간의 차이는 20대가 30대보다 작다.   (○/×)

Solution

20대 : 6시간+[(60−46)+23=37분]=6시간 37분
30대 : 6시간+[(60−52)+6=14분]=6시간 14분

정답 ×

연습문제

제한시간 : 48초   소요시간 :   초

01 일시간과 학습시간의 차이는 30대가 40대보다 작다.   (○/×)

02 식사 및 간식시간과 기타 개인유지시간의 차이는 50대가 60세 이상보다 작다.   (○/×)

03 미디어 이용시간과 스포츠 및 레포츠 시간의 차이는 40대가 50대보다 작다.   (○/×)

04 20대의 일시간과 학습시간의 차이는 가사노동시간과 이동시간의 차이보다 작다.   (○/×)

정답 01 ○ 02 × 03 ○ 04 ×

| 문제 4 |

〈월별 산지 쌀값 현황〉

(단위 : 원/100kg)

구분	2016년	2017년	2018년
1월	146,560	129,328	157,692
2월	145,864	129,372	161,792
3월	144,972	128,944	167,480
4월	144,316	127,952	171,376
5월	144,052	127,280	172,264
6월	143,576	126,840	174,096
7월	142,900	126,732	175,784
8월	141,869	129,232	177,252
9월	137,152	132,096	178,272
10월	134,076	150,892	194,772
11월	129,348	152,224	193,696
12월	128,328	154,968	193,656

기본문제

⏱ 제한시간 : 10초　⌛ 소요시간 :　초

Question

전월 대비 산지 쌀값의 변화분은 2016년 2월이 동년 4월보다 작다.　　(O/X)

Solution

2월 : $(146,000 - 145,864) + 560 = 696$
4월 : $972 - 316 = 656$

정답 ✕

연습문제

⏱ 제한시간 : 48초　⌛ 소요시간 :　초

01 전월 대비 산지 쌀값의 변화분은 2016년 6월이 2017년 6월보다 크다.　　(O/X)

02 전월 대비 산지 쌀값의 변화분은 2017년 8월이 동년 12월보다 작다.　　(O/X)

03 전월 대비 산지 쌀값의 변화분은 2017년 11월이 동년 12월보다 작다.　　(O/X)

04 전월 대비 산지 쌀값의 변화분은 2018년 7월이 동년 8월보다 작다.　　(O/X)

정답 **01** O **02** ✕ **03** O **04** ✕

| 문제 5 |

〈국내 제조사 자동차 모델별 판매량 순위〉

(단위 : 대)

순위	제조사	모델	판매량
1	가	A1	98,401
2	가	A2	86,198
3	가	A3	73,641
4	나	B1	63,706
5	가	A6	52,299
6	나	B4	50,364
7	라	D1	47,640
8	나	B5	46,531
9	나	B6	44,387
10	마	E1	41,330
11	가	A7	40,867
12	가	A8	36,758
13	다	C1	35,513
14	마	E2	35,428
15	가	A9	33,531
16	나	B7	32,453
합계			1,051,299

기본문제

⏱ 제한시간 : 10초　⌛ 소요시간 :　초

Question

'나'사의 B6모델과 '마'사의 E1모델의 판매량의 차이는 '가'사의 A7모델과 A8모델의 판매량의 차이보다 크다.　(O/X)

Solution

B6−E1 : 444−413=31
A7−A8 : 408−367=41

정답 X

연습문제

⏱ 제한시간 : 36초　⌛ 소요시간 :　초

01 '가'사의 A1모델과 A2모델의 판매량의 차이는 '가'사의 A2모델과 A3모델의 판매량의 차이보다 크다.　(O/X)

02 '가'사의 A6모델과 '나'사의 B4모델의 판매량의 차이는 '나'사의 B4모델과 '라'사의 D1모델의 판매량의 차이보다 작다.
(O/X)

03 '마'사의 E2모델과 '가'사의 A9모델의 판매량의 차이는 '가'사의 A9모델과 '나'사의 B7모델의 판매량의 차이보다 크다.
(O/X)

정답 **01** X **02** O **03** O

| 문제 6 |

〈지역별 도로 보급 현황〉

지역	면적 (km²)	인구 (천명)	자동차 대수 (천대)	도로 연장 (km)	개통 도로 (km)	포장 도로 (km)	포장률 (%)
서울	605	9,766	3,125	8,273	8,273	8,273	100.0
A	1,063	2,955	1,578	3,271	3,244	3,160	97.4
B	540	1,490	670	2,140	2,140	2,140	100.0
울산	1,061	1,156	558	2,142	2,136	2,115	99.0
C	16,828	1,543	766	9,953	( )	7,753	88.4
D	10,540	3,374	1,694	12,650	( )	9,943	91.0
E	8,226	2,126	1,094	7,160	( )	6,249	92.5

기본문제

⏱ 제한시간 : 10초   ⧗ 소요시간 :   초

Question

포장 도로 길이의 차이는 서울과 A지역의 차이가 울산과 C지역의 차이보다 크다.   (O/X)

Solution

서울-A : 83-31=52
C-울산 : 77-21=56

정답 ✕

연습문제

⏱ 제한시간 : 24초   ⧗ 소요시간 :   초

01 자동차 대수의 차이는 A지역과 B지역의 차이가 C지역과 D지역의 차이보다 크다.   (O/X)

02 도로 연장의 차이는 서울과 A지역의 차이가 D지역과 E지역의 차이보다 작다.   (O/X)

정답 01 ✕ 02 O

〈전국의 목적별 · 수단별 통행량〉

(단위 : 건, %)

구분		2010년		2016년	
		통행량	분포비	통행량	분포비
목적별	출근	17,331,355	21.98	21,850,443	25.07
	등교	4,847,898	6.15	3,553,113	4.08
	업무	6,530,704	8.28	6,589,888	7.56
	쇼핑	2,646,894	3.36	3,543,308	4.07
	여가	4,714,537	5.98	5,057,624	5.80
	귀가	34,111,033	43.24	38,074,889	43.68
	기타	8,685,728	11.01	8,486,395	9.74
	총 통행량	78,868,149	100.00	87,155,660	100.00
수단별	승용차	52,615,359	60.41	59,477,620	61.77
	버스	25,099,823	28.82	25,854,406	26.85
	일반철도 / 지하철	9,173,687	10.53	10,647,543	11.06
	고속철도	119,016	0.14	183,325	0.19
	해운	33,535	0.04	33,957	0.04
	항공	53,310	0.06	83,644	0.09
	총 통행량	87,094,730	100.00	96,280,495	100.00

기본문제

⏱ 제한시간 : 10초 ⧖ 소요시간 :   초

Question

귀가 통행량과 출근 통행량의 차이는 2010년이 2016년보다 작다.　　　　　　　　　　　(O/X)

Solution

2010년 : 341 − 173 = 168
2016년 : 380 − 218 = 162

정답 X

연습문제

⏱ 제한시간 : 36초 ⧖ 소요시간 :   초

01 2010년 업무 통행량과 등교 통행량의 차이는 2010년 여가 통행량과 쇼핑 통행량의 차이보다 작다.　(O/X)

02 2010년 업무 통행량과 등교 통행량의 분포비의 차이는 2010년 여가 통행량과 쇼핑 통행량의 분포비의 차이보다
크다.　　　　　　　　　　　　　　　　　　　　　　　　　　　　　　　　　　　　　　(O/X)

03 '일반철도 / 지하철'과 '고속철도'의 분포비의 차이는 2010년이 2016년보다 작다.　　　　　　　(O/X)

정답 **01** O　**02** X　**03** O

〈사망자 수 및 조(粗)사망률 추이〉

(단위 : 명)

연도	사망자 수			조(粗)사망률			1일 평균 사망자 수
	남녀 전체	남	여	남녀 전체	남	여	
2010	255,405	142,358	113,047	512.0	570.0	454.0	700
2011	257,396	143,250	114,146	513.6	571.1	456.0	705
2012	267,221	147,372	119,849	530.8	585.1	476.4	730
2013	266,257	146,599	119,658	526.6	579.8	473.4	729
2014	267,692	147,321	120,371	527.3	580.6	474.1	733
2015	275,895	150,449	125,446	541.5	591.0	492.1	756
2016	280,827	152,529	128,298	549.5	597.5	501.5	767

기본문제

⏱ 제한시간 : 10초 ⌛ 소요시간 : 초

Question

2013년 대비 2014년의 사망자 수의 차이는 남녀 전체가 남자보다 크다. (O/X)

Solution

남녀 전체 : 2,677−2,662=14
남자 : 1,473−1,466=7

정답 O

연습문제

⏱ 제한시간 : 48초 ⌛ 소요시간 : 초

01 2010년 대비 2011년의 사망자 수의 차이는 남자가 여자보다 크다. (O/X)

02 2015년 대비 2016년의 남녀전체의 사망자 수의 차이는 2014년 대비 2015년의 여자 사망자 수의 차이보다 크다. (O/X)

03 남자와 여자의 조사망률의 차이는 2010년이 2011년보다 크다. (O/X)

04 남자와 여자의 조사망률의 차이는 2013년이 2014년보다 크다. (O/X)

정답 **01** X **02** X **03** O **04** X

〈카드사별 및 금리구간별 대출 현황〉

(단위 : 백만 원, %)

카드사	금리구간	5% 미만	5% 이상 10% 미만	10% 이상 15% 미만	15% 이상 20% 미만	20% 이상	합계
A	잔액	700	713,753	3,114,427	1,549,522	480,365	5,858,767
	비중	0.01	12.18	53.16	26.45	8.20	100.00
B	잔액	12,562	673,174	1,847,177	1,735,623	363,731	4,632,267
	비중	0.27	14.53	39.88	37.47	7.85	100.00
C	잔액	9,535	720,712	1,238,465	1,459,994	710,745	4,139,451
	비중	0.23	17.41	29.92	35.27	17.17	100.00
D	잔액	0	497,705	1,108,427	1,246,733	438,869	3,291,734
	비중	0.00	15.12	33.67	37.87	13.34	100.00
E	잔액	41,573	836,460	739,704	889,391	112,718	2,619,846
	비중	1.59	31.93	28.23	33.95	4.30	100.00
F	잔액	9,598	592,451	665,888	661,514	237,673	2,167,124
	비중	0.44	27.34	30.73	30.52	10.97	100.00
G	잔액	41,090	302,800	567,114	1,010,318	30,973	1,952,295
	비중	2.10	15.51	29.05	51.75	1.59	100.00
카드사 합계	잔액	115,058	4,337,055	9,281,202	8,553,095	2,375,074	24,661,484
	비중	0.47	17.59	37.63	34.68	9.63	100.00

기본문제　　　　　　　　　　　　　　⏱ 제한시간 : 10초　⌛ 소요시간 :　　초

Question

B카드사의 대출잔액 중 '10% 이상 15% 미만'과 '15% 이상 20% 미만'의 차이는 E카드사의 대출잔액 중 '5% 이상 10% 미만'과 '10% 이상 15% 미만'의 차이보다 작다. (○/×)

Solution

B카드사 : 185－173＝12
E카드사 : 83－74＝9

정답 ×

연습문제　　　　　　　　　　　　　　⏱ 제한시간 : 48초　⌛ 소요시간 :　　초

01 대출잔액 중 '5% 이상 10% 미만'과 '10% 이상 15% 미만'의 차이는 E카드사가 F카드사보다 크다. (○/×)

02 대출잔액 중 '15% 이상 20% 미만'과 '20% 이상'의 차이는 C카드사가 D카드사보다 크다. (○/×)

03 대출잔액 중 '15% 이상 20% 미만'과 '20% 이상'의 차이는 E카드사가 F카드사보다 크다. (○/×)

04 전체 대출잔액의 차이는 B카드사와 C카드사의 차이가 E카드사와 F카드사의 차이보다 작다. (○/×)

정답 01 ○ 02 × 03 ○ 04 ×

〈지역별 시청 및 교육청 원문공개 현황〉

기관 지역	시청			교육청	
	등록건수	원문 공개건수	주민 1천 명당 원문 공개건수	등록건수	원문 공개건수
서울	132,288	94,641	9.60	1,365,293	459,081
A	61,771	45,058	18.20	687,924	190,091
B	95,681	71,109	20.49	502,525	115,365
C	26,797	19,326	13.20	397,725	91,258
D	63,203	36,081	12.24	918,699	187,076
대전	44,226	30,107	20.04	384,624	88,366
울산	31,219	20,670	17.74	360,491	72,660

기본문제

제한시간 : 10초   소요시간 :   초

Question

교육청 원문 공개건수의 경우 A지역과 C지역의 차이보다 D지역과 대전지역의 차이가 작다. (O/X)

Solution

A−C : 8,742+90,000+91

D−대전 : 1,634+90,000+7,076

90,000이 동일하므로 A−C는 8,833, D−대전은 8,710으로 놓고 판단하면 된다.

정답 X

연습문제

제한시간 : 24초   소요시간 :   초

01 시청 등록건수와 원문 공개건수의 차이는 A지역이 B지역보다 크다. (O/X)

02 주민 1천 명당 시청 원문 공개건수의 차이는 서울과 A지역의 차이가 D지역과 대전지역의 차이보다 크다. (O/X)

정답 01 X 02 O

〈교원 유형별 강의 담당학점 현황〉

(단위 : 학점, %)

구분		연도 교원 유형	2020년 전임교원	비전임교원	강사	2019년 전임교원	비전임교원	강사
전체 (196개교)		담당학점	479,876	239,394	152,898	476,551	225,955	121,265
		비율	66.7	33.3	21.3	67.8	32.2	17.3
설립주체	국공립 (40개교)	담당학점	108,237	62,934	47,504	107,793	59,980	42,824
		비율	63.2	36.8	27.8	64.2	35.8	25.5
	사립 (156개교)	담당학점	371,639	176,460	105,394	368,758	165,975	78,441
		비율	67.8	32.2	19.2	69.0	31.0	14.7
소재지	수도권 (73개교)	담당학점	173,383	106,403	64,019	171,439	101,864	50,696
		비율	62.0	38.0	22.9	62.7	37.3	18.5
	비수도권 (123개교)	담당학점	306,493	132,991	88,879	305,112	124,091	70,569
		비율	69.7	30.3	20.2	71.1	28.9	16.4

기본문제　　　　　　　　　　　⏱ 제한시간 : 10초　⌛ 소요시간 :　　초

Question

전체 전임교원과 비전임교원의 담당학점의 차이는 2020년이 2019년보다 크다.　　　　　(O/X)

Solution

2020년 : 480−239=241
2019년 : 476−226=250

정답 　✕

연습문제　　　　　　　　　　　⏱ 제한시간 : 48초　⌛ 소요시간 :　　초

01 국공립 전임교원과 비전임교원의 담당학점의 차이는 2020년이 2019년보다 작다.	(O/X)
02 사립 전임교원과 비전임교원의 담당학점의 차이는 2020년이 2019년보다 크다.	(O/X)
03 수도권 전임교원과 비전임교원의 담당학점의 차이는 2020년이 2019년보다 작다.	(O/X)
04 비수도권 전임교원과 비전임교원의 담당학점의 차이는 2020년이 2019년보다 크다.	(O/X)

정답　01 O　02 ✕　03 O　04 ✕

| 문제 12 |

(단위 : 호, 명)

구분 조사연도	조선왕조실록		호구총수	
	호(戶)	구(口)	호(戶)	구(口)
현종 10년	1,342,274	5,164,524	1,313,652	5,018,744
현종 13년	1,176,917	4,695,611	1,205,866	4,720,815
숙종 원년	1,234,512	4,703,505	1,250,298	4,725,704
숙종 19년	1,546,474	7,188,574	1,547,237	7,045,115
숙종 25년	1,293,083	5,772,300	1,333,330	5,774,739

기본문제　　　　　　　　　　　　　　　　⏱ 제한시간 : 10초　⌛ 소요시간 :　　초

Question

현종 10년 호(戶)수와 구(口)수의 차이는 조선왕조실록이 호구총수보다 작다.　　　　　　(○/×)

Solution

조선왕조실록 : 516－134＝382
호구총수 : 502－131＝371

정답 ×

연습문제　　　　　　　　　　　　　　　　⏱ 제한시간 : 48초　⌛ 소요시간 :　　초

01 현종 13년 호(戶)수와 구(口)수의 차이는 조선왕조실록이 호구총수보다 크다.　　　　　(○/×)

02 숙종 원년 호(戶)수와 구(口)수의 차이는 조선왕조실록이 호구총수보다 크다.　　　　　(○/×)

03 숙종 19년 호(戶)수와 구(口)수의 차이는 조선왕조실록이 호구총수보다 크다.　　　　　(○/×)

04 숙종 25년 호(戶)수와 구(口)수의 차이는 조선왕조실록이 호구총수보다 작다.　　　　　(○/×)

정답 **01** ○　**02** ×　**03** ○　**04** ×

| 문제 13 |

〈금융소득 분위별 가구당 자산규모〉

(단위 : 만 원)

가구 분류	자산 구분 금융소득 분위	1분위	2분위	3분위	4분위	5분위
자산총액	전체	34,483	42,390	53,229	68,050	144,361
	노인	26,938	32,867	38,883	55,810	147,785
순자산액	전체	29,376	37,640	47,187	63,197	133,050
	노인	23,158	29,836	35,687	53,188	140,667
저축액	전체	6,095	8,662	11,849	18,936	48,639
	노인	2,875	4,802	6,084	11,855	48,311

기본문제

⏱ 제한시간 : 10초   ⏳ 소요시간 :   초

Question

2분위 노인가구와 1분위 노인가구의 경우 자산총액의 차이는 순자산액의 차이보다 크다.   (○/×)

Solution

자산총액 : 328 − 269 = 59
순자산액 : 298 − 231 = 67

정답 ×

연습문제

⏱ 제한시간 : 48초   ⏳ 소요시간 :   초

01 저축액의 차이는 2분위 가구와 1분위 가구의 차이가 3분위 가구와 2분위 가구의 차이보다 작다.   (○/×)

02 저축액의 차이는 3분위 노인가구와 1분위 노인가구의 차이가 4분위 노인가구와 3분위 노인가구의 차이보다 크다.
(○/×)

03 자산총액의 차이는 4분위 가구와 3분위 가구의 차이가 4분위 노인가구와 3분위 노인가구의 차이보다 작다. (○/×)

04 5분위 가구의 자산총액과 순자산액의 차이는 5분위 노인가구와 5분위 가구의 순자산액의 차이보다 작다. (○/×)

정답 01 ○   02 ×   03 ○   04 ×

| 문제 14 |

〈영재학생 역량별 요구수준 및 현재수준〉

(단위 : 점)

집단 역량 구분	과학교사			인문교사		
	요구수준	현재수준	부족수준	요구수준	현재수준	부족수준
문해력	4.30	3.30	1.00	4.50	3.26	1.24
수리적 소양	4.37	4.00	0.37	4.43	3.88	0.55
과학적 소양	4.52	4.03	0.49	4.63	4.00	0.63
ICT 소양	4.33	3.59	0.74	4.52	3.68	0.84
경제적 소양	3.85	2.84	1.01	4.01	2.87	1.14
문화적 소양	4.26	2.84	1.42	4.46	3.04	1.42
비판적 사고	4.71	3.53	1.18	4.73	3.70	1.03
창의성	4.64	3.43	1.21	4.84	3.67	1.17
의사소통능력	4.68	3.42	1.26	4.71	3.65	1.06
협업능력	( )	3.56	( )	4.72	3.66	1.06
호기심	4.64	3.50	1.14	4.64	3.63	1.01
주도성	4.39	3.46	0.93	4.47	3.43	1.04

기본문제

⏱ 제한시간 : 10초 ⏳ 소요시간 : 초

Ｑuestion

과학교사의 요구수준과 현재수준의 차이는 비판적 사고가 창의성보다 크다. (○/×)

Ｓolution

비판적 사고 : $(400-353)+71=118$
창의성 : $(400-343)+64=121$

정답 ×

연습문제

⏱ 제한시간 : 48초 ⏳ 소요시간 : 초

01 과학교사의 요구수준과 현재수준의 차이는 호기심이 주도성보다 작다. (○/×)

02 인문교사의 요구수준과 현재수준의 차이는 문해력이 창의성보다 작다. (○/×)

03 인문교사의 요구수준과 현재수준의 차이는 수리적 소양이 과학적 소양보다 작다. (○/×)

04 인문교사의 요구수준과 현재수준의 차이는 ICT 소양이 경제적 소양보다 크다. (○/×)

정답 01 × 02 × 03 ○ 04 ×

| 문제 15 |

〈신입사원의 직무역량 중요도〉

(단위 : 점)

직무역량＼산업분야	신소재	게임	미디어	식품
의사소통능력	4.34	4.17	4.42	4.21
수리능력	4.46	4.06	3.94	3.92
문제해결능력	4.58	4.52	4.45	4.50
자기개발능력	4.15	4.26	4.11	3.98
자원관리능력	4.09	3.97	3.93	3.91
대인관계능력	4.35	4.00	4.27	4.20
정보능력	4.33	4.09	4.29	4.07
기술능력	4.07	4.24	3.68	4.00
조직이해능력	3.97	3.78	3.88	3.88
직업윤리	4.44	4.66	4.59	4.39

기본문제

⏱ 제한시간 : 10초 ⏳ 소요시간 :   초

Question

게임과 미디어의 중요도 점수의 차이는 수리능력이 자기개발능력보다 크다.　　　　　　　　　　　(O/×)

Solution

수리능력 : (400−394)+6=12
자기개발능력 : 15

정답 ×

연습문제

⏱ 제한시간 : 48초 ⏳ 소요시간 :   초

01 신소재와 게임의 중요도 점수의 차이는 의사소통능력이 정보능력보다 크다.	(O/×)
02 신소재와 게임의 중요도 점수의 차이는 기술능력이 조직이해능력보다 작다.	(O/×)
03 게임과 미디어의 중요도 점수의 차이는 문제해결능력이 대인관계능력보다 작다.	(O/×)
04 미디어와 식품의 중요도 점수의 차이는 정보능력이 직업윤리보다 작다.	(O/×)

정답 01 × 02 ○ 03 ○ 04 ×

MEMO

02 곱셈비교

1 유형의 이해

수리능력의 문제를 풀다보면 가장 많이 접하게 되는 것은 두 숫자의 곱을 비교하여 어느 것이 더 큰지를 판단하는 것이다. 만약 시험장에서 계산기를 사용할 수 있다면 이는 너무나 쉬운 선택지가 되겠지만 현실은 그렇지 못하다. 그렇다고 단순히 그 숫자들을 직접 곱하기에는 시간이 너무나 아깝다.

따라서 보다 간단하게 이를 비교할 수 있는 방법을 찾아보도록 하자.

2 접근법

곱해지는 모든 숫자가 크다면 당연히 그 결과 값도 클 것이다. 그러나, 이 당연한 것이 문제화되었을 경우에 전혀 엉뚱하게 해석하거나 심지어는 시간이 많이 걸리는 선택지로 판단하고 스킵하는 경우가 있다. 하지만 이 경우는 어떠한 계산도 필요하지 않으며 곧바로 대소비교가 가능하다.

> (큰 수 1)×(큰 수 2)>(작은 수 1)×(작은 수 2)

문제는 대소 관계가 서로 엇갈리는 경우이며 수리능력에서 필요한 능력은 이들을 판단할 수 있는 능력이다.
아래의 곱셈을 살펴보자.

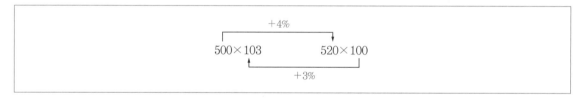

곱셈기호의 앞쪽 숫자는 오른쪽이 더 큰 반면, 뒤쪽 숫자는 왼쪽이 더 큰 형태이다. 만약 수치들의 변화율이 위와 같이 크지 않은 경우라면 변화율을 이용해 판단하는 것이 바람직하며, 변화율이 크다면 변화율보다는 배수(2배, 3배 등)를 이용해 판단하는 것이 좋다. 위의 사례에서는 오른쪽으로 커지는 힘이 왼쪽으로 커지는 힘보다 크므로 전체 값 역시 오른쪽 수치가 더 크다고 판단할 수 있다.

위에서 설명한 내용도 어디까지나 편의를 위한 어림산의 일종에 불과하다. 따라서 이와 같은 풀이법들을 금과옥조로 여겨 시중에 나와 있는 여러 비교법을 학습하는 것은 그다지 추천하고 싶지 않으며, 자신에게 맞는 하나의 방법을 택해 그 방법으로 풀이하는 것을 권한다. 사람에 따라서는 이런 어림산보다 직접 계산하는 것이 더 빠른 경우도 있고 실제 그렇게 해서 고득점을 한 경우도 종종 보았다.

그렇다면 실제 문제에서는 이것이 어떻게 적용되는지를 이해하기 위해 아래의 표를 살펴보자.

〈A지역 인구 및 사노비 비율〉

구분 조사년도	인구(명)	인구 중 사노비 비율(%)			
		솔거노비	외거노비	도망노비	전체
1720	2,228	18.5	10.0	11.5	40.0
1735	3,143	13.8	6.8	12.8	33.4
1762	3,380	11.5	8.5	11.7	31.7
1774	3,189	14.0	8.8	12.0	34.8
1783	3,056	14.9	6.7	9.3	30.9
1795	2,359	18.2	4.3	6.5	29.0

※ 1) 사노비는 솔거노비, 외거노비, 도망노비로만 구분됨
　 2) 비율은 소수점 둘째 자리에서 반올림한 값임

전체 수치와 비율이 제시된, 가장 많이 볼 수 있으면서도 가장 계산하기 까다로운 형태의 자료이다. 이 자료에서 아래의 지문을 판단해 보자.

A지역 사노비 수는 1774년이 1720년보다 많다.

먼저, 곱셈비교를 위해 1720년의 사노비 수를 표시하면 2,228×40%이고, 1774년은 3,189×34.8%이다(아래 풀이에서는 계산의 편의를 위해 %는 생략하였다).

$$+40\%$$
$$2{,}228 \times 40 \qquad 3{,}189 \times 34.8$$
$$+15\%$$

위 그림에서 살펴볼 수 있는 것처럼 3,189는 2,228에 비해 대략 40% 증가한 반면, 40은 34.8에 비해 대략 15%만 증가한 상황이다. 즉, 1774년으로 증가하는 힘이 훨씬 더 센 상황이므로 둘을 곱한 전체 값도 1774년이 더 크다는 것을 확인할 수 있다.

③ 자료유형

| 문제 1 |

〈식품별 당지수(GI지수), 1회 섭취량 및 함유 당질량〉

식품	당지수(GI지수)	1회 섭취량(g)	1회 섭취량당 함유 당질량(g)
대두	18	150	6
우유	27	250	12
사과	38	120	15
배	38	120	11
쥐눈이콩	42	150	30
밀크초콜렛	43	50	28
포도	46	120	18
호밀빵	50	30	12
현미밥	55	150	33
파인애플	59	120	13
고구마	61	150	28
아이스크림	61	50	11
수박	72	120	6
구운감자	85	150	30
떡	91	30	25

기본문제

⏱ 제한시간 : 10초 ⧗ 소요시간 : 초

Question

당지수와 1회 섭취량의 곱은 대두가 사과보다 크다. (O/×)

Solution

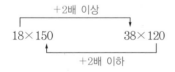

정답 ×

연습문제

⏱ 제한시간 : 48초 ⧗ 소요시간 : 초

01 당지수와 1회 섭취량의 곱은 밀크초콜렛이 호밀빵보다 크다. (O/×)

02 당지수와 1회 섭취량의 곱은 현미밥이 파인애플보다 작다. (O/×)

03 당지수와 1회 섭취량의 곱은 수박이 구운감자보다 작다. (O/×)

04 1회 섭취량과 1회 섭취량당 함유 당질의 곱은 아이스크림이 떡보다 크다. (O/×)

정답 **01** O **02** × **03** O **04** ×

| 문제 2 |

〈A국 인구 및 노년부양비 전망〉

(단위 : 천 명, %)

연도	2017	2018	2020	2024	2025	2028	2029	2036
총인구	51,362	51,607	51,781	51,888	51,905	51,942	51,941	51,516
생산가능인구	37,572	37,645	37,358	36,282	35,853	34,664	34,339	30,831
노년부양비	18.8	19.6	21.7	27.4	29.3	35	36.5	51
연도	2043	2053	2054	2055	2056	2061	2062	2066
총인구	50,149	46,389	45,903	45,406	44,900	42,324	41,812	39,792
생산가능인구	27,450	23,492	23,142	22,770	( )	20,127	19,696	( )
노년부양비	65.2	80.5	81.5	82.6	83.9	( )	95.4	101.8

※ $[노년부양비(\%)] = \dfrac{(노인인구)}{(생산가능인구)} \times 100$

기본문제

⏱ 제한시간 : 10초   ⧖ 소요시간 :   초

Question

2018년의 노인인구는 2024년의 노인인구보다 작다.　　　　　　　　　　　　　　　　　　　　(○/✕)

Solution

정답 ○

연습문제

⏱ 제한시간 : 36초   ⧖ 소요시간 :   초

01 2043년의 노인인구는 2055년의 노인인구보다 크다.　　　　　　　　　　　　　　　(○/✕)

02 2025년의 노인인구는 2028년의 노인인구보다 크다.　　　　　　　　　　　　　　　(○/✕)

03 2062년의 노인인구는 2036년의 노인인구보다 크다.　　　　　　　　　　　　　　　(○/✕)

정답　**01** ✕　**02** ✕　**03** ○

| 문제 3 |

〈A시 연령대별 취업자 수 및 고용률〉

(단위 : 명, %)

구분	2018년 12월		2019년 12월	
	인구 수	고용률	인구 수	고용률
전체	44,316	60.1	44,661	60.8
15 ~ 19세	2,693	6.8	2,545	7.4
20 ~ 29세	6,410	57.7	6,471	58.2
30 ~ 39세	7,329	75.7	7,212	77.0
40 ~ 49세	8,369	79.0	8,267	(　)
50 ~ 59세	8,491	75.0	8,555	(　)
60세 이상	11,024	38.3	11,611	40.5
남자	21,776	70.3	21,981	70.6
15 ~ 19세	1,376	6.0	1,299	6.3
20 ~ 29세	3,170	55.7	3,220	58.0
30 ~ 39세	3,798	89.7	3,752	89.6
40 ~ 49세	4,244	92.2	4,200	(　)
50 ~ 59세	4,243	86.1	4,280	86.4
60세 이상	4,945	50.5	5,230	51.4

※ [고용률(%)] = $\dfrac{(취업자\ 수)}{(인구\ 수)} \times 100$

기본문제　　　　　　　　　　　　　　　⏱ 제한시간 : 10초　⌛ 소요시간 :　　초

Question

2018년 12월의 경우 50 ~ 59세 전체 취업자 수는 60세 이상 전체 취업자 수보다 크다.　　(○/✕)

Solution

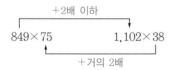

정답　○

연습문제　　　　　　　　　　　　　　　⏱ 제한시간 : 36초　⌛ 소요시간 :　　초

01　2018년 12월의 경우 30 ~ 39세 전체 취업자 수는 40 ~ 49세 전체 취업자 수보다 크다.　　(○/✕)

02　2018년 12월의 경우 50 ~ 59세 남자 취업자 수는 60세 이상 남자 취업자 수보다 작다.　　(○/✕)

03　2019년 12월의 경우 50 ~ 59세 남자 취업자 수는 60세 이상 남자 취업자 수보다 크다.　　(○/✕)

정답　**01** ✕　**02** ✕　**03** ○

| 문제 4 |

〈업종별 자영업자의 세무조사 결과〉

(단위 : 명, 억 원, %)

업종	조사 대상 인원	신고소득	미신고소득 부과세액	소득 탈루율	징수율
A	2,235	45,235	14,268	37.5	87.3
B	990	27,045	9,560	40.3	67.6
C	512	30,328	5,275	28.9	60.5
D	357	17,456	12,709	54.5	57.5
E	1,256	39,357	11,523	36.7	79.2
F	835	12,789	13,924	67.8	57.8
전체	6,185	172,210	67,259	42.7	69.3

기본문제

⏱ 제한시간 : 10초   ⧗ 소요시간 :   초

Question

조사 대상 인원과 신고소득의 곱은 B업종이 C업종보다 작다. (O/X)

Solution

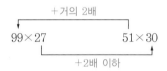

정답 X

연습문제

⏱ 제한시간 : 48초   ⧗ 소요시간 :   초

01 조사 대상 인원과 신고소득의 곱은 D업종이 F업종보다 작다. (O/X)

02 소득 탈루율과 징수율의 곱은 A업종이 B업종보다 작다. (O/X)

03 소득 탈루율과 징수율의 곱은 D업종이 E업종보다 크다. (O/X)

04 소득 탈루율과 징수율의 곱은 F업종이 업종전체보다 작다. (O/X)

정답 01 O   02 X   03 O   04 X

〈인스턴트 건면 종합평가〉

구분	제품명	판매사	영양성분(제품 1개당 함량)							내용량(g)		가격 (원)
			열량 (kcal)	탄수화물 (g)	단백질 (g)	지방 (g)	나트륨(mg)			표시	측정	
							전체	국물	면/건더기			
비유탕라면	가	A	358	70	10	4	1,767	1,450	317	97	99	796
	나	B	381	76	8	5	1,603	1,082	521	103	105	1,363
칼국수	다	A	348	74	9	2	1,658	1,367	291	98	100	720
	라	A	383	79	10	3	1,493	959	534	103	104	1,345
	마	B	361	79	9	1	1,544	1,163	381	100	102	700
	바	B	458	99	12	2	1,894	1,256	638	130	129	1,500
	사	A	354	75	10	2	2,143	1,574	569	101	106	1,450
	아	A	389	82	13	1	2,006	1,412	594	110	113	980
	자	B	436	80	11	8	1,558	988	570	120	122	1,363
	차	A	367	77	8	3	1,364	911	453	100	104	1,363

기본문제　　　　　　　　　　　　　　　　　　　⏱ 제한시간 : 10초　⏳ 소요시간 :　　초

Question

열량과 나트륨 함량의 곱은 '바'제품이 '사'제품보다 작다.　　　　　　　　　　　　（〇/✕）

Solution

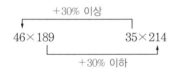

+30% 이상

46×189　　　35×214

+30% 이하

정답　✕

연습문제　　　　　　　　　　　　　　　　　　　⏱ 제한시간 : 36초　⏳ 소요시간 :　　초

01 국물의 나트륨 함량과 면/건더기의 나트륨 함량의 곱은 '가'제품이 '나'제품보다 작다.　　（〇/✕）

02 국물의 나트륨 함량과 면/건더기의 나트륨 함량의 곱은 '다'제품이 '라'제품보다 크다.　　（〇/✕）

03 표시내용량과 가격의 곱은 '사'제품이 '아'제품보다 크다.　　　　　　　　　　　　　（〇/✕）

정답　**01** 〇　**02** ✕　**03** 〇

〈가정폭력범죄 검거 · 조치 및 재범률 현황〉

(단위 : 건, 명, %)

구분	검거건수	검거인원			가정폭력 재범률
		계	구속	불구속	
2011년	6,848	7,272	51	7,221	32.9
2012년	8,762	9,345	73	9,272	32.2
2013년	16,785	18,000	262	17,738	11.8
2014년	17,557	18,666	250	18,416	11.1
2015년	40,822	47,549	606	46,943	4.9
2016년	45,614	53,476	509	52,967	3.8

기본문제

⏱ 제한시간 : 10초   ⌛ 소요시간 :   초

Question

불구속인원과 가정폭력 재범률의 곱은 2012년이 2013년보다 작다. (O/X)

Solution

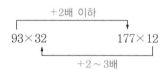

$$93 \times 32 \qquad 177 \times 12$$

+2배 이하

+2 ~ 3배

정답 X

연습문제

⏱ 제한시간 : 24초   ⌛ 소요시간 :   초

01 불구속인원과 가정폭력 재범률의 곱은 2014년이 2015년보다 작다. (O/X)

02 전체 검거인원과 구속인원의 곱은 2015년이 2016년보다 작다. (O/X)

정답 **01** O **02** X

| 문제 7 |

〈관광수지 및 관광 출입국 현황〉

(단위 : 천 명, 백만 달러, %)

연도	외국인 입국		자국민 입국		관광수지	관광수입		관광지출	
	인원	성장률	인원	성장률		금액	증감률	금액	증감률
2010	8,798	12.5	12,488	31.5	−3,987	10,291	5.4	14,278	29.4
2011	9,795	11.3	12,694	1.6	−3,184	12,347	20.0	15,531	8.8
2012	11,140	13.7	13,737	8.2	−3,138	13,357	8.2	16,495	6.2
2013	12,176	9.3	14,846	8.1	−2,816	( )	8.7	( )	( )
2014	14,192	16.5	16,081	8.3	−1,758	( )	21.9	( )	12.3
2015	13,232	−6.8	19,310	20.1	−6,436	15,092	( )	21,528	10.6
2016	17,242	30.3	22,383	15.9	−6,489	17,200	14.0	23,689	10.0

기본문제

⏱ 제한시간 : 10초   ⏳ 소요시간 :   초

Question

2012년의 경우 외국인 입국 인원과 성장률의 곱은 자국민 입국 인원과 성장률의 곱보다 작다.   (O/X)

Solution

정답 ✕

연습문제

⏱ 제한시간 : 36초   ⏳ 소요시간 :   초

01 2014년의 경우 외국인 입국 인원과 성장률의 곱은 자국민 입국 인원과 성장률의 곱보다 크다.   (O/X)

02 2016년의 경우 외국인 입국 인원과 성장률의 곱은 자국민 입국 인원과 성장률의 곱보다 작다.   (O/X)

03 2011년의 경우 관광수입액과 증감률의 곱은 관광지출액과 증감률의 곱보다 크다.   (O/X)

정답 **01** O   **02** ✕   **03** O

| 문제 8 |

〈K국의 연도별 에너지 수입실적〉

(단위 : 억 불)

에너지＼연도	1990	2000	2001	2002	2003	2004	2005	2006	2007
원유	64.6	252.2	213.7	192.0	230.8	299.2	426.1	558.7	603.2
석유제품	25.5	61.9	57.3	62.1	73.3	83.6	97.2	121.2	150.7
무연탄	0.5	0.7	1.2	1.5	1.8	2.3	4.3	4.1	4.5
유연탄	12.2	20.3	21.6	22.5	22.7	38.9	48.0	49.0	56.8
LNG	4.8	37.9	39.9	41.2	50.8	65.5	86.5	119.2	126.5
우라늄	1.7	2.8	2.3	2.8	2.7	3.4	2.9	3.4	4.9

기본문제

⏱ 제한시간 : 10초　⏳ 소요시간 :　초

Question

석유제품 수입액과 무연탄 수입액의 곱은 2000년이 2001년보다 크다.　(○/×)

Solution

정답 ×

연습문제

⏱ 제한시간 : 48초　⏳ 소요시간 :　초

01 LNG 수입액과 우라늄 수입액의 곱은 2000년이 2001년보다 크다.　(○/×)

02 LNG 수입액과 우라늄 수입액의 곱은 2002년이 2003년보다 크다.　(○/×)

03 LNG 수입액과 우라늄 수입액의 곱은 2004년이 2005년보다 작다.　(○/×)

04 석유제품 수입액과 무연탄 수입액의 곱은 2006년이 2007년보다 크다.　(○/×)

정답　**01** ○　**02** ×　**03** ○　**04** ×

〈연도별 · 지역별 지역산업기술개발사업 예산 중 타지역 유출 예산 비중〉

(단위 : %)

지역	2006년	2007년	2008년	2009년	2010년	2006년 ~ 2010년
강원	2.19	2.26	4.75	4.35	10.08	5.21
경남	2.25	1.55	1.73	1.90	3.77	1.98
경북	0	0	3.19	2.25	2.90	2.12
광주	0	0	0	4.52	2.85	0.77
대구	0	0	1.99	7.19	10.51	2.26
대전	3.73	5.99	4.87	1.87	0.71	3.03
부산	2.10	2.02	3.08	5.53	5.72	3.16
수도권	0	0	23.71	0	0	22.65
울산	6.39	6.57	12.65	7.13	9.62	8.60
전남	1.35	0	6.98	5.45	7.55	5.29
전북	0	0	2.19	2.67	5.84	2.97
제주	0	1.32	6.43	5.82	6.42	4.64
충남	2.29	1.54	3.23	4.45	4.32	3.57
충북	0	0	1.58	4.13	5.86	3.14
전국	1.45	1.27	2.80	4.27	5.67	(A)

기본문제

⏱ 제한시간 : 10초   ⧗ 소요시간 :   초

Question

울산과 충남의 타지역 유출 예산 비중의 곱은 2006년이 2007년보다 작다. (O/×)

Solution

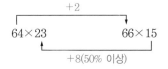

$$+2$$
$$64 \times 23 \qquad 66 \times 15$$
$$+8(50\% \text{ 이상})$$

정답 ×

연습문제

⏱ 제한시간 : 48초   ⧗ 소요시간 :   초

01 대전과 부산의 타지역 유출 예산 비중의 곱은 2007년이 2008년보다 작다. (O/×)

02 경남과 경북의 타지역 유출 예산 비중의 곱은 2008년이 2009년보다 작다. (O/×)

03 전남과 전북의 타지역 유출 예산 비중의 곱은 2008년이 2009년보다 크다. (O/×)

04 대구와 대전의 타지역 유출 예산 비중의 곱은 2010년이 2006 ~ 2010년보다 작다. (O/×)

정답 **01** O   **02** ×   **03** O   **04** ×

| 문제 10 |

〈지식재산권 심판 청구 현황〉

(단위 : 건, 개월)

구분		2008년	2009년	2010년	2011년
심판청구건수	계	20,990	17,124	15,188	15,883
	특허	12,238	10,561	9,270	9,664
	실용신안	906	828	559	473
	디자인	806	677	691	439
	상표	7,040	5,058	4,668	5,307
심판처리건수	계	19,473	16,728	15,552	16,554
	특허	10,737	9,882	9,632	9,854
	실용신안	855	748	650	635
	디자인	670	697	677	638
	상표	7,211	5,401	4,593	5,427
심판처리기간	특허·실용신안	5.9	8.0	10.6	10.2
	디자인·상표	5.6	8.0	9.1	8.2

기본문제

⏱ 제한시간 : 10초   ⧗ 소요시간 :   초

Question

실용신안 심판처리건수와 디자인 심판처리건수의 곱은 2008년이 2009년보다 작다. (○/×)

Solution

$$85 \times 67 \quad\quad 75 \times 70$$

+10% 이상

+약 5%

정답 ×

연습문제

⏱ 제한시간 : 36초   ⧗ 소요시간 :   초

01 디자인 심판청구건수와 상표 심판청구건수의 곱은 2010년이 2011년보다 크다. (○/×)

02 실용신안 심판청구건수와 디자인 심판청구건수의 곱은 2008년이 2009년보다 작다. (○/×)

03 특허 심판처리건수와 실용신안 심판처리건수의 곱은 2010년이 2011년보다 크다. (○/×)

정답 01 ○ 02 × 03 ○

안심Touch

〈기업별 의자 설치 소요비용 산출근거〉

기업	의자 제작비용 (천 원/개)	배송거리(km)	배송차량당 배송비용(천 원/km)		배송차량의 최대 배송량 (개/대)
			배송업체 A	배송업체 B	
갑	300	120	1.0	1.2	30
을	250	110	1.1	0.9	50
병	320	130	0.7	0.9	70
정	400	80	0.8	1.0	40
무	270	150	0.5	0.3	25

기본문제　　　　　　　　　　　　　　　　　　　🕐 제한시간 : 10초　⧗ 소요시간 :　　초

Question

배송거리와 배송업체 A의 배송차량당 배송비용의 곱은 '병' 기업이 '정' 기업보다 크다.　　(O/X)

Solution

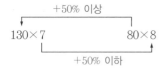

정답　O

연습문제　　　　　　　　　　　　　　　　　　　🕐 제한시간 : 36초　⧗ 소요시간 :　　초

01 배송거리와 배송업체 A의 배송차량당 배송비용의 곱은 '갑' 기업이 '을' 기업보다 크다.　　(O/X)

02 배송거리와 배송업체 B의 배송차량당 배송비용의 곱은 '병' 기업이 '정' 기업보다 작다.　　(O/X)

03 배송거리와 배송업체 B의 배송차량당 배송비용의 곱은 '갑' 기업이 '무' 기업보다 크다.　　(O/X)

정답　01 X　02 X　03 O

〈산림경영인의 산림경영지원제도 인지도〉

(단위 : 명, %, 점)

구분	항목	응답자 수	인지도 점수별 응답자 비율					인지도평균 점수
			1점	2점	3점	4점	5점	
경영주체	독림가	173	2.9	17.3	22.0	39.3	18.5	3.53
	임업후계자	292	4.5	27.1	20.9	33.9	13.7	3.25
	일반산주	353	11.0	60.9	10.5	16.4	1.1	2.36
거주지권역	경기	57	12.3	40.4	3.5	36.8	7.0	2.86
	강원	112	6.3	20.5	11.6	43.8	17.9	3.46
	충청	193	7.8	35.2	20.2	25.9	10.9	2.97
	전라	232	6.9	44.0	20.7	20.3	8.2	2.79
	경상	224	5.4	48.2	15.2	25.9	5.4	2.78
소유면적	2ha 미만	157	8.9	63.7	11.5	14.0	1.9	2.36
	2ha 이상 ~ 6ha 미만	166	9.0	43.4	16.9	22.9	7.8	2.77
	6ha 이상 ~ 11ha 미만	156	7.7	35.3	16.7	32.7	7.7	2.97
	11ha 이상 ~ 50ha 미만	232	4.3	30.6	17.2	36.2	11.6	3.20
	50ha 이상	107	5.6	24.3	22.4	28.0	19.6	3.32

기본문제　　　　　　　　　　　　　　　　⏱ 제한시간 : 10초　⧗ 소요시간 :　　초

Question

인지도 점수가 1점인 경우와 2점인 경우의 응답자 비율의 곱은 경영주체가 '일반산주'인 경우가 거주지가 '경기'인 경우보다 작다.

(O/X)

Solution

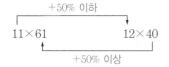

```
        +50% 이하
    ┌──────────────┐
11×61           12×40
    └──────────────┘
        +50% 이상
```

정답　✕

연습문제　　　　　　　　　　　　　　　　⏱ 제한시간 : 36초　⧗ 소요시간 :　　초

01 인지도 점수가 3점인 경우와 4점인 경우의 비율의 곱은 경영주체가 '일반산주'인 경우가 거주지가 '경기'인 경우보다 크다. (O/X)

02 인지도 점수가 1점인 경우와 2점인 경우의 비율의 곱은 경영주체가 '일반산주'인 경우가 거주지가 '경기'인 경우보다 크다. (O/X)

03 인지도 점수가 1점인 경우와 2점인 경우의 비율의 곱은 소유면적이 '11ha 이상 50ha 미만'인 경우가 '50ha'인 경우보다 작다. (O/X)

정답　**01** O　**02** O　**03** O

〈갑국 국립대학의 세계대학평가 결과〉

대학	국내순위	세계순위	총점	부문별 점수				
				교육	연구	산학협력	국제화	논문 인용도
A	14	182	29.5	27.8	28.2	63.2	35.3	28.4
B	21	240	25.4	23.9	25.6	42.2	26.7	25.1
C	23	253	24.3	21.2	19.9	38.7	25.3	30.2
D	24	287	22.5	21.0	20.1	38.4	28.8	23.6
E	25	300	18.7	21.7	19.9	40.5	22.7	11.6

기본문제

⏱ 제한시간 : 10초 ⧗ 소요시간 :   초

Question

세계순위와 총점의 곱은 A대학이 B대학보다 크다.　　　　　　　　　　　　　　　　　(O/X)

Solution

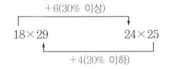

+6(30% 이상)

18×29　　　　　　24×25

+4(20% 이하)

정답 X

연습문제

⏱ 제한시간 : 36초 ⧗ 소요시간 :   초

01 국내순위와 교육부문 점수의 곱은 C대학이 D대학보다 작다.　　　　　　　　　　(O/X)

02 세계순위와 총점의 곱은 D대학이 E대학보다 작다.　　　　　　　　　　　　　　(O/X)

03 산학협력부문 점수와 국제화부문 점수의 곱은 C대학이 D대학보다 작다.　　　　(O/X)

정답 01 O 02 X 03 O

| 문제 14 |

〈성별, 연령대별 전자금융서비스 인증수단 선호도 조사결과〉

(단위 : %)

구분	인증수단	휴대폰 문자인증	공인인증서	아이핀	이메일	전화인증	신용카드	바이오인증
성별	남성	72.2	69.3	34.5	23.1	22.3	21.1	9.9
	여성	76.6	71.6	27.0	25.3	23.9	20.4	8.3
연령대	10대	82.2	40.1	38.1	54.6	19.1	12.0	11.9
	20대	73.7	67.4	36.0	24.1	25.6	16.9	9.4
	30대	71.6	76.2	29.8	15.7	28.0	22.3	7.8
	40대	75.0	77.7	26.7	17.8	20.6	23.3	8.6
	50대	71.9	79.4	25.7	21.1	21.2	26.0	9.4
전체		74.3	70.4	30.9	24.2	23.1	20.8	9.2

기본문제　　　　　　　　　　　　　　⏱ 제한시간 : 10초　⌛ 소요시간 :　　초

Question

공인인증서 선호도와 아이핀 선호도의 곱은 10대가 20대보다 크다.　　　　　　(O/X)

Solution

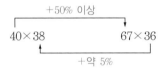

　　　　　　+50% 이상

40×38　　　　　　　67×36

　　　　+약 5%

정답 ✕

연습문제　　　　　　　　　　　　　　⏱ 제한시간 : 48초　⌛ 소요시간 :　　초

01 공인인증서 선호도와 아이핀 선호도의 곱은 40대가 50대보다 크다.　　　(O/X)

02 이메일 선호도와 전화인증 선호도의 곱은 여성이 10대보다 크다.　　　　(O/X)

03 이메일 선호도와 전화인증 선호도의 곱은 30대가 40대보다 크다.　　　　(O/X)

04 신용카드 선호도와 바이오인증 선호도의 곱은 10대가 20대보다 크다.　　(O/X)

정답 01 ○　02 ✕　03 ○　04 ✕

<대기 중 오염물질 농도>

지역＼오염물질	미세먼지 (μg/m^3)	초미세먼지 (μg/m^3)	이산화질소 (ppm)
종로구	46	36	0.018
중구	44	31	0.019
용산구	49	35	0.034
성동구	67	23	0.029
광진구	46	10	0.051
동대문구	57	25	0.037
중랑구	48	22	0.041
성북구	56	21	0.037
강북구	44	23	0.042
도봉구	53	14	0.022
평균	51	24	0.033

기본문제

⏱ 제한시간 : 10초　⏳ 소요시간 :　　초

Question

미세먼지 농도와 초미세먼지 농도의 곱은 용산구가 성동구보다 크다.　　　　　　　　　　(O/X)

Solution

정답　O

연습문제

⏱ 제한시간 : 36초　⏳ 소요시간 :　　초

01 미세먼지 농도와 초미세먼지 농도의 곱은 종로구가 중구보다 크다.　　　　　　　　(O/X)

02 미세먼지 농도와 초미세먼지 농도의 곱은 중랑구가 성북구보다 크다.　　　　　　　　(O/X)

03 미세먼지 농도와 초미세먼지 농도의 곱은 강북구가 도봉구보다 크다.　　　　　　　　(O/X)

정답　01 O　02 X　03 O

MEMO

03 / 분수비교

1 유형의 이해

앞서 살펴본 곱셈비교와 쌍벽을 이루는 것이 바로 분수 값의 대소를 비교하는 것이다. 물론 명시적으로 분수식으로 제시된 산식을 통해 두 값을 비교하는 경우도 일부 존재하지만, 'A당 B', '증가율' 등과 같이 명시적으로 드러나지는 않았더라도 결국은 분수 값을 비교해야 하는 경우가 대부분이다.

여기서 추가할 것은, 앞장에서 설명한 곱셈비교와 분수비교를 다른 방식으로 접근하는 경우가 많다는 것이다. 물론, 그러한 방법이 잘못된 것은 아니지만 기본 구조가 동일한 상황에서 굳이 다른 방법으로 풀이하는 것은 오히려 혼란만 가져올 뿐이다. 이 둘은 단지 비교해야 할 대상이 곱셈의 형식으로 되어 있는지 아니면 분수의 형식으로 되어 있는지의 차이가 있을 뿐이다. 분수식을 어떤 경우에는 A방식으로 풀이하고, 또 다른 경우에는 B방식으로 풀이하는 것 역시 추천하고 싶지 않다. 물론 수험서들에서 언급하고 있는 방법들 모두가 나름의 타당성을 가지고 있지만 실전에서 상황별로 풀이한다는 것이 그다지 현실적이지 못하다. 따라서 가급적이면 자신에게 가장 맞는 하나의 방법을 선택해 문제들을 하나의 방법으로 풀이하는 것을 권한다.

2 접근법

곱셈비교는 곱해지는 두 숫자의 대소 관계가 서로 엇갈릴 때 사용하는 방법인 반면, 분수비교는 분자와 분모가 모두 어느 한쪽이 클 때 사용하는 방법이다. 만약 두 분수식 중 어느 한 쪽이 분모가 작고 분자가 크다면 해당 분수 값이 더 크다는 것은 별다른 계산 없이도 알 수 있다. 문제는 분자와 분모 모두 어느 한쪽이 클 때인데 이 경우를 보다 빠르게 판단하기 위해 곱셈비교에서 사용했던 방법을 그대로 사용해 보자.

즉, 아래의 분수관계가 이에 해당한다.

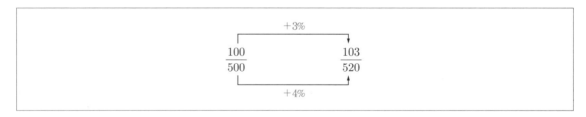

이해의 편의를 위해 앞서 살펴본 곱셈비교에서 사용한 것과 동일한 수치를 사용하였다. 이를 살펴보면 오른쪽의 분자와 분모의 숫자 모두가 큰 상황이다. 이런 때에는 분모와 분자 각각의 증가율을 확인하여 비교하면 되는데, 이 사례에서는 분모의 증가율이 더 크므로 전체 분수 값은 오른쪽의 수치가 더 작게 된다. 분모가 클수록 분수의 값은 작아지기 때문이다. 만약 증가율이 클 경우에는 곱셈비교와 같이 배수 값을 활용하는 것이 더 좋다.

사실 실제 시험에 출제되는 분수들은 위의 예와 같이 분모와 분자의 자릿수가 비슷한 것보다는 어느 하나가 큰 경우가 대부분이다. 이런 때에는 굳이 주어진 숫자들을 그대로 활용하기보다는 위의 예와 같이 비슷한 자릿수로 변환하는 것이 편리하다. 예를 들어 $\dfrac{100}{500,000}$ 과 $\dfrac{103}{520,000}$ 을 비교해야 하는 것이라면 이를 위의 예처럼 $\dfrac{100}{500}$ 과 $\dfrac{103}{520}$ 으로 변환하여 판단하는 것이다. 흔히 이를 유효숫자를 줄인다고 표현하며 대소 관계를 판단할 때에는 결과에 큰 영향을 주지 않는다.

그렇다면 실제 문제에서는 이것이 어떻게 적용되는지를 이해하기 위해 아래의 표를 살펴보자.

〈대학유형별 현황〉

(단위 : 개, 명)

구분 \ 유형	국립대학	공립대학	사립대학	전체
학교	34	1	154	189
학과	2,776	40	8,353	11,169
교원	15,299	354	49,770	65,423
여성	2,131	43	12,266	14,440
직원	8,987	205	17,459	26,651
여성	3,254	115	5,259	8,628
입학생	78,888	1,923	274,961	355,772
재적생	471,465	13,331	1,628,497	2,113,293
졸업생	66,890	1,941	253,582	322,413

한눈에 보더라도 비율계산의 스멜이 강하게 풍기는 형태의 자료이다.

전체 수치와 비율이 제시된, 가장 많이 볼 수 있으면서도 가장 계산하기 까다로운 형태의 자료이다. 이 자료에서 아래의 지문을 판단해 보자.

> 재적생 대비 졸업생의 비율은 사립대학이 국립대학보다 크다.

먼저 두 비율을 분수식으로 나타나면 국립대학은 $\dfrac{66,890}{471,465}$, 사립대학은 $\dfrac{253,582}{1,628,497}$ 인데, 계산의 편의를 위해 앞의 두자리만 두고(이때 반올림은 일반적인 경우처럼 5이상인 경우 반올림하기 보다는 7이상인 경우에 반올림하는 것이 안전하다) 나머지는 버리면 국립대학은 $\dfrac{67}{47}$, 사립대학은 $\dfrac{25}{16}$ 가 된다. 이를 정리하면 아래와 같다.

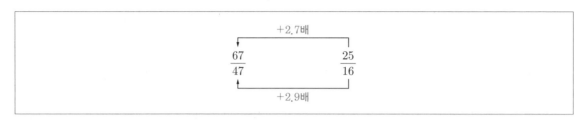

이 경우는 증가율로 나타내기에는 수치가 커지므로 배수로 판단하였는데, 분모가 증가하는 힘이 분자보다 더 크므로 분수 값은 오른쪽의 $\dfrac{25}{16}$ 가 더 크다는 것을 알 수 있다.

3 자료유형

PART 01 | PART 02 | PART 03 | 정답 및 해설

| 문제 1 |

〈A국 ICT 산업 매출액〉

(단위 : 억 원)

구분		2015	2016	2017	2018	2019
전자부품		1,800,008	1,797,250	2,190,079	2,380,249	1,963,110
	반도체	768,429	805,792	1,179,725	1,425,623	1,086,759
	평판디스플레이	728,730	693,021	697,252	653,793	578,170
	센서	16,748	18,900	17,700	17,926	17,519
	전자관	1,699	1,683	1,473	1,485	1,438
	수동부품	62,165	60,057	66,757	65,705	65,952
	PCB	129,633	126,843	133,126	126,189	125,865
	기타 전자 부품	92,604	90,954	94,046	89,528	87,407
컴퓨터 및 주변기기		99,605	98,915	113,143	121,858	99,625
	컴퓨터	23,941	22,665	24,539	21,463	21,910
	주변기기	75,664	76,250	88,604	100,395	77,715
통신 및 방송기기		583,385	516,795	442,646	415,747	396,963
	통신기기	562,246	494,730	419,348	390,982	372,395
	방송용장비	21,139	22,065	23,298	24,765	24,568
계		2,482,998	2,412,960	2,745,868	2,917,854	2,459,698

기본문제   ⏱ 제한시간 : 10초 ⧗ 소요시간 :   초

Question

전자부품 전체 매출액에서 반도체 매출액이 차지하는 비율은 2018년이 2019년보다 크다.   (○/×)

Solution

정답 ○

연습문제   ⏱ 제한시간 : 36초 ⧗ 소요시간 :   초

01 센서 매출액 1억 원당 전자관 매출액은 2015년이 2016년보다 작다.   (○/×)

02 기타 전자 부품 매출액 1억 원당 PCB 매출액은 2015년이 2016년보다 작다.   (○/×)

03 통신 및 방송기기 전체 매출액에서 통신기기 매출액이 차지하는 비율은 2015년이 2016년보다 작다.   (○/×)

정답 **01** × **02** × **03** ×

| 문제 2 |

〈갑리그 선수 A ~ F의 득점 기록〉

(단위 : 개, 점)

선수	출전 경기	출전 세트	전체 득점	공격득점	블로킹득점	서브득점
A	17	68	444	381	36	27
B	25	100	408	334	38	36
C	25	102	477	435	23	19
D	19	70	284	251	18	15
E	27	105	334	290	13	31
F	27	105	391	354	24	13

🕙 제한시간 : 10초   ⌛ 소요시간 :   초

기본문제

ⓠuestion

출전 경기당 출전 세트의 비율은 C가 D보다 작다. (O/X)

Ⓢolution

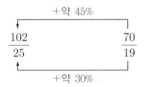

정답 ✕

연습문제

🕙 제한시간 : 36초   ⌛ 소요시간 :   초

01 출전 세트당 전체 득점의 비율은 A가 E보다 크다. (O/X)

02 블로킹 1득점당 공격 득점은 A가 B보다 작다. (O/X)

03 블로킹 1득점당 공격 득점은 E가 F보다 크다. (O/X)

정답 **01** O **02** ✕ **03** O

〈기업규모별 수출입 기업 수 및 무역액〉

(단위 : 개, 억 달러, %)

구분		수출			수입		
		2018	2019	증감률	2018	2019	증감률
기업 수	전체	( )	( )	( )	185,032	192,791	4.2
	대기업	806	857	6.3	1,093	1,157	5.9
	중견기업	1,941	2,032	4.7	2,406	2,520	4.7
	중소기업	93,490	94,529	1.1	181,533	189,114	4.2
액수	전체	6,052	5,412	−10.3	4,980	( )	( )
	대기업	4,020	3,478	( )	3,230	3,010	−6.8
	중견기업	982	935	( )	784	776	−1
	중소기업	1,050	999	( )	966	1,169	21.0

기본문제

⏱ 제한시간 : 10초　⏳ 소요시간 :　　초

Question

중소기업 수출기업 수 대비 대기업 수출기업 수는 2018년이 2019년보다 크다.　(O/X)

Solution

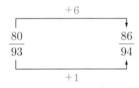

분모와 분자의 차이가 크지 않은 상황에서 분자의 증가폭이 분모의 6배에 달하므로 2019년이 더 크다.

정답 X

연습문제

⏱ 제한시간 : 24초　⏳ 소요시간 :　　초

01 전체 수출액에서 대기업의 수출액이 차지하는 비율은 2018년이 2019년보다 작다.　(O/X)

02 대기업 수입액 대비 중견기업 수입액은 2018년이 2019년보다 크다.　(O/X)

정답 **01** X **02** X

〈지역별 전체 가구 및 자가점유가구〉

(단위 : 천 가구)

구분	2005		2010		2015	
	전체 가구	자가점유가구	전체 가구	자가점유가구	전체 가구	자가점유가구
전국	15,887	8,828	17,339	9,390	19,112	10,850
7대도시	7,412	3,782	7,958	3,947	8,668	4,502
수도권	7,462	3,746	8,254	3,831	9,214	4,503
서울	3,310	1,476	3,504	1,439	3,785	1,595
인천	823	499	919	510	1,045	614
경기	3,329	1,771	3,831	1,882	4,384	2,294
대전	479	249	533	270	583	314
광주	460	247	516	304	567	349
대구	815	439	868	482	929	545
울산	339	199	374	223	423	266
부산	1,186	673	1,244	719	1,336	819

기본문제

⏱ 제한시간 : 10초　⌛ 소요시간 : 　　초

Question

2005년의 경우 전국 전체 가구수에서 7대도시가 차지하는 비율은 전국 자가점유가구수에서 7대도시가 차지하는 비율보다 작다.

(○/×)

Solution

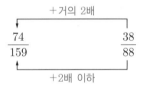

정답　×

연습문제

⏱ 제한시간 : 48초　⌛ 소요시간 : 　　초

01 2005년의 경우 경기도의 전체 가구수 대비 인천의 전체 가구수의 비율은 경기도의 자가점유가구수 대비 인천의 자가점유가구수의 비율보다 작다. (○/×)

02 2010년의 경우 수도권의 전체 가구수에서 서울이 차지하는 비율은 수도권의 자가점유가구수에서 서울이 차지하는 비율보다 작다. (○/×)

03 2010년의 경우 대구의 전체 가구수 대비 광주의 전체 가구수의 비율은 대구의 자가점유가구수 대비 광주의 자가점유가구수의 비율보다 작다. (○/×)

04 2015년의 경우 부산의 전체 가구수 대비 울산의 전체 가구수의 비율은 부산의 자가점유가구수 대비 울산의 자가점유가구수의 비율보다 크다. (○/×)

정답　**01** ○　**02** ×　**03** ○　**04** ×

| 문제 5 |

〈연도별 유형별 범죄자 수 현황〉

(단위 : 명)

구분	계	강력범죄			폭력범죄	재산범죄
		소계	성폭력 범죄	살인 · 강도 · 방화 범죄		
2009	113,022	3,182	1,574	1,608	29,488	45,774
2010	89,776	3,106	2,107	999	23,276	40,478
2011	83,060	3,289	2,021	1,268	22,233	37,978
2012	107,490	2,790	1,686	1,104	32,774	47,605
2013	91,633	2,521	1,735	786	22,119	45,735
2014	77,594	3,158	2,564	594	19,352	36,271
2015	71,035	2,713	2,707	506	17,473	32,068
2016	76,000	3,343	2,860	483	19,476	33,088
2017	72,759	3,463	3,083	380	21,043	29,056
2018	66,142	3,509	3,173	336	19,742	26,497

기본문제

⏱ 제한시간 : 10초 ⧖ 소요시간 :   초

Question

2009년 대비 2012년의 전체 강력범죄자 수의 비율은 살인 · 강도 · 방화 범죄자 수의 비율보다 작다.   (O/X)

Solution

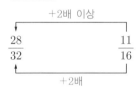

$$\frac{28}{32} \qquad \frac{11}{16}$$

+2배 이상 (위쪽), +2배 (아래쪽)

정답 X

연습문제

⏱ 제한시간 : 48초 ⧖ 소요시간 :   초

01 2014년 대비 2013년의 전체 강력범죄자 수의 비율은 성폭력 범죄자 수의 비율보다 크다.   (O/X)

02 전체 범죄자 수에서 강력범죄자 수가 차지하는 비율은 2015년이 2016년보다 크다.   (O/X)

03 재산범죄자 수 대비 폭력범죄자 수의 비율은 2013년이 2014년보다 작다.   (O/X)

04 재산범죄자 수 대비 폭력범죄자 수의 비율은 2017년이 2018년보다 크다.   (O/X)

정답 **01** O **02** X **03** O **04** X

〈지역별 가계자산 평균 및 중앙값〉

(단위 : 만 원)

지역	총자산 평균	금융자산	실물자산	총자산 중앙값
전국 평균	43,191	10,570	32,621	25,508
서울	64,240	15,889	48,351	34,202
A	41,819	9,029	32,790	25,085
B	34,387	9,485	24,902	25,898
C	47,546	11,905	35,641	31,340
D	58,784	11,355	47,429	38,000
E	50,460	8,446	42,014	28,358
F	39,306	10,246	29,060	30,518

기본문제　　　　　　　　　　　　　　⏱ 제한시간 : 10초　⏳ 소요시간 :　　초

Question

총자산 평균에서 금융자산이 차지하는 비중은 전국 평균이 A지역보다 작다.　　　　(○/×)

Solution

$\dfrac{418}{432}$　　$\dfrac{90}{106}$

+4배 한참 넘음

+4배 약간 넘음

정답 ×

연습문제　　　　　　　　　　　　　　⏱ 제한시간 : 48초　⏳ 소요시간 :　　초

01 총자산 평균에서 금융자산이 차지하는 비중은 B지역이 C지역보다 크다.　　　　(○/×)

02 총자산 평균에서 금융자산이 차지하는 비중은 D지역이 E지역보다 작다.　　　　(○/×)

03 실물자산 대비 총자산중앙값의 비율은 서울이 A지역보다 작다.　　　　(○/×)

04 실물자산 대비 총자산중앙값의 비율은 D지역이 E지역보다 작다.　　　　(○/×)

정답 01 ○　02 ×　03 ○　04 ×

| 문제 7 |

〈보호대상아동에 대한 보호조치 현황〉

(단위 : 명)

구분	가정보호					시설보호				
	입양	입양 전위탁	가정 위탁	소년소녀 가정	소계	양육 시설	공동생활 가정	장애 아동시설	일시보호 시설	소계
2014년	393	388	1,300	13	2,094	1,818	506	10	566	2,900
2015년	239	376	1,206	0	1,821	1,412	458	13	799	2,682
2016년	243	425	1,022	6	1,696	1,736	592	11	548	2,887
2017년	285	423	994	2	1,704	1,467	625	19	310	2,421
2018년	174	357	937	1	1,469	1,300	648	7	494	2,449

기본문제

⏱ 제한시간 : 10초　⌛ 소요시간 :　　초

Question

전체 가정보호 아동수에서 가정위탁 아동수가 차지하는 비중은 2014년이 2015년보다 크다.　　　　　(○/×)

Solution

정답　×

연습문제

⏱ 제한시간 : 36초　⌛ 소요시간 :　　초

01 전체 가정보호 아동수에서 가정위탁 아동수가 차지하는 비중은 2017년이 2018년보다 작다.　　　　　(○/×)

02 전체 시설보호 아동수에서 공동생활가정 아동수가 차지하는 비중은 2015년이 2016년보다 크다.　　　　　(○/×)

03 일시보호시설 아동수 대비 장애 아동시설 아동수의 비율은 2014년이 2015년보다 크다.　　　　　(○/×)

정답　01 ○　02 ×　03 ○

〈시·도별 화재 발생 현황〉

(단위 : 건, 명)

행정구역	2016년			2018년		
	발생건수	사망자	부상자	발생건수	사망자	부상자
서울	6,443	40	236	6,368	53	307
부산	2,199	17	128	2,471	14	129
대구	1,739	11	83	1,440	18	66
대전	974	7	40	1,094	12	73
울산	928	16	53	887	5	27
경기	10,147	70	510	9,632	62	537
강원	2,315	20	99	2,228	14	132
충북	1,379	12	38	1,414	19	93
충남	2,825	12	46	2,605	21	52
전북	1,983	17	39	2,044	21	112
제주	574	1	14	636	4	23
세종	300	2	12	236	3	50

기본문제　　　　　　　　　　　　　　　　⏱ 제한시간 : 10초　⧗ 소요시간 :　　초

Question

2016년의 경우 화재 발생건수 대비 사망자의 비율은 서울이 부산보다 크다.　　　　　(O/X)

Solution

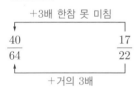

+3배 한참 못 미침

$$\frac{40}{64} \qquad \frac{17}{22}$$

+거의 3배

정답 X

연습문제　　　　　　　　　　　　　　　　⏱ 제한시간 : 48초　⧗ 소요시간 :　　초

01 2016년의 경우 화재 발생건수 대비 부상자의 비율은 대전이 울산보다 작다.　　　(O/X)

02 2016년의 경우 화재 발생건수 대비 부상자의 비율은 충남이 전북보다 크다.　　　(O/X)

03 2016년의 경우 화재 발생건수 대비 부상자의 비율은 제주가 세종보다 작다.　　　(O/X)

04 2018년의 경우 화재 발생건수 대비 부상자의 비율은 경기가 강원보다 크다.　　　(O/X)

정답 01 O　02 X　03 O　04 X

| 문제 9 |

〈교육체험 프로그램 참여 인원 및 개최 횟수〉

(단위 : 명, 회)

구분		2015년	2016년	2017년	2018년
광주	참여 인원	1,494	2,596	3,421	2,924
	개최 횟수	63	108	124	149
부산	참여 인원	358	500	1,354	1,730
	개최 횟수	20	36	62	86
대구	참여 인원	1,887	2,360	2,476	2,064
	개최 횟수	124	161	159	138
대전	참여 인원	–	258	2,384	2,850
	개최 횟수	–	17	108	151

기본문제

⏱ 제한시간 : 10초 ⧗ 소요시간 :   초

Question

대전의 경우 참여 인원 대비 개최 횟수의 비율은 2016년이 2017년보다 크다.　　　　　(○/×)

Solution

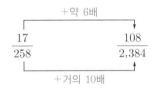

정답 ○

연습문제

⏱ 제한시간 : 36초 ⧗ 소요시간 :   초

01 광주의 경우 참여 인원 대비 개최 횟수의 비율은 2015년이 2018년보다 크다.　　(○/×)

02 광주의 경우 참여 인원 대비 개최 횟수의 비율은 2016년이 2017년보다 크다.　　(○/×)

03 부산의 경우 참여 인원 대비 개최 횟수의 비율은 2015년이 2016년보다 크다.　　(○/×)

정답 **01** × **02** ○ **03** ×

| 문제 10 |

〈A병원의 재무상태표〉

(단위 : 억 원)

구분		2013년	2014년	2015년	2016년
자산총계		22,000	22,500	26,000	27,000
	유동자산	3,000	3,500	5,000	5,500
	비유동자산	19,000	19,000	21,000	21,500
부채총계		10,000	11,000	15,000	16,000
	유동부채	3,000	3,000	4,000	4,000
	비유동부채	4,000	5,000	6,000	7,000
	고유목적사업준비금	3,000	3,000	5,000	5,000
자본총계		12,000	11,500	11,000	11,000

기본문제   ⏱ 제한시간 : 10초   ⧗ 소요시간 :   초

Question

자산총계에서 유동자산이 차지하는 비중은 2014년이 2016년보다 작다.   (O/X)

Solution

정답 ✕

연습문제   ⏱ 제한시간 : 36초   ⧗ 소요시간 :   초

01 비유동자산 대비 유동자산의 비율은 2013년이 2015년보다 작다.   (O/X)

02 부채총계에서 비유동부채가 차지하는 비중은 2014년이 2016년보다 작다.   (O/X)

03 비유동부채 대비 유동부채의 비율은 2013년이 2015년보다 크다.   (O/X)

정답 **01** O   **02** ✕   **03** O

| 문제 11 |

〈국내 건축물 내진율 현황〉

(단위 : 개, %)

구분			건축물			내진율
			전체	내진대상	내진확보	
지역		광주	141,711	36,763	14,757	40.1
		대전	133,118	44,118	15,183	34.4
		경기	1,099,179	321,227	116,805	36.4
		충북	372,318	50,598	18,414	36.4
		충남	507,242	57,920	22,863	39.5
		전남	624,155	43,540	14,061	32.3
		경남	696,400	89,522	36,565	40.8
		제주	158,942	19,899	6,960	35.0
용도	주택	소계	4,568,851	806,225	314,376	39.0
		단독주택	4,168,793	445,236	143,204	32.2
		공동주택	400,058	360,989	171,172	47.4
	주택이외	소계	2,418,062	633,322	160,959	25.4
		학교	46,324	31,638	7,336	23.2
		의료시설	6,260	5,079	2,575	50.7
		공공업무시설	42,077	15,003	2,663	17.7
		기타	2,323,401	581,602	148,385	25.5

기본문제

⏱ 제한시간 : 10초   ⏳ 소요시간 :   초

Question

내진대상 건축물 수 대비 내진확보 건축물 수의 비율은 광주보다 대전이 작다.   (O/X)

Solution

$$\frac{15}{37} \qquad \frac{15}{44}$$

$+7$

정답 ✕

연습문제

⏱ 제한시간 : 48초   ⏳ 소요시간 :   초

01 전체 건축물 수 대비 내진대상 건축물 수의 비율은 충북이 충남보다 크다.   (O/X)

02 내진대상 건축물 수 대비 내진확보 건축물 수의 비율은 전남이 경남보다 크다.   (O/X)

03 내진대상 건축물 수 대비 내진확보 건축물 수의 비율은 제주가 주택 전체보다 작다.   (O/X)

04 내진대상 건축물 수 대비 내진확보 건축물 수의 비율은 공동주택이 의료시설보다 크다.   (O/X)

정답   01 O   02 ✕   03 O   04 ✕

안심Touch

〈우리나라 행정구역 현황〉

(단위 : 개, km², 세대, 명)

행정구역	시	군	구	면적	세대수	공무원수	인구	여성
서울특별시	0	0	25	605.24	4,327,605	34,881	9,729,107	4,985,048
부산광역시	0	1	15	770.02	1,497,908	11,591	3,413,841	1,738,424
대구광역시	0	1	7	883.49	1,031,251	7,266	2,438,031	1,232,745
인천광역시	0	2	8	1,063.26	1,238,641	9,031	2,957,026	1,474,777
광주광역시	0	0	5	501.14	616,485	4,912	1,456,468	735,728
대전광역시	0	0	5	539.63	635,343	4,174	1,474,870	738,263
울산광역시	0	1	4	1,062.04	468,659	3,602	1,148,019	558,307
세종특별자치시	0	0	0	464.95	135,408	2,164	340,575	170,730
경기도	28	3	17	10,192.52	5,468,920	45,657	13,239,666	6,579,671
강원도	7	11	0	16,875.28	719,524	14,144	1,541,502	766,116
충청북도	3	8	4	7,406.81	722,123	10,748	1,600,007	789,623
충청남도	8	7	2	8,245.55	959,255	14,344	2,123,709	1,041,771
전라북도	6	8	2	8,069.13	816,191	13,901	1,818,917	914,807
전라남도	5	17	0	12,345.20	872,628	17,874	1,868,745	931,071
경상북도	10	13	2	19,033.34	1,227,548	21,619	2,665,836	1,323,799
경상남도	8	10	5	10,540.39	1,450,822	20,548	3,362,553	1,670,521
제주특별자치도	2	0	0	1,850.23	293,155	2,854	670,989	333,644
계	77	82	101	100,448.22	22,481,466	239,310	51,849,861	25,985,045

기본문제

⏱ 제한시간 : 10초 ⧗ 소요시간 :　　초

Question

전체 인구 대비 여성 인구의 비율은 세종특별자치시가 충청북도보다 크다. (O/X)

Solution

세종특별자치시의 비율은 50%를 넘지만, 충청북도는 50%에 미치지 못한다.

정답 O

연습문제

⏱ 제한시간 : 48초 ⧗ 소요시간 :　　초

01 세대수 대비 공무원 수의 비율은 서울특별시가 부산광역시보다 작다. (O/X)

02 인구 대비 공무원 수의 비율은 대구광역시가 인천광역시보다 작다. (O/X)

03 세대수 대비 공무원 수의 비율은 대전광역시가 울산광역시보다 크다. (O/X)

04 세대수 대비 면적의 비율은 충청남도가 전라북도보다 크다. (O/X)

정답 **01** X **02** O **03** X **04** X

| 문제 13 |

⟨가구 구성비 및 가구당 자산 보유액⟩

(단위 : %, 만 원)

구분	자산 유형 / 가구 구성비		전체	금융자산	실물자산		
					부동산	거주주택	기타
가구 전체		100.0	43,191	10,570	30,379	17,933	2,242
가구주 연령대	30세 미만	2.0	10,994	6,631	3,692	2,522	671
	30 ~ 39세	12.5	32,638	10,707	19,897	13,558	2,034
	40 ~ 49세	22.6	46,967	12,973	31,264	19,540	2,730
	50 ~ 59세	25.2	49,346	12,643	33,798	19,354	2,905
	60세 이상	37.7	42,025	7,912	32,454	18,288	1,659
가구주 종사상 지위	상용근로자	42.7	48,531	13,870	32,981	20,933	1,680
	임시 · 일용근로자	12.4	19,498	4,987	13,848	9,649	663
	자영업자	22.8	54,869	10,676	38,361	18,599	5,832
	기타(무직 등)	22.1	34,179	7,229	26,432	16,112	518

기본문제　　　　　　　　　　　　　　　　　　　　　　⏱ 제한시간 : 10초　⧗ 소요시간 :　　초

Question

전체 자산 중 금융자산의 비율은 가구주가 30 ~ 39세인 경우가 40 ~ 49세인 경우보다 작다.　　　　(○/×)

Solution

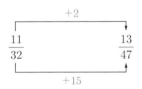

정답 ×

연습문제　　　　　　　　　　　　　　　　　　　　　　⏱ 제한시간 : 36초　⧗ 소요시간 :　　초

01　전체 자산 중 금융자산의 비율은 가구주가 50 ~ 59세인 경우가 60세 이상인 경우보다 크다.　　(○/×)

02　전체 자산 중 금융자산의 비율은 가구주가 임시 · 일용근로자인 경우가 자영업자인 경우보다 크다.　　(○/×)

03　부동산 중 거주주택의 비율은 가구주가 자영업자인 경우가 기타(무직 등)인 경우보다 작다.　　(○/×)

정답　01 ○　02 ○　03 ○

<A ~ E국 최종학력별 근로형태 비율>

(단위 : %)

최종학력	근로형태	A	B	C	D	E
중졸	전일제 근로자	35	31	31	39	31
	시간제 근로자	29	27	14	19	42
	무직자	36	42	55	42	27
고졸	전일제 근로자	46	47	42	54	49
	시간제 근로자	31	29	15	20	40
	무직자	23	24	43	26	11
대졸	전일제 근로자	57	61	59	67	55
	시간제 근로자	25	28	13	19	39
	무직자	18	11	28	14	6

기본문제 ⏱ 제한시간 : 10초 ⧖ 소요시간 :   초

Question

A국의 전일제 근로자 대비 시간제 근로자의 비율은 중졸학력이 고졸학력보다 작다. (○/×)

Solution

정답 ×

연습문제 ⏱ 제한시간 : 36초 ⧖ 소요시간 :   초

01 대졸학력의 경우 전일제 근로자 대비 시간제 근로자의 비율은 A국이 B국보다 작다. (○/×)

02 중졸학력의 경우 전일제 근로자 대비 시간제 근로자의 비율은 C국이 D국보다 크다. (○/×)

03 대졸학력의 경우 전일제 근로자 대비 시간제 근로자의 비율은 C국이 D국보다 작다. (○/×)

정답 01 ○ 02 × 03 ○

| 문제 15 |

〈국가별 상품수출액과 서비스수출액〉

(단위 : 백만 달러)

국가	항목	2015	2016
A	상품수출액	50	50
	서비스수출액	30	26
B	상품수출액	30	40
	서비스수출액	28	34
C	상품수출액	60	70
	서비스수출액	40	46
D	상품수출액	70	75
	서비스수출액	55	60
E	상품수출액	50	70
	서비스수출액	27	33

기본문제

⏱ 제한시간 : 10초   ⌛ 소요시간 :   초

Question

A국의 상품수출액 대비 서비스수출액의 비율은 2015년이 2016년보다 작다.   (O/X)

Solution

정답 X

연습문제

⏱ 제한시간 : 48초   ⌛ 소요시간 :   초

01 B국의 상품수출액 대비 서비스수출액의 비율은 2015년이 2016년보다 크다.   (O/X)

02 C국의 상품수출액 대비 서비스수출액의 비율은 2015년이 2016년보다 작다.   (O/X)

03 D국의 상품수출액 대비 서비스수출액의 비율은 2015년이 2016년보다 작다.   (O/X)

04 E국의 상품수출액 대비 서비스수출액의 비율은 2015년이 2016년보다 작다.   (O/X)

정답 01 O   02 X   03 O   04 X

04 증가폭의 비교

1 유형의 이해

증가폭의 계산은 외형만 다를 뿐 그 내용은 뺄셈비교와 동일하다. 다만, 일반적인 뺄셈비교와 달리 제시되는 수치들의 자릿수가 큰 경우가 많고, 두 대상 간의 차이가 크지 않아 눈어림으로는 대소비교가 어렵다는 점에서 차이가 있다. 증가폭 비교 시 활용되는 풀이법은 다음 장에서 연습하게 될 증가율 계산 시에도 동일하게 적용되므로 확실하게 숙달하도록 하자.

2 접근법

> 유효숫자 설정 시 5가 아닌 7 이상인 경우에 반올림

이 교재 전체에서 적용되는 원칙이지만 증가폭을 비교할 때에 더 중요하게 강조되는 원칙이다. 위에서 언급하였듯이 증가폭을 비교하는 경우에는 다른 유형에 비해 자릿수가 큰 경우가 많다. 따라서 유효숫자의 설정이 그 어느 유형보다 중요한데 이때 반올림의 기준은 일반적인 기준인 5가 아니라 7정도로 잡는 것이 안전하다. 즉, 73,852라는 수치가 주어진 상태에서 편의상 3자리의 유효숫자를 설정한다면 일반적인 반올림을 사용한다면 739로 설정할 수 있겠지만 유효숫자를 설정하기 위한 목적이라면 반올림을 하지 않고 738로 설정해야 한다는 것이다.

그렇다면 실제 문제에서는 이것이 어떻게 적용되는지를 이해하기 위해 아래의 표를 살펴보자.

〈연도별 국내 은행대출 현황〉

(단위 : 조 원)

구분	2010년	2011년	2012년	2013년	2014년	2015년	2016년	2017년	2018년
가계대출	403.5	427.1	437.5	450.0	486.4	530.0	583.6	621.8	640.6
주택담보대출	266.8	289.7	298.9	309.3	344.7	380.6	421.5	444.2	455.0
기업대출	404.5	432.7	447.2	468.0	493.3	527.6	539.4	569.4	584.3
부동산담보대출	136.3	153.7	168.9	185.7	205.7	232.8	255.4	284.4	302.4

※ (은행대출)=(가계대출)+(기업대출)

연도별 수치가 시계열로 나열된 자료이며, 증가율 혹은 증가폭을 구해야 하는 문제에 가장 자주 등장하는 유형이다. 이러한 유형의 자료는 자릿수가 큰 경우가 대부분이며 눈어림으로는 판단이 되지 않는 수치가 주어지는 편이어서 시간 소모가 많게 된다. 먼저, 다음의 지문을 판단해보자.

> 2011 ~ 2018년 가계대출이 전년 대비 가장 많이 증가한 해는 2016년이다.

이와 같이 전체 기간에 걸쳐 증가액을 구해야 하는 경우는 군이 전체 수치를 계산하지 말고 유효숫자를 설정하여 판단하는 것이 효율적이다. 여기서는 유효숫자를 2자리로 놓고 판단하였으며 계산한 값은 아래와 같다. 단, 2자리 유효숫자로 계산한 값이 동일한 2015년과 2016년은 자릿수를 하나 늘려 다시 비교하였으며 이에 따르면 가계대출이 전년 대비 가장 많이 증가한 해는 583－530＝53인 2016년도임을 알 수 있다.

(단위 : 조 원)

연도	2011년	2012년	2013년	2014년
가계대출 증가액	43－40＝3	44－43＝1	45－44＝1	48－45＝3
연도	2015년	2016년	2017년	2018년
가계대출 증가액	53－48＝5	58－53＝5	62－58＝4	64－62＝2

3 자료유형

| 문제1 |

〈지역별 주택 동 수 현황〉

(단위 : 동, %)

지역	2013	2016		2017	
	동 수	동 수	비율	동 수	비율
전국	115,977	125,944	100.0	130,354	100.0
서울	19,845	20,715	16.4	20,967	16.1
부산	7,328	7,834	6.2	7,999	6.1
대구	5,540	6,105	4.8	6,298	4.8
인천	6,521	6,776	5.4	6,942	5.3
광주	3,582	4,002	3.2	4,113	3.2
대전	3,355	3,590	2.8	3,673	2.8
경기	30,055	32,610	25.9	34,096	26.2
강원	3,851	4,174	3.3	4,242	3.3
충북	3,553	4,005	3.2	4,185	3.2
충남	4,930	5,483	4.4	5,776	4.4
전북	4,099	4,460	3.5	4,566	3.5
전남	3,982	4,499	3.6	4,793	3.7
경북	6,149	6,685	5.3	6,968	5.3

기본문제　　　　　　　　　　⏱ 제한시간 : 10초　⌛ 소요시간 :　　초

Question

인천의 경우 2013년 대비 2016년의 주택 동 수의 증가폭은 2017년의 전년 대비 주택 동 수의 증가폭보다 작다.　　　(O/X)

Solution

2016년 : 677−652=25
2017년 : 694−677=17

정답 ✕

연습문제　　　　　　　　　　⏱ 제한시간 : 48초　⌛ 소요시간 :　　초

01 대전의 경우 2013년 대비 2016년의 주택 동 수의 증가폭은 2017년의 전년 대비 주택 동 수의 증가폭보다 크다.
(O/X)

02 경기의 경우 2013년 대비 2016년의 주택 동 수의 증가폭은 2017년의 전년 대비 주택 동 수의 증가폭보다 작다.
(O/X)

03 2013년 대비 2016년의 주택 동 수의 증가폭은 충북이 충남보다 작다.　　　　　　　　　(O/X)

04 2013년 대비 2016년의 주택 동 수의 증가폭은 전남이 경북보다 작다.　　　　　　　　　(O/X)

정답 01 O　02 ✕　03 O　04 O

| 문제 2 |

〈국내 등록차량 연료 종류별 분류 현황〉

(단위 : 대)

구분	2013년	2014년	2015년	2016년	2017년	2018년
전체	19,400,864	20,117,955	20,989,885	21,803,351	22,528,295	23,202,555
휘발유차	9,339,738	9,587,351	9,808,633	10,092,399	10,369,752	10,629,296
경유차	7,395,739	7,938,627	8,622,179	9,170,456	9,576,395	9,929,537
LPG차	2,665,387	2,591,977	2,559,073	2,540,496	2,582,148	2,643,722

기본문제

⏱ 제한시간 : 10초   ⏳ 소요시간 :   초

Question

휘발유차 대수의 전년 대비 증가폭은 2014년이 2015년보다 작다. (O/X)

Solution

2014년 : $959 - 934 = 25$
2015년 : $981 - 959 = 22$

정답 ✕

연습문제

⏱ 제한시간 : 48초   ⏳ 소요시간 :   초

01 경유차 대수의 전년 대비 증가폭은 2014년이 2015년보다 작다. (O/X)

02 전체 등록차량 대수의 전년 대비 증가폭은 2016년이 2017년보다 작다. (O/X)

03 휘발유차 대수의 전년 대비 증가폭은 2017년이 2018년보다 크다. (O/X)

04 경유차 대수의 전년 대비 증가폭은 2017년이 2018년보다 작다. (O/X)

정답 **01** O **02** ✕ **03** O **04** ✕

안심Touch

| 문제 3 |

〈행정구역별 주민등록관련 통계〉

구분	인구수(만 명)		세대수(만 세대)	
	2007년	2017년	2007년	2017년
전국	4,913	5,097	1,869	2,152
지역1	1,283	1,264	504	541
지역2	1,251	1,422	478	583
지역3	496	517	190	223
지역4	518	514	193	220
지역5	788	796	286	333
지역6	577	584	218	252

기본문제

⏱ 제한시간 : 10초   ⏳ 소요시간 :   초

Question

2007년 대비 2017년의 인구수 증가폭은 전국이 지역2보다 작다.　　　　　　　　　　　　　(O/X)

Solution

전국 : 510−491=19
지역2 : 142−125=17

정답 ✕

연습문제

⏱ 제한시간 : 36초   ⏳ 소요시간 :   초

01 2007년 대비 2017년의 인구수 증가폭은 지역5가 지역6보다 크다.　　　　　　　(O/X)

02 2007년 대비 2017년의 세대수 증가폭은 지역1이 지역3보다 작다.　　　　　　　(O/X)

03 2007년 대비 2017년의 세대수 증가폭은 지역4가 지역6보다 작다.　　　　　　　(O/X)

정답 **01** O **02** ✕ **03** O

| 문제 4 |

〈성별·연령별 고혈압 및 당뇨 환자〉

(단위 : 명, %)

구분		고혈압				당뇨	
		2010년		2015년		2010년	2015년
		환자수	비율	환자수	비율	환자수	환자수
성별	남성	989	11.0	1,187	13.1	411	547
	여성	1,234	13.8	1,347	14.9	425	524
연령	29세 이하	2	( )	7	( )	7	4
	30 ~ 39세	56	1.9	46	1.6	24	29
	40 ~ 49세	227	7.3	230	7.4	94	115
	50 ~ 59세	562	23.2	608	20.6	213	260
	60 ~ 69세	681	44.0	691	41.6	250	299
	70 ~ 79세	570	54.6	656	59.1	205	257
	80세 이상	125	49.3	296	61.1	43	107
	65세 미만	1,168	7.4	1,239	7.8	450	555
	65세 이상	1,055	51.9	1,295	55.9	386	516

※ 비율은 성별 및 연령별 환자수를 해당 성별 및 연령별 응답인원으로 나눈 것임. 예를 들어 2010년도 80세 이상 응답인원은 $\frac{125명}{49.3\%} = 254명$임

※ 설문조사의 항목은 성별, 연령, 고혈압 유무, 당뇨 유무로 구성되었음

기본문제

⏱ 제한시간 : 10초   ⌛ 소요시간 :   초

Question

2010년 대비 2015년의 고혈압 환자의 증가폭은 남성이 여성보다 작다.

(O/×)

Solution

남성 : 119 - 99 = 20
여성 : 135 - 123 = 12

정답 ×

연습문제

⏱ 제한시간 : 36초   ⌛ 소요시간 :   초

01 2010년 대비 2015년의 50 ~ 59세 환자수의 증가폭은 고혈압이 당뇨보다 작다.　　　　(O/×)

02 당뇨 환자의 2010년 대비 2015년 증가폭은 '60 ~ 69세'가 '70 ~ 79세'보다 크다.　　　　(O/×)

03 2010년 대비 2015년의 65세 미만 환자 수의 증가폭은 고혈압이 당뇨보다 작다.　　　　(O/×)

정답 **01** O　**02** ×　**03** O

| 문제 5 |

〈행정구역별 생산 및 소득 현황〉

(단위 : 천 원)

구분	1인당 지역내총생산		1인당 지역내총소득		개인소득	
	2001년	2017년	2001년	2017년	2001년	2017년
전국	14,594	33,657	14,494	33,659	8,964	18,448
서울	17,052	38,062	18,663	43,655	10,616	21,429
부산	10,665	24,293	11,963	27,199	8,539	18,332
대구	9,494	20,605	11,200	24,680	8,481	17,568
인천	12,780	28,757	11,761	28,928	7,979	17,550
광주	10,328	23,565	11,514	26,375	8,426	17,343
대전	10,793	24,361	12,532	27,826	8,461	18,454
울산	31,987	64,410	26,656	50,328	10,394	19,912
경기	14,069	32,347	14,693	33,868	9,126	18,580
강원	12,131	28,703	11,439	25,671	7,833	16,583
충북	14,204	38,034	12,588	30,926	8,093	17,030
충남	18,144	51,491	14,102	39,913	8,280	17,613
전북	11,426	26,569	11,133	24,550	8,086	16,848
전남	16,349	39,658	13,175	32,879	7,579	15,938
경북	16,186	38,406	13,378	32,177	8,165	16,504
경남	15,565	32,479	13,488	29,018	8,412	16,864
제주	11,389	28,420	11,641	29,218	8,477	17,464

기본문제

⏱ 제한시간 : 10초 ⧗ 소요시간 :   초

Question

2001년 대비 2017년의 1인당 지역내총생산의 증가폭은 광주가 대전보다 크다.　　　　　　　(O/X)

Solution

광주 : 235－103＝132
대전 : 243－108＝135

정답 ✕

연습문제

⏱ 제한시간 : 48초 ⧗ 소요시간 :   초

01 2001년 대비 2017년의 1인당 지역내총생산의 증가폭은 강원보다 제주가 작다.　　　　　(O/X)

02 2001년 대비 2017년의 1인당 지역내총소득의 증가폭은 인천이 대전보다 작다.　　　　　(O/X)

03 2001년 대비 2017년의 1인당 지역내총소득의 증가폭은 충북이 전남보다 작다.　　　　　(O/X)

04 2001년 대비 2017년의 개인소득의 증가폭은 인천이 대전보다 크다.　　　　　　　　　(O/X)

정답 01 ✕ 02 ✕ 03 ○ 04 ✕

〈한국의 시 · 도별 경지면적〉

(단위 : ha)

시 · 도별	2016년	2015년	2014년
전국	1,691,111	1,679,023	1,643,599
서울특별시	480	476	422
부산광역시	6,351	6,008	5,934
대구광역시	8,660	8,291	8,102
인천광역시	20,098	20,114	19,511
광주광역시	10,370	10,261	9,878
대전광역시	4,385	4,305	4,072
울산광역시	11,369	11,003	10,889
세종특별자치시	8,444	8,260	8,102
경기도	176,028	175,417	169,435
강원도	108,727	107,277	104,330
충청남 · 북도	331,312	330,355	324,261
A	204,612	203,559	200,720
B	305,889	304,799	298,095
C	277,650	274,487	268,461
D	154,050	151,769	149,247
제주특별자치도	62,686	62,642	62,140

기본문제

⏱ 제한시간 : 10초   ⧗ 소요시간 :   초

Question

2015년 대비 2016년의 경지면적의 증가폭은 부산광역시가 대구광역시보다 크다.   (O/X)

Solution

부산광역시 : 635－601＝34
대구광역시 : 866－829＝37

정답 ✕

연습문제

⏱ 제한시간 : 48초   ⧗ 소요시간 :   초

01 2015년 대비 2016년의 경지면적의 증가폭은 광주광역시가 울산광역시보다 작다.   (O/X)

02 세종특별자치시의 2014년 대비 2015년의 경지면적의 증가폭은 2015년 대비 2016년의 경지면적의 증가폭보다 크다.
   (O/X)

03 2015년 대비 2016년의 경지면적의 증가폭은 충청남 · 북도가 A지역보다 작다.   (O/X)

04 2014년 대비 2015년의 경지면적의 증가폭은 B지역이 C지역보다 작다.   (O/X)

정답 **01** O   **02** ✕   **03** O   **04** ✕

| 문제 7 |

〈연도별 결산상 잉여금 처리 현황〉

(단위 : 억 원)

구분 연도	일반회계 세입 (A)	일반회계 세출 (B)	결산상 잉여금(C=A−B)		세계잉여금(C−D)				
			이월액 (D)			사용			다음 연도 세입 이입
					지방교부세 및 교부금 정산	채무상환	추경재원	
2001	1,020,084	986,685	33,399	9,325	24,074	−	−	5,381	18,693
2002	1,133,800	1,089,183	44,617	11,756	32,861	−	−	14,168	18,693
2003	1,196,755	1,172,229	24,526	13,264	11,262	−	−	11,262	−
2004	1,196,460	1,182,362	14,098	12,372	1,726	−	−	1,726	−
2005	1,364,592	1,342,077	22,515	10,148	12,367	−	3,818	8,549	−
2006	1,478,667	1,448,360	30,307	16,577	13,730	13,730	−	−	−
2007	1,711,722	1,543,309	168,413	14,985	153,428	54,133	50,640	45,685	2,970
2008	1,815,858	1,754,695	61,163	15,400	45,763	2,947	21,836	20,979	−
2009	2,049,475	1,998,760	50,715	14,628	36,087	7,864	14,394	−	13,829
2010	2,052,235	1,971,371	80,864	21,350	59,514	15,817	22,285	−	21,412
2011	2,148,604	2,074,469	74,134	22,849	51,285	19,586	16,167	−	15,532
2012	2,237,034	2,206,878	30,156	21,623	8,533	1,886	3,390	3,257	−
2013	2,323,929	2,295,443	28,485	27,673	812	−	414	−	398

기본문제 ⏱ 제한시간 : 10초 ⧖ 소요시간 : 초

Question

2005년 대비 2006년의 일반회계세입의 증가액은 2005년 대비 2006년의 일반회계세출의 증가액보다 작다. (O/X)

Solution

일반회계세입 : 148−136=12
일반회계세출 : 145−134=11

정답 ✕

연습문제 ⏱ 제한시간 : 48초 ⧖ 소요시간 : 초

01 2008년 대비 2009년의 일반회계세입의 증가액은 2008년 대비 2009년의 일반회계세출의 증가액보다 작다. (O/X)

02 2001년 대비 2002년의 결산상 잉여금의 증가액은 2003년 대비 2004년의 결산상 잉여금의 감소액보다 작다.

(O/X)

03 2009년 대비 2010년의 이월액의 증가액은 2012년 대비 2013년의 증가액보다 크다. (O/X)

04 2008년 대비 2009년의 지방교부세 및 교부금 정산액의 증가액은 2010년 대비 2011년의 증가액보다 작다. (O/X)

정답 **01** O **02** ✕ **03** O **04** ✕

〈지역별 고령인구 및 고령인구 비율 전망〉

(단위 : 천 명, %)

연도 구분 지역	2025		2035		2045	
	고령인구	고령인구비율	고령인구	고령인구비율	고령인구	고령인구비율
서울	1,862	19.9	2,540	28.4	2,980	35.3
부산	784	24.4	1,004	33.4	1,089	39.7
대구	494	21.1	691	31.2	784	38.4
인천	550	18.4	867	28.4	1,080	36.3
광주	261	18.0	377	27.3	452	35.2
대전	270	18.4	392	27.7	471	35.0
울산	193	17.3	302	28.2	352	35.6
세종	49	11.6	97	18.3	153	26.0
경기	2,379	17.0	3,792	26.2	4,783	33.8
강원	387	25.6	546	35.9	649	43.6
전북	441	25.2	587	34.7	683	42.5
전남	475	27.4	630	37.1	740	45.3
경북	673	25.7	922	36.1	1,064	43.9
경남	716	21.4	1,039	31.7	1,230	39.8
제주	132	18.5	208	26.9	275	34.9

기본문제

⏱ 제한시간 : 10초　⌛ 소요시간 :　　초

Question

대구의 경우 고령인구의 증가폭은 2025년 대비 2035년의 증가폭이 2035년 대비 2045년의 증가폭보다 작다.　　　(○/×)

Solution

2035년 : $[(500-494)=6]+100+[(691-600)=91]=197$

2045년 : $[(700-691)=9]+[(784-700)=84]=93$

정답 　×

연습문제

⏱ 제한시간 : 48초　⌛ 소요시간 :　　초

01 광주의 경우 고령인구의 증가폭은 2025년 대비 2035년의 증가폭이 2035년 대비 2045년의 증가폭보다 크다.　(○/×)

02 세종의 경우 고령인구의 증가폭은 2025년 대비 2035년의 증가폭이 2035년 대비 2045년의 증가폭보다 크다.　(○/×)

03 강원의 경우 고령인구의 증가폭은 2025년 대비 2035년의 증가폭이 2035년 대비 2045년의 증가폭보다 크다.　(○/×)

04 제주의 경우 고령인구의 증가폭은 2025년 대비 2035년의 증가폭이 2035년 대비 2045년의 증가폭보다 작다.　(○/×)

정답 **01** ○ **02** × **03** ○ **04** ×

| 문제 9 |

〈A의 개인차량 주유 현황 및 누적 주행거리〉

주유 시점	주유금액(원)	주유량(L)	주유 시점 기준 누적 주행거리(km)
2016-07-30	58,000	48.41	8,998
2016-08-06	56,000	48.48	9,709
2016-08-15	60,000	50.08	10,520
2016-09-16	63,000	52.59	11,186
2016-10-02	57,000	49.22	11,880
2016-11-03	61,000	50.11	12,468
2016-11-26	61,000	50.91	12,985

기본문제

제한시간 : 10초   소요시간 :   초

Question

주유량의 증가폭은 8월 6일 대비 8월 15일의 증가폭이 8월 15일 대비 9월 16일의 증가폭보다 크다.　　　　(O/X)

Solution

8월 15일 : 501－485＝16
9월 16일 : 526－501＝25

정답　×

연습문제

제한시간 : 36초   소요시간 :   초

01　주유량의 증가폭은 10월 2일 대비 11월 3일의 증가폭이 11월 3일 대비 11월 26일의 증가폭보다 크다.　(O/X)

02　누적 주행거리의 증가폭은 7월 30일 대비 8월 6일의 증가폭이 8월 6일 대비 8월 15일의 증가폭보다 크다.

　　　　(O/X)

03　누적 주행거리의 증가폭은 9월 16일 대비 10월 2일의 증가폭이 10월 2일 대비 11월 3일의 증가폭보다 크다.

　　　　(O/X)

정답　**01** O　**02** X　**03** O

| 문제 10 |

<OECD 주요국의 부채비율>

(단위 : %)

구분	2008	2009	2010	2011	2012	2013	2014	2015
프랑스	81.6	93.2	96.8	100.7	110.4	110.9	120.3	120.8
독일	68.2	75.6	84.2	83.6	86.3	81.4	82.1	78.7
일본	171.1	188.7	193.2	209.4	215.4	221.5	227.7	230.0
한국	29.4	31.6	33.5	36.1	38.5	40.5	43.7	44.8
영국	68.3	81.7	93.0	106.9	111.1	106.4	117.1	112.8
미국	78.6	93.5	102.7	108.3	111.5	111.4	111.7	113.6
OECD 평균	82.4	94.2	100.4	105.3	111.1	111.7	115.3	115.5

기본문제

⏱ 제한시간 : 10초 ⧗ 소요시간 :   초

Question

프랑스의 경우 부채비율의 증가폭은 2009년 대비 2010년의 증가폭이 2010년 대비 2011년의 증가폭보다 크다.   (O/X)

Solution

2010년 : $[(960-932)=28]+[(968-960)=8]=36$
2011년 : $[(1,000-968)=32]+[(1,007-1,000)=7]=39$

정답 ✕

연습문제

⏱ 제한시간 : 48초 ⧗ 소요시간 :   초

01 2009년 대비 2010년의 부채비율의 증가폭은 독일이 미국보다 작다.   (O/X)

02 2011년 대비 2012년의 부채비율의 증가폭은 일본이 영국보다 작다.   (O/X)

03 2013년 대비 2014년의 부채비율의 증가폭은 영국이 OECD 평균보다 크다.   (O/X)

04 2014년 대비 2015년의 부채비율의 증가폭은 독일이 일본보다 작다.   (O/X)

정답 01 O 02 ✕ 03 O 04 ✕

〈월별 평균기온〉

(단위 : ℃)

연도 \ 월	1월	2월	3월	4월	5월	6월	7월	8월	9월	10월	11월	12월
2014년	−4.5	1.4	4.3	9.5	17.2	23.4	25.8	26.5	21.8	14.5	6.5	−1.3
2015년	−7.2	1.2	3.6	10.7	17.9	22.0	24.6	25.8	21.8	14.2	10.7	−0.9
2016년	−2.8	−2.0	5.1	12.3	19.7	24.1	25.4	27.1	21.0	15.3	5.5	−4.1
2017년	−3.4	−1.2	5.1	10.0	18.2	24.4	25.5	27.7	21.8	15.8	6.2	−0.2
2018년	−0.7	1.9	7.9	14.0	18.9	23.1	26.1	25.2	22.1	15.6	9.0	−2.9
2019년	−0.9	1.0	6.3	13.3	18.9	23.6	25.8	26.3	22.4	15.5	8.9	1.6

기본문제　　　　　　　　　　　　　　　　　　⏱ 제한시간 : 10초　⧗ 소요시간 :　　초

Question

6월 대비 7월의 평균기온 증가폭은 2014년이 2015년보다 크다.　　　　　　　　　(O/×)

Solution

2014년 : [(240−234)=6]+10+[(258−250)=8]=24
2015년 : 20+[(246−240)=6]=26

정답　×

연습문제　　　　　　　　　　　　　　　　　　⏱ 제한시간 : 48초　⧗ 소요시간 :　　초

01 4월 대비 5월의 평균기온 증가폭은 2015년이 2016년보다 작다.　　　　　　　(O/×)

02 2월 대비 3월의 평균기온 증가폭은 2017년이 2018년보다 크다.　　　　　　　(O/×)

03 8월 대비 9월의 평균기온 감소폭은 2016년이 2017년보다 크다.　　　　　　　(O/×)

04 10월 대비 11월의 평균기온 감소폭은 2016년이 2017년보다 작다.　　　　　　(O/×)

정답　**01** O　**02** O　**03** O　**04** ×

| 문제 12 |

〈갑국 음식점 현황〉

(단위 : 개, 명, 억 원)

업종	구분 \ 연도	2015년	2016년	2017년	2018년	2019년
사업체	한식	157,295	156,707	155,555	158,398	159,852
	서양식	1,182	1,356	1,306	4,604	1,247
	중식	13,102	9,940	9,885	10,443	10,099
	계	171,579	168,003	166,746	173,445	171,198
종사자	한식	468,351	473,878	466,685	335,882	501,056
	서양식	17,748	13,433	13,452	46,494	14,174
	중식	80,193	68,968	72,324	106,472	68,360
	계	566,292	556,279	552,461	488,848	583,590
매출액		67,704	90,600	75,071	137,451	105,603
부가가치액		28,041	31,317	23,529	23,529	31,410

기본문제

⏱ 제한시간 : 10초 ⧗ 소요시간 :   초

Question

2016년 대비 2017년의 사업체 수의 감소폭은 서양식이 중식보다 크다.　　　　　　　　　(O/X)

Solution

서양식 : 50
중식 : $[(9,900-9,885)=15]+[(9,940-9,900)=40]=55$

정답 ✕

연습문제

⏱ 제한시간 : 48초 ⧗ 소요시간 :   초

01 2015년 대비 2016년의 한식 종사자 수의 증가폭은 서양식 종사자의 감소폭보다 작다.　　(O/X)

02 2016년 대비 2017년의 중식 종사자 수의 증가폭은 전체 종사자의 감소폭보다 크다.　　(O/X)

03 2018년 대비 2019년의 종사자 수의 감소폭은 서양식이 중식보다 작다.　　　　　　(O/X)

04 2016년 대비 2017년의 부가가치액의 감소폭은 2018년 대비 2019년의 부가가치액의 증가폭보다 크다.　(O/X)

정답 **01** ✕ **02** ✕ **03** O **04** ✕

〈전력단가〉

(단위 : 원/kWh)

월＼연도	2014년	2015년	2016년	2017년	2018년
1월	143.16	140.76	90.77	86.31	92.23
2월	153.63	121.33	87.62	91.07	90.75
3월	163.40	118.35	87.31	92.06	101.47
4월	151.09	103.72	75.38	75.35	90.91
5월	144.61	96.62	68.78	79.14	87.64
6월	136.35	84.54	65.31	82.71	89.79
7월	142.72	81.99	67.06	76.79	87.27
8월	128.60	88.59	71.73	76.40	91.02
9월	131.44	90.98	71.55	73.21	92.87
10월	132.22	98.34	73.48	72.84	102.36
11월	133.78	94.93	75.04	81.48	105.11
12월	144.10	95.46	86.93	90.77	109.95
평균	142.09	101.30	76.75	81.51	95.11

기본문제

⏱ 제한시간 : 10초　⏳ 소요시간 :　초

Question

2014년의 경우 전력단가의 전월 대비 증가폭은 2월이 12월보다 작다.　(O/X)

Solution

2월 : 1,536−1,431=105
12월 : 1,441−1,338=103

정답 X

연습문제

⏱ 제한시간 : 36초　⏳ 소요시간 :　초

01 2015년 5월 전력단가의 전월 대비 감소폭은 8월 전력단가의 전월 대비 증가폭보다 크다.　(O/X)

02 2016년의 경우 전력단가의 전월 대비 증가폭은 7월이 11월보다 작다.　(O/X)

03 2017년 5월 전력단가의 전월 대비 증가폭은 9월 전력단가의 전월 대비 감소폭보다 크다.　(O/X)

정답 01 O　02 X　03 O

| 문제 14 |

〈농 · 임업 생산액 현황〉

(단위 : 10억 원, %)

구분 \ 연도		2008년	2009년	2010년	2011년	2012년	2013년
농 · 임업 생산액		39,663	42,995	43,523	43,214	46,357	46,648
분야별 비중	곡물	23.6	20.2	15.6	18.5	17.5	18.3
	화훼	28.0	27.7	29.4	30.1	31.7	32.1
	과수	34.3	38.3	40.2	34.7	34.6	34.8

※ 1) 분야별 비중은 농 · 임업 생산액 대비 해당 분야의 생산액 비중임.
　 2) 곡물, 화훼, 과수는 농 · 임업의 일부 분야임.

기본문제　　　　　　　　　　　　　　　　　　　　　　🕐 제한시간 : 10초　⧖ 소요시간 :　　초

Question

2009년 농 · 임업 생산액의 전년 대비 증가액은 2012년 농 · 임업 생산액의 전년 대비 증가액보다 작다.　　　　(O/X)

Solution

2009년 : $430 - 396 = 34$
2012년 : $463 - 432 = 31$

정답　X

연습문제　　　　　　　　　　　　　　　　　　　　　　🕐 제한시간 : 36초　⧖ 소요시간 :　　초

01 2009년의 경우 곡물 비중의 전년 대비 감소폭은 과수 비중의 전년 대비 증가폭보다 작다.　　　　(O/X)

02 2011년의 경우 곡물 비중의 전년 대비 증가폭은 과수 비중의 전년 대비 감소폭보다 크다.　　　　(O/X)

03 2013년의 경우 곡물 비중의 전년 대비 증가폭은 과수 비중의 전년 대비 증가폭보다 크다.　　　　(O/X)

정답　**01** O　**02** X　**03** O

〈전체 수출액 대비 13대 수출 주력 품목의 수출액 비중〉

(단위 : %)

품목 \ 연도	2013	2014	2015
가전	1.83	2.35	2.12
무선통신기기	6.49	6.42	7.28
반도체	8.31	10.04	11.01
석유제품	9.31	8.88	6.09
석유화학	8.15	8.35	7.11
선박류	10.29	7.09	7.75
섬유류	2.86	2.81	2.74
일반기계	8.31	8.49	8.89
자동차	8.16	8.54	8.69
자동차부품	4.09	4.50	4.68
철강제품	6.94	6.22	5.74
컴퓨터	2.25	2.12	2.28
평판디스플레이	5.22	4.59	4.24
계	82.21	80.40	78.62

기본문제

⏱ 제한시간 : 10초 ⌛ 소요시간 :   초

Question

2014년의 경우 가전 수출액 비중의 전년 대비 증가폭은 석유제품 수출액 비중의 전년 대비 감소폭보다 작다.　　　(O/X)

Solution

가전 : [(200−183)=17]+[(235−200)=35]=52
석유제품 : [(900−888)=12]+[(931−900)=31]=43

정답 ✕

연습문제

⏱ 제한시간 : 48초 ⌛ 소요시간 :   초

01 2015년의 경우 반도체 수출액 비중의 전년 대비 증가폭은 석유화학 수출액 비중의 2013년 대비 감소폭보다 작다.
　　　(O/X)

02 2014년의 전년 대비 수출액 비중의 증가폭은 자동차가 자동차부품보다 크다.　　　(O/X)

03 2014년의 전년 대비 수출액 비중의 감소폭은 철강제품이 평판디스플레이보다 크다.　　　(O/X)

04 13대 수출 주력 품목의 전년 대비 수출액 비중의 감소폭은 2014년이 2015년보다 작다.　　　(O/X)

정답 01 O　02 ✕　03 O　04 ✕

MEMO

I wish you the best of luck!

05 단순한 비율 - 1, 5, 10, 50%

1 유형의 이해

50%를 묻는 선택지는 매우 쉬운 것에 속하지만 의외로 많은 부분에서 등장한다. 이는 단순히 선택지의 정오를 판별하는 것에 그치지 않고 보다 빠르게 판별할 수 있는 능력이 필요함을 의미한다. 실제 기출문제들을 살펴보면 명시적으로 절반 내지는 50%라는 표현이 주어지는 경우도 있지만, 그렇지 않더라도 의미상 50%의 개념을 적용해 풀이하는 문제가 존재한다.

이를 응용한 것이 5%값이다. 5%값은 50% 값에서 자릿수만 하나 당겨주면 되기 때문이다. 하지만 많은 수험생들이 50%는 잘 처리하면서 5% 값은 굳이 5를 곱한 후 100으로 나눠주는 방법으로 풀이하고 있는 것은 안타까운 일이다. 물론, 문제들을 살펴보면 5% 값을 명시적으로 묻는 경우는 드문 편이지만 그 아이디어는 많은 문제에서 활용 가능하다. 예를 들어 2.5%는 5%의 절반이며, 15%는 자릿수를 하나 당겨준 10% 값에 5%를 더한 것이다.

2 접근법

2배는 50%로 변환하라.

위에서 50% 값을 구하는 기본적인 틀을 설명하였으므로 여기서는 이를 조금 응용한 풀이법을 알아보자. 예를 들어, 아래와 같은 구성을 가진 표를 생각해보자.

A	B	C	D	합계
××	××	××	××	××

만약, 선택지에서 A가 A가 아닌 것들보다 큰 지의 여부를 묻고 있다면, 이는 A와 (B+C+D)를 비교하라는 것이 아닌 A가 합계의 50%보다 큰 지를 묻고 있는 것이다. 이와 같은 풀이법은 최대한 손으로 풀이하는 것을 피하고 눈으로 빠르게 어림할 수 있게 하는 방법이므로 실전에서 매우 유용하게 사용할 수 있다.

50%와 동전의 양면처럼 붙어다니는 것이 바로 2배의 개념이다. 만약 A가 B의 50%라고 한다면, B는 A의 2배가 되기 때문인데, 실제 문제 풀이 과정에서는 이 둘을 자유자재로 변환할 수 있어야 한다. 통상 2배로 푸는 것보다는 50%, 즉 절반으로 변환하여 푸는 것이 어림산이나 암산에 더 효율적이다.

마지막으로 5%를 비롯하여 2.5% 등 한 자릿수 비율을 구하는 문제는 기본 수치 자체가 큰 경우가 대부분이다. 즉 어떠한 항목의 값이 전체의 5%에 미달되는지 초과하는지를 묻는 경우에 전체 값이 적게는 수만, 많게는 수천만에 이르는 경우가 많다. 이 경우에 앞서 언급한 것처럼 5를 곱하여 100으로 나눠주는 방법으로 풀이할 경우 단위도 단위이거니와 자칫 반올림을 잘못할 경우 대소관계가 뒤바뀌는 경우가 발생할 수 있다. 따라서 한 자릿수의 비율 값을 구할 때에는 반드시 위에서 설명한 접근법으로 풀이하기 바란다.

그렇다면 실제 문제에서 이것이 어떻게 적용되는지를 이해하기 위해 아래의 표를 살펴보자.

〈수도권의 전력발전량 및 소비량〉

구분	전력발전량(GWh)	전력소비량(GWh)	자립도(%)
서울	1,384	46,903	( )
인천	68,953	22,241	( )
경기	23,791	97,003	( )

※ [자립도(%)]=(전력발전량)÷(전력소비량)×100

분수 값을 구해야 하는 경우 중에서 위와 같이 분자와 분모의 차이가 매우 큰 형태의 자료이다. 이러한 경우는 자릿수가 맞지 않아 직접 계산하기에도 까다롭고 유효숫자를 이용해 자릿수를 줄이기에는 오차의 발생가능성이 높다. 다음의 지문을 판단해보자.

서울지역의 자립도는 5% 미만이다.

5%는 50%에서 한 자리 줄인 것이라는 것만 생각하면 아주 간단하게 판단할 수 있다. 즉, 서울의 전력소비량 46,903의 50%, 절반은 약 23,000이므로 5%는 약 2,300임을 알 수 있다. 하지만 서울지역의 전력발전량은 1,384로 이에 미치지 못한다는 것을 알 수 있다.

3 자료유형

| 문제 1 |

〈신재생에너지원별 생산량〉

(단위 : toe)

구분	2015년	2016년	2017년	2018년
태양열	28,485	28,469	28,121	27,395
태양광	547,430	849,379	1,516,343	1,977,148
풍력	241,847	283,455	462,162	525,188
수력	581,186	453,787	600,690	718,787
해양	103,848	104,731	104,256	103,380
지열	108,472	135,046	183,922	205,464
수열	–	4,791	7,941	14,725
바이오	2,821,996	2,765,657	3,598,782	4,442,376
폐기물	6,904,733	8,436,217	9,358,998	9,084,212
연료전지	199,369	230,173	313,303	376,304
IGCC	–	1,285	273,861	362,527
합계	11,537,366	13,292,990	16,448,379	17,837,506

기본문제

제한시간 : 10초   소요시간 :   초

Question

2015년의 경우 태양광 생산량 대비 태양열 생산량의 비율은 5% 이하이다.   (O/X)

Solution

2015년 태양광 생산량 : 547,430
50%(절반) : 27만 이상
5% : 2.7만 이상

정답 X

연습문제

제한시간 : 48초   소요시간 :   초

01 2016년의 경우 폐기물 생산량 대비 태양광 생산량의 비율은 10% 이상이다.   (O/X)

02 2016년의 경우 연료전지 생산량 대비 IGCC 생산량의 비율은 0.5% 이하이다.   (O/X)

03 2017년의 경우 태양광 생산량 대비 수열 생산량의 비율은 0.5% 이상이다.   (O/X)

04 2018년의 경우 폐기물 생산량 대비 바이오 생산량의 비율은 50% 이상이다.   (O/X)

정답 01 O   02 X   03 O   04 X

| 문제 2 |

〈전체가구의 가구유형별 가구 수 추계〉

(단위 : 만 가구)

구분	2017년	2027년	2037년	2047년
전체	1,957.0	2,164.7	2,260.0	2,230.3
부부가구	309.3	402.2	468.4	479.4
부부+자녀가구	615.0	518.0	437.3	363.8
부+자녀가구	51.6	62.7	67.6	67.7
모+자녀가구	148.3	157.0	153.7	143.1
3세대이상가구	95.1	75.9	62.4	50.5
기타친족가구	148.7	197.0	225.1	256.7
비친족가구	30.7	40.5	37.9	37.1
1인가구	558.3	711.4	807.6	832.0

기본문제　　　　　　　　　　　　　　　　　⏱ 제한시간 : 10초　⏳ 소요시간 :　　초

Question

2017년의 경우 부부+자녀가구수 대비 부부가구수의 비율은 50% 이하이다.　　　　　　(O/X)

Solution

2017년 부부+자녀가구 : 615
50%(절반) : 307.5

정답 X

연습문제　　　　　　　　　　　　　　　　　⏱ 제한시간 : 48초　⏳ 소요시간 :　　초

01 2017년의 경우 1인가구수 대비 부+자녀가구수의 비율은 10% 이하이다.　　　　　(O/X)

02 2027년의 경우 모+자녀가구수 대비 3세대이상가구수의 비율은 50% 이상이다.　　　(O/X)

03 2037년의 경우 전체가구수 대비 부부가구수의 비율은 20% 이상이다.　　　　　　(O/X)

04 2037년의 경우 부부+자녀가구수 대비 기타친족가구수의 비율은 50% 이하이다.　　(O/X)

정답 **01** O **02** X **03** O **04** X

| 문제 3 |

〈12개 국가의 인구 및 국내총생산〉

(단위 : 명, 달러)

국가명	인구	국내총생산
필리핀	109,581,708	330,910
파키스탄	220,892,340	314,588
칠레	19,116,201	298,231
핀란드	5,540,720	276,743
방글라데시	164,689,383	274,025
베트남	97,338,579	245,214
그리스	10,423,054	218,032
뉴질랜드	4,822,233	204,924
카타르	2,881,053	191,362
헝가리	9,660,351	157,883
에콰도르	17,643,054	108,398
슬로바키아	5,459,642	105,905
평균	55,670,693	227,185

기본문제

⏱ 제한시간 : 10초 ⧖ 소요시간 :　초

Question

파키스탄 인구 대비 필리핀 인구의 비율은 50% 이상이다.　　　　　　　　　　　(○/✕)

Solution

파키스탄 인구 : 221
50%(절반) : 110

정답 ✕

연습문제

⏱ 제한시간 : 48초 ⧖ 소요시간 :　초

01 핀란드 인구 대비 국내총생산의 비율은 5% 이하이다.　　　　　　　　　　　(○/✕)

02 헝가리 인구 대비 뉴질랜드 인구의 비율은 50% 이상이다.　　　　　　　　　(○/✕)

03 그리스 국내총생산 대비 에콰도르 국내총생산의 비율은 50% 이하이다.　　　(○/✕)

04 제시된 12개 국가의 평균 인구 대비 슬로바키아 인구의 비율은 10% 이상이다.　(○/✕)

정답 **01** ○ **02** ✕ **03** ○ **04** ✕

| 문제 4 |

〈A국 사업별 도로투자실적〉

(단위 : 억 원)

구분		2015년	2016년	2017년	2018년	2019년
합계		89,345	83,912	90,167	82,802	73,534
고속도로건설투자		16,234	14,766	15,226	13,927	13,649
국도건설투자		42,348	38,351	36,511	34,925	26,587
도로관리투자		11,164	10,426	14,808	15,220	16,202
	도로안전개선	1,325	1,189	1,452	1,687	1,856
	도로운영	691	666	595	542	550
	도로보수	5,859	5,318	9,235	9,473	10,300
	도로병목지점개선	1,582	1,470	1,590	1,613	1,470
	위험도로개선	627	739	845	880	1,000
	첨단도로교통체계	630	611	642	581	594
	자전거도로구축	126	78	77	77	77
	도로건설관리종합연구	324	355	354	365	351
	국제협력기구운영 등	–	–	18	2	4
지자체도로건설지원투자		8,541	6,221	6,276	5,614	5,466
민자도로건설지원투자		11,058	14,148	17,346	13,116	11,630

기본문제　　　　　　　　　　　　　　　　　　　⏱ 제한시간 : 10초　⌛ 소요시간 :　　초

Question

2015년의 경우 전체 도로관리투자실적에서 도로안전개선실적이 차지하는 비중은 10% 이하이다.　　　(O/X)

Solution

2015년 도로관리투자실적 : 11,164

10% : 1,116

정답 ✕

연습문제　　　　　　　　　　　　　　　　　　　⏱ 제한시간 : 48초　⌛ 소요시간 :　　초

01 2016년의 경우 도로병목지점개선실적 대비 위험도로개선실적의 비율은 50% 이상이다.　　　(O/X)

02 2017년의 경우 도로병목지점개선실적 대비 자전거도로구축실적의 비율은 5% 이상이다.　　　(O/X)

03 2018년의 경우 전체 지자체도로건설지원투자실적 대비 국제협력기구운영 등 실적의 비율은 0.05% 이하이다.

　　　(O/X)

04 2019년의 경우 국도건설투자실적 대비 고속도로건설투자실적의 비율은 50% 이하이다.　　　(O/X)

정답　**01** O　**02** ✕　**03** O　**04** ✕

〈국가별 수출 · 수입액〉

(단위 : 백만 달러)

대륙	국가	2016년		2017년		2018년	
		수출액	수입액	수출액	수입액	수출액	수입액
아시아	한국	495,426	406,193	573,694	478,478	604,860	535,202
	이스라엘	60,401	65,805	61,126	69,151	62,159	79,261
	터키	142,696	198,569	157,174	233,758	168,228	222,444
유럽	덴마크	95,206	85,270	101,663	92,363	107,753	101,398
	독일	1,334,355	1,055,326	1,447,992	1,162,751	1,560,983	1,285,442
	그리스	28,052	48,205	32,501	56,656	39,500	65,119
	헝가리	102,979	91,400	113,675	103,782	123,850	115,971
	네덜란드	570,606	500,797	651,975	574,563	721,236	643,793
	폴란드	203,936	199,623	234,253	233,704	260,533	266,427
	스페인	287,213	310,615	319,442	351,023	343,836	386,073
	스웨덴	139,291	140,985	152,905	154,196	165,936	170,164
	스위스	213,821	176,220	224,079	188,820	238,490	206,456
	영국	404,262	583,463	436,465	612,971	468,053	652,252
오세아니아	호주	192,466	196,192	231,055	228,772	257,183	235,374
	뉴질랜드	33,753	35,935	38,102	40,128	39,613	43,876

기본문제　　　　　　　　　　　　　　　　　　　　　⏱ 제한시간 : 10초　⧖ 소요시간 :　　초

Question

2016년의 경우 독일의 수입액 대비 그리스의 수입액의 비율은 5% 이상이다.　　　　　(○/×)

Solution

2016년 독일 수입액 : 1,055
50%(절반) : 500 이상
5% : 50 이상

정답　×

연습문제　　　　　　　　　　　　　　　　　　　　　⏱ 제한시간 : 48초　⧖ 소요시간 :　　초

01 2017년의 경우 네덜란드의 수출액 대비 그리스의 수출액의 비율은 5% 이하이다.　　(○/×)

02 2017년의 경우 독일의 수입액 대비 그리스의 수입액의 비율은 5% 이상이다.　　　(○/×)

03 2018년의 경우 네덜란드의 수출액 대비 뉴질랜드의 수출액의 비율은 5% 이상이다.　(○/×)

04 2018년의 경우 터키의 수입액 대비 헝가리의 수입액의 비율은 50% 이하이다.　　(○/×)

정답　**01** ○　**02** ×　**03** ○　**04** ×

| 문제 6 |

〈시·도별 신규 특허 등록 건수〉

(단위 : 건)

구분	2014년	2015년	2016년	2017년	2018년
서울	28,315	22,305	25,087	27,527	25,224
부산	2,790	2,281	2,527	3,061	3,412
대구	2,701	2,043	2,365	2,612	2,519
인천	4,351	3,214	3,307	3,400	3,499
광주	1,626	1,298	1,410	1,694	1,765
대전	7,550	5,238	5,492	6,503	5,877
울산	1,284	911	1,016	1,269	1,308
경기	28,275	22,750	23,381	24,820	25,440
강원	1,381	1,090	1,291	1,459	1,479
충북	1,854	1,431	1,670	1,861	1,921
충남	3,598	2,996	3,008	3,492	3,808
전북	1,777	1,338	1,468	1,860	1,995
전남	1,445	1,079	1,201	1,616	1,605
경북	5,723	4,491	4,594	4,633	4,176
경남	3,465	2,840	3,538	3,738	3,751
제주	413	290	305	384	412
세종	179	198	249	307	394
합계	96,727	75,793	81,909	90,236	88,585

기본문제

⏱ 제한시간 : 10초　⏳ 소요시간 :　초

Question

2014년의 경우 전남의 신규 특허 등록 건수는 경기의 5% 이하이다.　(O/X)

Solution

2014년 경기 신규 특허 등록 건수 : 283
50%(절반) : 141
5% : 14.1

정답 ✕

연습문제

⏱ 제한시간 : 48초　⏳ 소요시간 :　초

01 2015년의 경우 부산의 신규 특허 등록 건수는 서울의 10% 이상이다.　(O/X)

02 2015년의 경우 충북의 신규 특허 등록 건수는 경남의 50% 이하이다.　(O/X)

03 2016년의 경우 세종의 신규 특허 등록 건수는 경기의 10% 이상이다.　(O/X)

04 2018년의 경우 제주의 신규 특허 등록 건수는 전체의 0.5% 이상이다.　(O/X)

정답 **01** O **02** ✕ **03** O **04** ✕

안심Touch

| 문제 7 |

〈신재생에너지원별 매출액〉

(단위 : 억 원)

구분	2014년	2015년	2016년	2017년
태양광	63,358	75,637	70,248	64,358
태양열	321	290	266	167
풍력	12,866	14,571	11,643	10,957
연료전지	2,284	2,837	3,000	3,262
지열	1,083	1,430	1,223	1,006
수열	–	29	34	47
수력	145	129	141	107
바이오	11,055	12,390	10,968	12,597
폐기물	7,940	5,763	3,367	2,964
합계	99,052	113,076	100,890	95,465

※ 신재생에너지원은 위에 제시된 9개의 항목으로만 구성됨

기본문제 ⏱ 제한시간 : 10초 ⏳ 소요시간 :   초

Question

2014년의 경우 바이오의 매출액 대비 수력의 매출액의 비율은 1% 미만이다. (O/X)

Solution

2014년 바이오 매출액 : 11,055

1% : 110

정답 X

연습문제 ⏱ 제한시간 : 48초 ⏳ 소요시간 :   초

01 2015년의 경우 폐기물 매출액 대비 태양열 매출액의 비율은 5% 이상이다. (O/X)

02 2016년의 경우 태양광 매출액 대비 폐기물 매출액의 비율은 5% 이상이다. (O/X)

03 2017년의 경우 태양광 매출액 대비 연료전지 매출액의 비율은 5% 이상이다. (O/X)

04 2017년의 경우 전체 매출액 대비 수열 매출액의 비율은 0.05% 이상이다. (O/X)

정답 01 O 02 X 03 O 04 X

〈주요 국가의 산업별 기술수출 현황〉

(단위 : 천 달러)

산업별	미국	일본	영국	중국	합계
농림수산	6,110	1,483	555	46,180	54,328
섬유	7,478	134	212	52,962	60,786
A	53,339	51,655	114,680	77,819	297,493
소재	2,766	1,858	47	4,808	9,479
B	145,304	55,198	29,249	421,036	650,787
C	590,014	36,748	107,885	439,106	1,173,753
건설	18,300	19,477	624	10,381	48,782
D	397,927	279,014	507,186	974,834	2,158,961
E	193,014	97,669	64,139	43,279	398,101
기타	98,283	30,059	20,283	23,537	172,162

기본문제

제한시간 : 10초　소요시간 :　초

Question

미국의 B산업 수출액 대비 섬유 수출액의 비율은 5% 이하이다.　(O/X)

Solution

미국의 B산업 수출액 : 145

50% : 72

5% : 7.2

정답　X

연습문제

제한시간 : 48초　소요시간 :　초

01 일본의 D산업 수출액 대비 농림수산 수출액의 비율은 0.5% 이상이다.　(O/X)

02 영국의 E산업 수출액 대비 건설업 수출액의 비율은 1% 이상이다.　(O/X)

03 중국의 C산업 수출액 대비 E산업 수출액의 비율은 10% 이하이다.　(O/X)

04 소재산업의 주요 국가의 수출액 합계에서 중국의 수출액이 차지하는 비율은 50% 이하이다.　(O/X)

정답　01 O　02 X　03 O　04 X

| 문제 9 |

〈종사자 규모별 사업장 퇴직연금 도입 현황〉

(단위 : 개, %)

사업장 규모	2016년			2017년		
	도입 대상 사업장	도입 사업장	사업장 도입률	도입 대상 사업장	도입 사업장	사업장 도입률
5인 미만	619,517	68,865	11.1	659,198	74,360	11.3
5 ~ 9인	307,047	( )	30.0	320,042	( )	31.5
10 ~ 29인	195,414	( )	51.9	198,753	( )	53.4
30 ~ 49인	35,207	24,092	68.4	35,101	24,371	( )
50 ~ 99인	26,822	20,591	76.8	26,712	20,676	( )
100 ~ 299인	14,768	12,330	83.5	14,732	12,270	83.3
300인 이상	5,009	4,551	90.9	5,047	4,583	90.8
전체	1,203,784	323,864	26.9	1,259,585	343,134	27.2

기본문제　　　　　　　　　　　　　　　　　　　　⏱ 제한시간 : 10초　⌛ 소요시간 :　　초

Question

2016년의 경우 전체 도입 대상 사업장에서 100 ~ 299인 규모의 사업장이 차지하는 비중은 1% 이하이다.　　　　(○/×)

Solution

2016년 전체 도입 사업장 : 1,204

1% : 12

정답 ×

연습문제　　　　　　　　　　　　　　　　　　　　⏱ 제한시간 : 36초　⌛ 소요시간 :　　초

01 2016년의 경우 30 ~ 49인 규모의 도입 사업장 수 대비 100 ~ 299인 규모의 도입 사업장 수의 비율은 50% 이하이다.
　　　　　　　　　　　　　　　　　　　　　　　　　　　　　　　　　(○/×)

02 2016년의 경우 10 ~ 29인 규모의 사업장 도입률 대비 전체 사업장 도입률의 비율은 50% 이하이다.　　(○/×)

03 2017년의 경우 5 ~ 9인 규모의 도입 대상 사업장 수 대비 100 ~ 299인 규모의 도입 대상 사업장 수의 비율은 5% 이하이다.　　　　　　　　　　　　　　　　　　　　　　　　　　　　(○/×)

정답 **01** × **02** × **03** ○

〈정보공개 청구에 대한 결정 결과〉

(단위 : 건)

연도	정보공개 청구	공개 결정	비공개 결정				
			법령상 비밀·비공개	공정한 업무수행 지장 등	개인의 사생활 보호	법인 등 영업상 비밀침해	기타
2012년	333,006	316,446	5,004	2,004	4,913	1,746	2,893
2013년	364,806	349,516	4,381	2,358	4,434	1,665	2,452
2014년	381,496	364,661	4,600	2,200	5,183	1,610	3,242
2015년	458,059	440,016	4,578	2,681	5,278	2,117	3,389
2016년	504,147	481,812	5,626	3,771	6,193	2,786	3,959
2017년	563,597	538,466	6,218	4,935	6,482	3,583	3,913

※ 정보공개 청구는 청구된 해에 모두 결정되며, 공개 결정 또는 비공개 결정으로 구분됨

기본문제

제한시간 : 10초   소요시간 :   초

Question

2012년의 경우 전체 정보공개 청구 건수 대비 법인 등 영업상 비밀침해 건수의 비율은 0.5% 이하이다.   (O/X)

Solution

2012년 전체 정보공개건수 : 333
50%(절반) : 166
0.5% : 1.66

정답 ✕

연습문제

제한시간 : 48초   소요시간 :   초

01 2015년의 경우 전체 정보공개 청구 건수 대비 법령상 비밀·비공개 건수의 비율은 1% 이하이다.   (O/X)

02 2015년의 경우 개인의 사생활 보호 건수 대비 공정한 업무수행 지장 등 건수의 비율은 50% 이하이다.   (O/X)

03 2016년의 경우 법령상 비밀·비공개 건수 대비 법인 등 영업상 비밀침해 건수의 비율은 50% 이하이다.   (O/X)

04 2014년의 경우 기타 비공개 결정 건수 대비 법인 등 영업상 비밀침해 건수의 비율은 50% 이상이다.   (O/X)

정답 **01** O **02** ✕ **03** O **04** ✕

| 문제 11 |

〈A지역 물류산업 업종별 현황〉

(단위 : 개, 억 원, 명)

구분 \ 업종	종합물류업	화물운송업	물류시설업	물류주선업	화물정보업	합계
업체 수	19	46	17	23	2	107
매출액	319,763	32,309	34,155	10,032	189	396,448
종업원	22,436	5,382	1,787	1,586	100	31,291
전문인력	3,239	537	138	265	8	4,187
자격증 소지자	1,830	316	80	62	1	2,289

기본문제　　　　　　　　　　　　　　　　　　⏱ 제한시간 : 10초　⌛ 소요시간 :　　초

Question

종합물류업의 매출액(억 원)대비 전문인력 수의 비율은 1% 이하이다. 　　　　　　(O/X)

Solution

종합물류업 매출액 : 320

1% : 3.2

정답 X

연습문제　　　　　　　　　　　　　　　　　　⏱ 제한시간 : 48초　⌛ 소요시간 :　　초

01 화물운송업의 전체 종업원 수 대비 전문인력 수의 비율은 10% 이하이다. 　　　　(O/X)

02 물류시설업의 매출액(억 원)대비 전체 종업원 수의 비율은 5% 이하이다. 　　　　(O/X)

03 물류주선업의 전문인력 수 대비 업체 수의 비율은 10% 이하이다. 　　　　　　(O/X)

04 전체 물류산업의 전문인력 수 대비 자격증 소지자의 비율은 50% 이하이다. 　　(O/X)

정답　01 O　02 X　03 O　04 X

〈경기도 10개 시의 유형별 문화유산 보유건수 현황〉

(단위 : 건)

시 \ 유형	국가 지정 문화재	지방 지정 문화재	문화재 자료	등록 문화재	합계
용인시	64	36	16	4	120
여주시	24	32	11	3	70
고양시	16	35	11	7	69
안성시	13	42	13	0	68
남양주시	18	34	11	4	67
파주시	14	28	9	12	63
성남시	36	17	3	3	59
화성시	14	26	9	0	49
수원시	14	24	8	2	48
양주시	11	19	9	0	39
전체	224	293	100	35	( )

※ 문화유산은 국가 지정 문화재, 지방 지정 문화재, 문화재 자료, 등록 문화재로만 구성됨.

기본문제　　　　　　　　　　　　　　　　　　　　⏱ 제한시간 : 10초　⧖ 소요시간 :　　초

Question

용인시의 국가 지정 문화재 건수는 전체 용인시 문화유산 건수의 50% 이하이다.　　　　　(O/×)

Solution

전체 용인시 문화유산 건수 : 120
50%(절반) : 60

　　　　　　　　　　　　　　　　　　　　　　　　　　　　　　　　　　　정답 ×

연습문제　　　　　　　　　　　　　　　　　　　　⏱ 제한시간 : 48초　⧖ 소요시간 :　　초

01 여주시의 지방 지정 문화재 건수는 전체 여주시 문화유산 건수의 50% 이하이다.　　　　(O/×)

02 안성시의 지방 지정 문화재 건수는 전체 안성시 문화유산 건수의 50% 이하이다.　　　　(O/×)

03 화성시의 지방 지정 문화재 건수는 전체 화성시 문화유산 건수의 50% 이상이다.　　　　(O/×)

04 양주시의 지방 지정 문화재 건수는 전체 양주시 문화유산 건수의 50% 이상이다.　　　　(O/×)

　　　　　　　　　　　　　　　　　정답 01 O　02 ×　03 O　04 ×

<커피전문점 브랜드별 매출액과 점포수>

(단위 : 억 원, 개)

구분	브랜드 \ 연도	2013년	2014년	2015년	2016년	2017년	2018년
매출액	A	1,094	1,344	1,710	2,040	2,400	2,982
	B	–	–	24	223	1,010	1,675
	C	492	679	918	1,112	1,267	1,338
	D	–	129	197	335	540	625
	E	–	155	225	873	1,082	577
	F	–	–	–	–	184	231
	전체	1,586	2,307	3,074	4,583	6,483	7,428
점포수	A	188	233	282	316	322	395
	B	–	–	17	105	450	735
	C	81	110	150	190	208	252
	D	–	71	111	154	208	314
	E	–	130	183	218	248	366
	F	–	–	–	–	71	106
	전체	269	544	743	983	1,507	2,168

기본문제

⏱ 제한시간 : 10초　⌛ 소요시간 :　　초

Question

2013년의 경우 A브랜드 매출액 대비 C브랜드 매출액의 비율은 50% 이상이다. (○/×)

Solution

2013년 A브랜드 매출액 : 109
50%(절반) : 54

정답 ×

연습문제

⏱ 제한시간 : 48초　⌛ 소요시간 :　　초

01 2014년의 경우 A브랜드 매출액 대비 C브랜드 매출액의 비율은 50% 이상이다. (○/×)

02 2016년의 경우 A브랜드 점포수 대비 D브랜드 점포수의 비율은 50% 이상이다. (○/×)

03 2017년의 경우 전체 매출액 대비 D브랜드 매출액의 비율은 10% 이하이다. (○/×)

04 2018년의 경우 B브랜드 점포수 대비 E브랜드 점포수의 비율은 50% 이상이다. (○/×)

정답　**01** ○　**02** ×　**03** ○　**04** ×

〈'갑'국의 세수항목별 세수 실적〉

(단위 : 십억 원)

세수항목＼구분	예산액	징수결정액	수납액	불납결손액
총 세수	205,964	237,000	208,113	2,321
내국세	183,093	213,585	185,240	2,301
교통·에너지·환경세	13,920	14,110	14,054	10
교육세	5,184	4,922	4,819	3
농어촌특별세	2,486	2,674	2,600	1
종합부동산세	1,281	1,709	1,400	6

기본문제

⏱ 제한시간 : 10초　⌛ 소요시간 :　　초

Question

내국세 예산액 대비 교통·에너지·환경세 예산액의 비율은 10% 이상이다.　　　　　　(O/X)

Solution

내국세 예산액 : 183
10% : 18.3

정답 ✕

연습문제

⏱ 제한시간 : 48초　⌛ 소요시간 :　　초

01 교육세 예산액 대비 농어촌특별세 예산액의 비율은 50% 이하이다.　　　　　　(O/X)

02 내국세 징수결정액 대비 교통·에너지·환경세 징수결정액의 비율은 5% 이하이다.　　　(O/X)

03 교통·에너지·환경세 수납액 대비 종합부동산세 수납액의 비율은 10% 이하이다.　　　(O/X)

04 내국세 불납결손액 대비 교통·에너지·환경세 불납결손액의 비율은 0.5% 이상이다.　　(O/X)

정답　**01** O　**02** ✕　**03** O　**04** ✕

〈'갑'국의 신설법인 현황〉

(단위 : 개)

연도 \ 업종	농림수산업	제조업	에너지공급업	건설업	서비스업	전체
2010년	1,077	14,818	234	6,790	37,393	60,312
2011년	1,768	15,557	299	6,593	40,893	65,110
2012년	2,067	17,733	391	6,996	46,975	74,162
2013년	1,637	18,721	711	7,069	47,436	75,574
2014년	2,593	19,509	1,363	8,145	53,087	84,697
2015년	3,161	20,155	967	9,742	59,743	93,768
2016년	2,391	19,037	1,488	9,825	63,414	96,155

기본문제

⏱ 제한시간 : 10초　⏳ 소요시간 :　　초

Question

2011년의 경우 농림수산업 신설법인 수는 제조업의 10% 이하이다.　　　　　　　　　(O/X)

Solution

2011년 제조업 신설법인 수 : 155

10% : 15.5

정답 X

연습문제

⏱ 제한시간 : 48초　⏳ 소요시간 :　　초

01 2012년의 경우 에너지공급업 신설법인 수는 건설업의 5% 이상이다.　　　　　　　(O/X)

02 2013년의 경우 에너지공급업 신설법인 수는 건설업의 10% 이하이다.　　　　　　(O/X)

03 2015년의 경우 에너지공급업 신설법인 수는 제조업의 5% 이하이다.　　　　　　(O/X)

04 2010년의 경우 서비스업 신설법인 수는 전체의 50% 이하이다.　　　　　　　　(O/X)

정답 01 O　02 X　03 O　04 X

06 복잡한 비율 - 20%, 30%

1 유형의 이해

비율을 활용하는 문제는 대부분 앞서 본 기본 비율(5%, 10%, 50%)이 아닌 20%, 35% 등 보다 복잡한 수치가 주어지는 편이다. 하지만 이런 비율들도 결국에는 기본 비율들의 조합으로 얼마든지 풀이가 가능하다. 물론 18%, 37%와 같이 기본 비율로는 해결하기 곤란한 수치들이 등장하는 경우도 많다. 하지만 이 경우는 이상, 이하와 같이 대소관계를 따지는 것이 아닌 구체적인 확정값을 구해야 하는 경우가 대부분이기 때문에 접근하기 까다로운 편이다.

2 접근법

앞에서 설명한 기본 비율 접근법을 확실하게 체화했다면 이 단계에서는 특별하게 추가할 것은 없다. 단지, 기본 비율들을 적절하게 분해하여 빠르게 풀이하면 되기 때문이다.

물론, 단순하게 직접 곱셈을 하여 풀이할 수도 있으며, 그러한 풀이방식의 속도가 더 빠른 사람이 있을 수 있다. 하지만 다른 시험과 달리 NCS 직업기초능력평가의 경우는 수리능력만을 테스트하는 것이 아니라 의사소통능력, 문제해결능력, 자원관리능력 등 다른 능력들과 하나의 세트를 이루어 시험을 치러야 한다. 즉, 시간을 단축할 수 있는 영역에서 최대한 시간을 벌어놓고 문제해결능력 등과 같이 시간 소모가 많은 영역에 시간을 투자해야 한다는 것이다. 예를 들자면 영어시험에서 독해의 시간을 확보하기 위해 어휘와 문법문제를 빠르게 푸는 것과 같은 맥락이다.

NCS 직업기초능력평가에서 이것이 가능한 영역은 수리능력뿐이라고 해도 과언이 아니며, 그러기 위해서는 이와 같은 계산법이 필수적이다.

그렇다면 실제 문제에서는 이것이 어떻게 적용되는지 알아보기 위해 아래의 표를 살펴보자.

〈1회 운동 시 평균운동시간〉

(단위 : 명)

구분	30분 미만	30분 이상 ~ 1시간 미만	1시간 이상 ~ 2시간 미만	2시간 이상	합계
2014년	78	85	65	33	261
2015년	76	92	54	38	260
2016년	75	82	103	42	302
2017년	67	96	95	22	280
2018년	59	88	89	34	270
2019년	52	81	92	44	269

(단위 : 명)

구분	2014년			2018년			2019년		
	1회	2회	3회 이상	1회	2회	3회 이상	1회	2회	3회 이상
10대	21	16	9	14	13	10	14	15	8
20대	14	12	11	17	10	22	18	12	20
30대	17	10	19	6	9	29	5	7	30
40대	13	15	22	12	16	23	12	16	23
50대	10	5	5	15	3	10	15	4	10
60대	12	17	10	14	13	12	14	13	12
70대 이상	6	5	12	5	8	9	6	6	9

수치들의 격차가 크지 않은데다 수치 자체도 크지 않아 해당되는 수치를 직접 계산하는 것이 더 빠른 형태의 자료이다. 하지만 여기서는 이 수치들을 기본 비율로 분해하여 풀이하는 방법을 소개하고자 한다. 이 방법을 보다 복잡한 형태의 문제들을 풀이할 때 활용하면 좋을 것이다. 다음의 지문을 판단해 보자.

2017년에 전년 대비 1회 운동시간이 30분 이상 1시간 미만인 회원은 20% 이하로 상승했다.

2016년의 82명에서 2017년의 96명으로 몇 퍼센트 증가했는지를 구할 것이 아니라 82명의 20% 값을 구한 후에 이를 82에 더한 값이 96명보다 작은지를 판단하는 것이 효율적이다. 물론 82의 20% 값은 복잡한 과정을 거칠 필요없이 16.4로 간단히 구할 수 있지만 수치가 82가 아닌 더 큰 값인 경우를 대비하여 앞서 설명한 방법대로 풀이해 보자. 먼저 82의 10% 값은 자릿수를 하나 당긴 것이므로 8.2이며 20%는 이의 2배이므로 82의 20%는 16.4임을 알 수 있다. 그리고 이를 82에 더하면 98.4가 되어 96보다 크다는 것을 알 수 있다.

반면, 직접 계산하는 것이 빠른 경우의 지문도 출제된다. 다음의 지문을 판단해 보자.

2019년에 주 2회 운동하는 70세 이상 회원들은 2014년보다 35% 이상 증가했다.

앞선 지문과 달리 이 경우는 수치 자체가 작아 굳이 암산을 이용한 방법을 쓸 필요가 없으므로 직접 계산해보자. 2017년에 주 2회 운동하는 70세 이상 사람들은 6명이며, 2014년에는 5명이므로 $\frac{6-5}{5} \times 100 = 20\%$ 증가했다.

3 자료유형

| 문제 1 |

〈연도별·성별에 따른 음주 빈도〉

(단위 : %)

항목 \ 연도	2010년	2012년	2014년	2016년		
				전체	남성	여성
안 마신다	31.7	30.8	35.6	33.1	20.9	47.7
월 평균 1회 이하	18.9	20.0	17.3	16.6	12.9	21.0
월 평균 2~3회	21.4	20.4	18.7	19.7	22.1	16.9
주 평균 1~2회	18.2	17.7	18.2	19.2	( )	10.9
주 평균 3~4회	6.9	7.3	7.0	8.0	12.2	2.8
거의 매일	2.9	3.8	3.2	3.5	5.8	( )

※ 각 응답자는 위에 제시된 6개의 항목 중 하나에 대답하였음
※ 응답 비율이란 당해 연도 전체 응답자 가운데 해당 항목을 선택한 응답자의 비율을 의미함

기본문제　　　　　　　　　⏱ 제한시간 : 10초　⧗ 소요시간 :　　초

Question

2010년의 경우 주 평균 1~2회 음주자 수 대비 거의 매일 음주자 수의 비율은 15% 이하이다.　　　(O/X)

Solution

10% : 1.82
50% : 9.1
5% : 0.91
15% : 1.82+0.91=2.73

정답 X

연습문제　　　　　　　　　⏱ 제한시간 : 48초　⧗ 소요시간 :　　초

01 2012년의 경우 안 마신다 수 대비 주 평균 3~4회 음주자 수의 비율은 20% 이상이다.　　　(O/X)

02 2014년의 경우 월 평균 2~3회 음주자 수 대비 거의 매일 음주자 수의 비율은 15% 이하이다.　　　(O/X)

03 2016년의 경우 응답자 전체 중 안 마신다 수 대비 주 평균 3~4회 음주자 수의 비율은 20% 이상이다.　(O/X)

04 2016년의 경우 여성 응답자 중 안 마신다 수 대비 주 평균 3~4회 음주자 수의 비율은 5% 이하이다.　(O/X)

정답 01 O 02 X 03 O 04 X

<흡연자 대상 설문조사 결과>

(단위 : 명)

구분		전체	남성	여성
전체	19세 이상	6,015	2,592	3,423
	65세 이상	1,526	673	853
연령대별	19 ~ 29세	695	304	391
	30 ~ 39세	1,078	457	621
	40 ~ 49세	1,124	500	624
	50 ~ 59세	1,092	451	641
	60 ~ 69세	998	441	557
	70세 이상	1,028	439	589
거주지역별	동	4,853	2,087	2,766
	읍면	1,162	505	657
소득수준별	하	1,487	643	844
	중하	1,523	657	866
	중상	1,504	645	859
	상	1,501	647	854

기본문제

⏱ 제한시간 : 10초 ⧗ 소요시간 :　　초

Question

19 ~ 29세 전체 흡연자 중 여성이 차지하는 비율은 55% 이하이다. (○/×)

Solution

50% : 347.5

5% : 34.75

55% : 347.5+34.75=382.25

정답 ×

연습문제

⏱ 제한시간 : 48초 ⧗ 소요시간 :　　초

01 전체 흡연자의 경우 동지역 거주자 대비 읍면지역 거주자의 비율은 25% 이하이다. (○/×)

02 남성 흡연자의 경우 동지역 거주자 대비 읍면지역 거주자의 비율은 25% 이하이다. (○/×)

03 여성 흡연자의 경우 동지역 거주자 대비 읍면지역 거주자의 비율은 25% 이하이다. (○/×)

04 중상 소득 수준의 전체 흡연자 중 여성이 차지하는 비율은 55% 이하이다. (○/×)

정답 **01** ○ **02** ○ **03** ○ **04** ×

| 문제 3 |

〈서울특별시 지하철 이용객 현황〉

(단위 : 천 명)

구분	2013년	2014년	2015년	2016년	2017년
1호선	110,640	112,538	106,926	106,673	102,534
2호선	567,236	576,484	567,369	564,333	555,675
3호선	206,607	209,696	203,493	203,642	204,541
4호선	228,686	230,355	224,628	224,831	217,606
5호선	218,953	221,192	218,792	218,519	217,960
6호선	125,466	128,626	128,659	129,424	129,432
7호선	265,207	270,242	267,373	264,533	258,837
8호선	59,754	60,690	60,935	62,208	64,994
9호선	88,275	92,416	101,455	107,395	108,869
합계	1,870,824	1,902,239	1,879,630	1,881,558	1,860,448

기본문제

⏱ 제한시간 : 10초   ⏳ 소요시간 :   초

Question

2013년의 전체 이용객 대비 9호선 이용객의 비율은 5% 이상이다.   (O/X)

Solution

50% : 935
5% : 93.5

정답 ✕

연습문제

⏱ 제한시간 : 48초   ⏳ 소요시간 :   초

01 2014년의 전체 이용객 대비 2호선 이용객의 비율은 30% 이상이다.   (O/✕)

02 2015년의 전체 이용객 대비 3호선 이용객의 비율은 10% 이하이다.   (O/✕)

03 2016년의 7호선 이용객 대비 8호선 이용객의 비율은 25% 이하이다.   (O/✕)

04 2017년의 3호선 이용객 대비 8호선 이용객의 비율은 30% 이하이다.   (O/✕)

정답 **01** O **02** ✕ **03** O **04** ✕

| 문제 4 |

〈종류별 가축의 사육두수〉

(단위 : 천 마리)

가축	2014년 4분기	2015년 4분기	2016년 4분기	2017년			
				1분기	2분기	3분기	4분기
A	10,090	10,187	10,367	10,328	10,432	10,782	10,514
B	3,028	2,909	2,963	2,885	3,034	3,120	2,997
C	156,410	164,131	170,147	141,382	172,743	160,154	170,551
D	445	428	418	416	414	411	409
E	7,539	9,772	8,109	5,570	6,460	6,987	7,530

기본문제

⏱ 제한시간 : 10초　⧖ 소요시간 :　　초

Question

2014년의 4분기 C가축두수 대비 B가축두수의 비율은 2% 이상이다.　　　　　　　　(O/×)

Solution

156의 2%는 3.120이다.

정답　×

연습문제

⏱ 제한시간 : 48초　⧖ 소요시간 :　　초

01　2015년의 4분기 C가축두수 대비 E가축두수의 비율은 5% 이상이다.　　　　　　(O/×)

02　2016년의 4분기 C가축두수 대비 D가축두수의 비율은 0.2% 이하이다.　　　　　(O/×)

03　2017년의 2분기 C가축두수 대비 E가축두수의 비율은 5% 이하이다.　　　　　　(O/×)

04　2017년의 4분기 C가축두수 대비 E가축두수의 비율은 5% 이상이다.　　　　　　(O/×)

정답　01 O　02 ×　03 O　04 ×

| 문제 5 |

〈신공항 후보지의 입지평가 결과〉

평가항목	배점	A시	B시	C시
공항운영성	300	220	121	201
성장가능성	70	63.8	65.9	59.4
접근성	140	102	108	58.9
사회경제영향	230	194	173	182
생태영향	60	47.5	28	60
사업비	150	150	131	78.8
실현가능성	50	31	49	27
총점	1,000			

기본문제

제한시간 : 10초 소요시간 :   초

Question

A시의 사업비 점수 대비 생태영향 점수의 비율은 30% 이상이다. (O/X)

Solution

150의 30%는 45이다.

정답 O

연습문제

제한시간 : 48초 소요시간 :   초

01 A시의 사회경제영향 점수 대비 접근성 점수의 비율은 50% 이하이다. (O/X)

02 B시의 접근성 점수 대비 성장가능성 점수의 비율은 60% 이하이다. (O/X)

03 B시의 사업비 점수 대비 생태영향 점수의 비율은 20% 이상이다. (O/X)

04 C시의 사회경제영향 점수 대비 접근성 점수의 비율은 30% 이하이다. (O/X)

정답 01 ✕ 02 ✕ 03 ○ 04 ✕

| 문제 6 |

〈우리나라 특송물품 통관실적〉

(단위 : 원)

연도 \ 구분	목록통관		간이신고		일반신고		합계	
	건수	금액	건수	금액	건수	금액	건수	금액
2010년	4,749	129	780	409	3,248	6,251	8,777	6,789
2011년	5,726	182	734	403	5,045	10,921	11,505	11,506
2012년	6,912	306	644	347	6,585	13,554	14,141	14,207
2013년	8,190	443	596	347	8,935	14,343	17,721	15,133
2014년	11,376	706	571	330	10,642	14,861	22,589	15,897

기본문제

⏱ 제한시간 : 10초　⏳ 소요시간 :　　초

Question

2011년의 목록통관 금액은 목록통관 건수의 3% 이하이다. (○/×)

Solution

572의 3%는 17이다.

정답　×

연습문제

⏱ 제한시간 : 48초　⏳ 소요시간 :　　초

01 2013년의 간이신고 금액은 간이신고 건수의 55% 이상이다. (○/×)

02 2012년의 일반신고 건수는 일반신고 금액의 50% 이상이다. (○/×)

03 2014년의 일반신고 건수는 일반신고 금액의 70% 이상이다. (○/×)

04 2010년의 전체 통관금액은 전체 통관건수의 75% 이하이다. (○/×)

정답　01 ○　02 ×　03 ○　04 ×

| 문제 7 |

〈문화재 상시관리 실적 현황〉

(단위 : 수, 건)

지역	관리대상	실적(=A+B+C)	모니터링(A)	제초청소(B)	경미수리(C)
서울	45	355	–	270	85
부산	13	682	–	661	21
울산	86	524	–	517	7
세종	10	31	–	28	3
경기	517	1,219	–	–	1,219
강원	442	7,225	1,589	5,133	503
충남	541	9,937	1,544	6,729	1,664
제주	169	3,672	52	3,463	157
광주	139	2,814	–	2,471	343
인천	197	4,964	201	4,443	320
충북	464	5,445	1,229	3,846	370
경남	696	6,437	2,930	2,766	741
경북	946	5,334	1,199	2,471	1,664
전남	577	7,295	93	5,947	1,255
전북	402	6,723	666	4,421	1,636

기본문제

⏱ 제한시간 : 10초 ⧗ 소요시간 :   초

Question

울산의 관리대상 수는 실적건수의 15% 이상이다. (O/X)

Solution

50% : 262
10% : 52.4
5% : 26.2
15% : 52.4+26.2=78.6

정답 O

연습문제

⏱ 제한시간 : 48초 ⧗ 소요시간 :   초

01 부산의 경미수리 건수는 제초청소 건수의 3% 이하이다. (O/X)

02 제주의 모니터링 건수는 실적건수의 1.5% 이상이다. (O/X)

03 인천의 경미수리 건수는 제초청소 건수의 7% 이상이다. (O/X)

04 전남의 모니터링 건수는 실적건수의 1.5% 이상이다. (O/X)

정답 01 ✕ 02 ✕ 03 O 04 ✕

〈A국 철도사고 현황 및 철도수송실적〉

구분			2010년	2011년	2012년	2013년	2014년
철도사고 건수(건)			317	277	250	232	209
철도사고 피해현황	인명피해 (명)	사망	135	121	109	96	80
		중상	136	87	81	83	82
		경상	74	64	59	129	518
	재산피해(백만 원)		1,061	328	763	13,903	7,641
철도 수송실적	여객(10억명·km)		59.09	64.22	65.73	68.80	70.50
	화물(10억톤·km)		9.45	9.70	10.19	10.06	9.56

기본문제　　　　　　　　　　　　　　　　　　　⏱ 제한시간 : 10초　⧗ 소요시간 :　　초

Question

2010년의 철도사고 건수 대비 경상자의 비율은 25% 이상이다.　　　　　　　　(O/X)

Solution

10% : 31.7
20% : 63.4
5% : 15.8
25% : 63.4+15.8=79.2

정답 ╳

연습문제　　　　　　　　　　　　　　　　　　　⏱ 제한시간 : 48초　⧗ 소요시간 :　　초

01 2011년의 여객수송실적 대비 화물수송실적의 비율은 15% 이상이다.　　　　(O/X)

02 2012년의 재산피해(백만 원) 대비 철도사고 건수의 비율은 30% 이상이다.　　(O/X)

03 2013년의 철도사고 건수 대비 중상자의 비율은 35% 이상이다.　　　　　　(O/X)

04 2014년의 재산피해(백만 원) 대비 철도사고 건수의 비율은 3% 이상이다.　　(O/X)

정답 01 O　02 O　03 O　04 ╳

<온실가스별 배출량>

(단위 : 백만 톤)

연도	1990년	1995년	2000년	2005년	2010년	2011년	2012년
총배출량	295.6	436.6	503.0	559.9	657.1	685.8	688.4
CO_2	252.8	386.1	442.3	494.8	594.0	623.4	625.7
CH_4	32.0	29.6	29.3	28.7	29.3	29.6	29.8
N_2O	9.6	14.4	18.3	22.1	13.3	13.9	14.2
HFCs	1.0	5.1	8.4	6.7	8.1	7.9	8.7
PFCs	–	–	2.2	2.7	2.1	2.2	2.4
SF_6	0.2	1.4	2.5	4.9	10.3	8.8	7.6

기본문제

⏱ 제한시간 : 10초   ⏳ 소요시간 :   초

Question

1990년의 CO_2 배출량 대비 CH_4 배출량의 비율은 15% 이상이다.   (O/X)

Solution

10% : 25.28
5% : 12.64
15% : 25.28+12.64=37.92

정답 ✕

연습문제

⏱ 제한시간 : 48초   ⏳ 소요시간 :   초

01 2000년의 N_2O 배출량 대비 PFCs 배출량의 비율은 15% 이하이다.   (O/X)

02 2005년의 CH_4 배출량 대비 HFCs 배출량의 비율은 20% 이하이다.   (O/X)

03 2011년의 CO_2 배출량 대비 CH_4 배출량의 비율은 5% 이하이다.   (O/X)

04 2012년의 N_2O 배출량 대비 PFCs 배출량의 비율은 20% 이상이다.   (O/X)

정답 01 O 02 ✕ 03 O 04 ✕

〈앞으로 하고 싶은 여가활동에 대한 선호율(복수응답)〉

(단위 : %)

구분	전체	남성	여성	13 ~ 19세	20 ~ 29세	30 ~ 39세	40 ~ 49세	50 ~ 59세	60세 이상
TV 시청	12.6	13.8	11.4	13.3	8.5	7.8	9.4	11.8	24.8
여행	58.5	60.7	56.3	43.4	59	65.8	64.6	63.2	49
문화예술 관람	26.7	20.3	33.1	37.8	36.4	34.4	28.1	19.7	9.5
스포츠 관람	8.5	13.6	3.4	11.4	11.6	9.7	8.6	7.4	4
스포츠 활동	20.7	28.9	12.5	27.1	24.4	25.1	26.4	17.6	6
창작적 취미	15.5	10.4	20.6	22	20.6	18.5	16.1	12.7	6.2
자기계발	22.9	22.4	23.4	28.8	37.7	31.6	22.4	15.7	5.7
봉사 활동	9.2	7.3	11.1	6	5.4	7.6	11.7	14.1	8.7
종교 활동	8.6	6.4	10.8	3.3	4	5.3	8.5	13	14.8
휴식	16	15.3	16.7	14.6	12.2	15.8	14.7	15.7	21.6
사교 활동	19.6	18.1	21.1	21.4	18.2	14.8	15.9	21	27.1

기본문제

⏱ 제한시간 : 10초   ⌛ 소요시간 :   초

Question

남성의 여행 선호율 대비 문화예술관람 선호율의 비율은 30% 이하이다. (O/X)

Solution

10% : 6.07
30% : 18.21

정답 X

연습문제

⏱ 제한시간 : 48초   ⌛ 소요시간 :   초

01 여성의 종교활동 선호율 대비 13 ~ 19세의 종교활동 선호율의 비율은 30% 이상이다. (O/X)

02 20 ~ 29세의 자기계발 선호율 대비 봉사활동 선호율의 비율은 15% 이상이다. (O/X)

03 50 ~ 59세의 문화예술관람 선호율 대비 스포츠관람 선호율의 비율은 40% 이하이다. (O/X)

04 50 ~ 59세의 봉사활동 선호율 대비 60세 이상의 봉사활동 선호율의 비율은 60% 이하이다. (O/X)

정답 01 O 02 X 03 O 04 X

| 문제 11 |

〈국가기술자격 등급별 시험 시행 결과〉

(단위 : 명, %)

구분 등급	필기			실기		
	응시자	합격자	합격률	응시자	합격자	합격률
기술사	19,327	2,056		3,173	1,919	
기능장	21,651	9,903		16,390	4,862	
기사	345,833	135,170		210,000	89,380	
산업기사	210,814	78,209		101,949	49,993	
기능사	916,224	423,269		752,202	380,198	
전체	1,513,849	648,607		1,083,714	526,352	

※ $[합격률(\%)] = \dfrac{(합격자)}{(응시자)} \times 100$

기본문제

제한시간 : 10초   소요시간 :   초

Question

기사의 필기 합격률은 40% 이하이다.

(O/X)

Solution

10% : 34.6

40% : 138.4

정답 O

연습문제

제한시간 : 48초   소요시간 :   초

01 기술사의 필기 합격률은 10% 이하이다.

(O/X)

02 전체 응시자의 필기 합격률은 40% 이하이다.

(O/X)

03 기능장의 실기 합격률은 30% 이하이다.

(O/X)

04 기능사의 실기 합격률은 50% 이하이다.

(O/X)

정답 **01** X **02** X **03** O **04** X

〈조선시대 과거 급제자〉

(단위 : 명)

왕대	전체 급제자		출신신분이 낮은 급제자	
			본관이 없는 자	3품 이상 오른 자
태조・정종	101	40	28	10
태종	266	133	75	33
세종	463	155	99	40
문종・단종	179	62	35	16
세조	309	94	53	23
예종・성종	478	106	71	33
연산군	251	43	21	13
중종	900	188	39	69
인종・명종	470	93	10	26
선조	1,112	186	11	40

※ 급제자는 1회만 급제한 것으로 가정함.

기본문제　　　　　　　　　　　⏱ 제한시간 : 10초　⌛ 소요시간 :　　초

Question

태종대의 출신신분이 낮은 급제자 중 3품 이상 오른 자의 비율은 25% 이상이다.　　　　(O/X)

Solution

10% : 13.3
20% : 26.6
5% : 6.65
25% : 26.6+6.65=33.25

정답　X

연습문제　　　　　　　　　　　⏱ 제한시간 : 48초　⌛ 소요시간 :　　초

01 세종대의 전체 급제자 중 출신신분이 낮은 급제자의 비율은 30% 이상이다.　　　　(O/X)

02 세조대의 전체 급제자 중 출신신분이 낮은 급제자의 비율은 30% 이하이다.　　　　(O/X)

03 연산군대의 출신신분이 낮은 급제자 중 3품 이상 오른 자의 비율은 30% 이상이다.　　(O/X)

04 인종・명종대의 출신신분이 낮은 급제자 중 본관이 없는 자의 비율은 10% 이하이다.　(O/X)

정답　**01** O　**02** X　**03** O　**04** X

〈'갑'시 자격시험 접수, 응시 및 합격자 현황〉

(단위 : 명)

구분	종목	접수	응시	합격
산업기사	치공구설계	28	22	14
	컴퓨터응용가공	48	42	14
	기계설계	86	76	31
	용접	24	11	2
	전체	186	151	61
기능사	기계가공조립	17	17	17
	컴퓨터응용선반	41	34	29
	웹디자인	9	8	6
	귀금속가공	22	22	16
	컴퓨터응용밀링	17	15	12
	전산응용기계제도	188	156	66
	전체	294	252	146

※ 1) $[응시율(\%)] = \frac{(응시자 수)}{(접수자 수)} \times 100$

2) $[합격률(\%)] = \frac{(합격자 수)}{(응시자 수)} \times 100$

기본문제

⏱ 제한시간 : 10초 ⌛ 소요시간 :　초

Question

기계설계 산업기사의 접수자 중 합격자의 비율은 35% 이하이다. (○/×)

Solution

10% : 8.6
30% : 25.8
5% : 4.3
35% : 25.8+4.3=30.1

정답 ×

연습문제

⏱ 제한시간 : 48초 ⌛ 소요시간 :　초

01 용접 산업기사의 접수자 중 합격자의 비율은 10% 이하이다. (○/×)

02 컴퓨터응용선반 기능사의 접수자 중 합격자의 비율은 70% 이하이다. (○/×)

03 컴퓨터응용밀링 기능사의 접수자 중 합격자의 비율은 70% 이상이다. (○/×)

04 기능사 전체의 응시율은 80% 이하이다. (○/×)

정답 **01** ○ **02** × **03** ○ **04** ×

| 문제 14 |

〈특별 · 광역 · 특별자치시의 도로현황〉

구분	면적 (km²)	인구	도로연장 (km)	포장도로 (km)	도로포장률 (%)	자동차 대수 (천 대)
서울	605	10,195	8,223	8,223	100.0	2,974
부산	770	3,538	3,101	3,022	97.5	1,184
대구	884	2,506	2,627	2,627	100.0	1,039
인천	1,041	2,844	2,743	2,605	95.0	1,142
광주	501	1,469	1,806	1,799	99.6	568
대전	540	1,525	2,077	2,077	100.0	606
울산	1,060	1,147	1,760	1,724	98.0	485
세종	465	113	412	334	81.1	53
전국	100,188	50,948	106,440	87,798	82.5	19,400

기본문제 ⏱ 제한시간 : 10초 ⧗ 소요시간 :　　초

Question

서울의 도로연장 대비 면적의 비율은 7.5% 이상이다. (O/X)

Solution

10% : 822.3
5% : 411.1
2.5% : 205.5
7.5% : 411.1+205.5=616.6

정답 X

연습문제 ⏱ 제한시간 : 48초 ⧗ 소요시간 :　　초

01 부산의 인구 대비 도로연장의 비율은 85% 이상이다. (O/X)

02 인천의 도로연장 대비 면적의 비율은 35% 이하이다. (O/X)

03 대전의 도로연장 대비 면적의 비율은 25% 이상이다. (O/X)

04 세종의 도로연장 대비 자동차 대수의 비율은 12% 이하이다. (O/X)

정답 01 O 02 X 03 O 04 X

〈의원 유형별, 정당별 전체 의원 및 여성 의원〉

(단위 : 명)

유형	구분	정당의원	가	나	다	라	기타	전체
비례대표 의원	전체 의원 수		44	38	16	20	70	188
	여성 의원 수		21	18	6	10	25	80
지역구 의원	전체 의원 수		230	209	50	51	362	902
	여성 의원 수		16	21	2	7	17	63

기본문제

제한시간 : 10초   소요시간 :   초

Question

가 정당의 전체 지역구 의원 중에서 여성이 차지하는 비율은 7.5% 이상이다. (○/×)

Solution

10% : 23

5% : 11.5

2.5% : 5.75

7.5% : 11.5+5.75=17.25

정답 ×

연습문제

제한시간 : 48초   소요시간 :   초

01 다 정당의 전체 비례대표 의원 중에서 여성이 차지하는 비율은 40% 이하이다. (○/×)

02 기타 정당의 전체 비례대표 의원 중에서 여성이 차지하는 비율은 40% 이상이다. (○/×)

03 전체 비례대표 의원 중에서 여성이 차지하는 비율은 45% 이하이다. (○/×)

04 전체 지역구 의원 중에서 여성이 차지하는 비율은 7.5% 이상이다. (○/×)

정답 **01** ○ **02** × **03** ○ **04** ×

배수 - 2배, 2.5배, 5배

1 유형의 이해

비율을 묻는 것과 거의 비슷한 비중으로 만나게 되는 것이 '~배'와 같이 배수를 구해 대소를 비교하는 것이다. 하지만 접근법은 비율과 크게 다르지 않다. 단지 1보다 큰 수를 곱해야 하는 것을 비율로 전환하는 과정이 추가될 뿐이다.

2 접근법

> 2.5배는 0.4배와 쌍둥이

예를 들어 'A는 B의 2.5배보다 크다.'라는 문장이 있다고 해보자. 이는 식으로 나타내면 'A > B × 2.5'로 변환할 수 있는데, 실전에서 만나게 되는 B값은 대부분 복잡한 숫자들이어서 직접 2.5를 곱하기에는 부담이 따른다. 하지만 이 식을 'A × $\frac{1}{2.5}$ (= 0.4) > B'로 변환하게 되면 눈어림으로도 판단이 가능한 식으로 바뀌게 된다. 같은 논리로 2배는 0.5와, 5배는 0.2와 쌍둥이 관계(곱해서 1이 되는 관계)이므로 실전에서 잘 활용하도록 하자.

만약, 쌍둥이 관계를 가지지 않는 비율값이 등장하면 어떻게 할까? 가장 먼저 할 것은 쌍둥이 관계가 존재하는 가장 가까운 수치로 어림산을 해보는 것이다. 예를 들어 문제에서 2.7배가 주어졌다면 위에서 설명한 2.5배로 판단해 보는 것이다. 하지만 이것도 통하지 않는다면 그때는 별다른 방법 없이 실제 수치를 곱해 판단해야 한다. 다만, 이런 경우의 선택지는 출제빈도가 매우 낮은 편이며, 대부분의 경우 직접적인 계산보다 눈어림만으로도 대소비교가 가능한 편이다.

> 실제로 몇 배인지를 직접 계산하지 마라.

이 원칙은 제시된 배수가 얼마인지와 무관하게 적용되는 것인데, 일반적인 경우라면 나눗셈(실제 배수를 구하기 위해서는 나눗셈을 해야 한다)보다는 곱셈이 더 수월하게 느껴지기 마련이다. 따라서, 선택지에서 A가 B의 7배 이상이라고 주어졌다고 해서 직접 실제의 비율을 구하는 것은 비효율적이다. 가급적 B의 7배 값이 A보다 작은지 큰지를 비교하는 것이 훨씬 효율적이며 실수를 줄일 수 있는 길이다.

그렇다면 실제 문제에서는 이것이 어떻게 적용되는지를 이해하기 위해 아래의 그래프를 살펴보자.

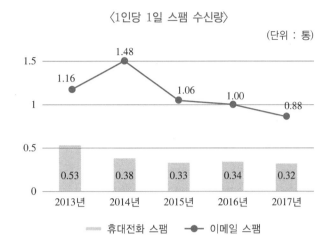

〈1인당 1일 스팸 수신량〉

(단위 : 통)

선 그래프의 수치가 막대 그래프의 약 2 ~ 3배 정도되는 그래프인데, 실전에서 이러한 수치들을 만나면 매우 곤혹스럽다. 왜냐하면, 항목별 편차가 그리 크지 않은 상황이라 이들을 이용한 계산, 특히 이를 통한 비교는 계산이 매우 복잡해지기 때문이다. 이럴 때 필요한 것이 앞서 설명한 방법이다. 다음의 지문을 판단해보자.

> 1인 1일 이메일 스팸 수신량은 항상 같은 해의 1인 1일 휴대전화 스팸 수신량의 2.5배 이상이다.

위 문장을 식으로 표현하면 '이메일 스팸 > 휴대전화 스팸 × 2.5'의 관계가 성립해야 한다. 그런데 휴대전화 스팸량의 수치가 그리 깔끔하지 않은 상태이므로 이 수치들에 2.5를 곱하는 것보다 간단한 방법을 찾아보자. 일단 위 식을 변환해보면 '이메일 스팸 × $\frac{1}{2.5}$ ($= 0.4$) > 휴대전화 스팸'으로 나타낼 수 있다. 즉, 굳이 복잡하게 휴대전화 스팸 값에 2.5를 곱하는 수고를 할 필요없이 이메일 스팸 값에 0.4를 곱하는 것만으로 대소비교가 가능하다. 이 경우 2013년은 1.16에 0.4를 곱한 수치가 0.46…로 0.53보다는 크지 않다는 것을 알 수 있다.

3 자료유형

| 문제 1 |

〈육아휴직에 따른 업무공백 처리 현황〉

(단위 : %)

구분		사업체 수 (개)	계약직 고용	일용직 고용	정규직 고용	유휴인력으로 대체	직무에 따라 다름	처리사례 없음
전체		581	20.1	2.4	15.2	46.3	0.9	15.1
업종	광공업	113	13.3	3.5	12.4	53.1	0.9	16.8
	건설업	73	8.2	0.0	19.2	49.3	1.4	21.9
	음식·숙박업	95	16.8	4.2	14.8	46.3	2.1	15.8
	전기·운수·통신	136	22.1	0.7	7.3	55.9	0.0	14.0
	개인·공공서비스	164	30.5	3.0	22.0	32.3	0.6	11.6
규모	9인 이하	75	21.3	1.3	16.0	42.7	0.0	18.7
	10 ~ 29인	143	19.6	2.8	15.3	39.2	0.0	23.1
	30 ~ 99인	162	17.9	3.7	13.6	50.0	1.2	13.6
	100 ~ 299인	111	21.6	1.8	18.1	45.0	0.9	12.6
	300인 이상	90	22.2	1.1	13.3	55.6	2.2	5.6

기본문제 ⏱ 제한시간 : 10초 ⧖ 소요시간 :   초

Question

광공업의 계약직 고용 비율은 일용직 고용 비율의 4배 이상이다.   (○/×)

Solution

3.5×4=14.0

정답 ×

연습문제 ⏱ 제한시간 : 48초 ⧖ 소요시간 :   초

01 건설업의 유휴인력으로 대체 비율은 직무에 따라 다름 비율의 30배 이상이다.   (○/×)

02 음식·숙박업의 사업체 수는 일용직 고용 비율(%)의 25배 이상이다.   (○/×)

03 10 ~ 29인 규모의 사업체 수는 일용직 고용 비율(%)의 50배 이상이다.   (○/×)

04 300인 이상 규모의 유휴인력으로 대체 비율은 직무에 따라 다름 비율의 30배 이상이다.   (○/×)

정답 **01** ○ **02** × **03** ○ **04** ×

| 문제 2 |

〈국적별·성별 아시아 국적 외국인 입국자의 수〉

(단위 : 명, %)

구분		2016년		2015년		2014년
		입국자 수	전년 대비 증감률	입국자 수	전년 대비 증감률	입국자 수
중국	남자	3,043,390	21.8	2,498,397	−3.1	2,579,481
	여자	4,957,742	45.6	3,404,417	−0.5	3,420,811
일본	남자	987,129	12.9	874,010	−17.1	1,054,286
	여자	1,334,713	35.5	985,180	−20.9	1,245,875
태국	남자	196,975	18.8	241,885	22.8	214,797
	여자	277,287	32.5	209,246	−17.9	254,822
베트남	남자	150,477	36.5	110,204	14.5	96,247
	여자	148,607	66.8	89,119	21.1	73,602
인도	남자	184,296	28.0	143,987	4.3	138,014
	여자	12,477	21.1	10,307	0.1	10,300

기본문제　　　　　　　　　　　　　　　⏱ 제한시간 : 10초　⌛ 소요시간 :　　초

Question

2016년의 경우 입국자 수는 중국 여자가 일본 여자의 4배 이상이다.　　　　　　(O/X)

Solution

$133 \times 4 = 532$

정답　×

연습문제　　　　　　　　　　　　　　　⏱ 제한시간 : 48초　⌛ 소요시간 :　　초

01　2016년의 경우 입국자 수의 전년 대비 증가율은 태국 여자가 태국 남자의 1.5배 이상이다.　　(O/X)

02　2015년의 경우 입국자 수는 태국 여자가 베트남 여자의 2배 이하이다.　　　　　　(O/X)

03　2015년의 경우 입국자 수의 전년 대비 증가율은 태국 남자가 인도 남자의 5배 이상이다.　　(O/X)

04　2014년의 경우 입국자 수는 중국 여자가 베트남 남자의 40배 이상이다.　　　　　(O/X)

정답　01 O　02 ×　03 O　04 ×

| 문제 3 |

〈연령대별·행선지별 내국인 여행객의 수〉

(단위 : 명)

행선지 \ 연령대	20세 이하	21 ~ 30세	31 ~ 40세	41 ~ 50세	51 ~ 60세	61세 이상
일본	121,096	202,076	226,266	199,886	140,547	113,716
대만	6,109	13,436	23,153	22,422	16,249	11,220
A	14,144	42,368	56,132	41,346	21,774	10,069
B	41,304	100,370	97,694	96,135	71,642	36,459
C	7,513	7,852	15,731	12,397	6,971	4,096
필리핀	33,535	63,228	61,872	55,092	30,968	14,137
D	8,626	11,815	29,995	49,758	41,786	22,448
E	2,115	5,054	5,557	5,095	3,174	1,534
F	720	1,478	2,780	3,723	2,217	885
중국	125,509	144,644	303,214	424,386	293,559	174,924

기본문제

⏱ 제한시간 : 10초　⧗ 소요시간 :　　초

Question

21 ~ 30세 연령대 여행객 중 B가 행선지인 경우는 C의 15배 이상이다.　(O/X)

Solution

785×10=7,850
785×5=3,925(7850의 절반)
785×15=7,850+3,925=11,775

정답 X

연습문제

⏱ 제한시간 : 48초　⧗ 소요시간 :　　초

01 31 ~ 40세 연령대 여행객 중 B가 행선지인 경우는 C의 5배 이상이다.　(O/X)

02 41 ~ 50세 연령대 여행객 중 D가 행선지인 경우는 E의 10배 이상이다.　(O/X)

03 51 ~ 60세 연령대 여행객 중 B가 행선지인 경우는 대만의 5배 이하이다.　(O/X)

04 61세 이상 연령대 여행객 중 D가 행선지인 경우는 E의 15배 이상이다.　(O/X)

정답　01 O　02 X　03 O　04 X

〈甲국의 경제지표 현황〉

(단위 : 조 원)

구분		2011년	2012년	2013년	2014년	2015년
명목GDP(A)		1,332.7	1,377.5	1,429.4	1,485.1	1,558.6
조세총액(B)		244.5	257.0	255.7	267.2	288.9
	국세	192.4	203.1	201.9	205.5	217.9
	지방세	52.1	53.9	53.8	61.7	71.0
사회보장기여금(C)		75.3	84.1	91.5	98.2	104.7
	공적연금	32.3	35.7	38.7	40.1	42.8
	국민연금	27.4	30.0	32.9	34.1	36.4
	공무원연금	3.0	3.3	3.4	3.6	3.9
	군인연금	0.3	0.4	0.4	0.5	0.5
	사학연금	1.6	2.0	2.0	1.9	2.0
	건강보험	31.2	34.4	38.0	41.6	44.3
	요양보험	2.0	2.2	2.4	2.7	2.9
	고용보험	5.0	6.3	7.0	8.0	8.6
	산재보험	4.8	5.5	5.4	5.8	6.1
합계(B+C)		319.8	341.1	347.2	365.4	393.6

기본문제

⏱ 제한시간 : 10초 ⏳ 소요시간 :　　초

Question

2015년의 고용보험총액은 요양보험총액의 2.5배 이하이다. (○/×)

Solution

'요양보험총액은 고용보험총액의 0.4배 이상이다.'와 같은 의미이다.
8.6×0.4=3.44 이상인지를 확인하자.

정답 ×

연습문제

⏱ 제한시간 : 48초 ⏳ 소요시간 :　　초

01 2011년의 명목GDP는 조세총액의 6배 이상이다. (○/×)

02 2012년의 사회보장기여금총액은 공적연금총액의 2.5배 이하이다. (○/×)

03 2012년의 고용보험총액은 요양보험총액의 2.5배 이하이다. (○/×)

04 2013년의 명목GDP는 조세총액의 5배 이상이다. (○/×)

정답 **01** × **02** ○ **03** × **04** ○

| 문제 5 |

〈유제품의 브랜드별 판매액〉

(단위 : 백만 원)

연도 브랜드	2011년	2012년	2013년	2014년	2015년	2016년	2017년
A	1,104	1,233	1,280	(나)	1,820	1,965	2,200
B	946	1,020	1,145	1,285	1,742	1,677	2,019
C	1,049	1,089	994	838	1,079	1,256	1,759
D	664	780	889	728	1,021	1,140	1,323
E	565	690	642	702	(다)	949	1,005
F	498	502	482	557	608	796	827
G	803	(가)	941	(라)	1,320	1,451	1,776
기타	697	710	631	574	605	682	798
합계	6,326	( )	7,004	( )	( )	9,916	11,707

기본문제

⏱ 제한시간 : 10초　⏳ 소요시간 :　　초

Question

2013년의 경우 B브랜드의 판매액은 F의 2.5배 이하이다.　　　　　　　　(O/X)

Solution

'F브랜드의 판매액은 B의 0.4배 이상이다.'와 같은 의미이다.
1,145×0.4=458 이상인지를 확인하자.

정답　O

연습문제

⏱ 제한시간 : 48초　⏳ 소요시간 :　　초

01 2011년의 경우 C브랜드의 판매액은 E의 2배 이상이다.　　　　　　　　(O/X)

02 2014년의 경우 B브랜드의 판매액은 F의 2.5배 이상이다.　　　　　　　　(O/X)

03 2015년의 경우 G브랜드의 판매액은 기타의 2.5배 이하이다.　　　　　　　(O/X)

04 2017년의 경우 B브랜드의 판매액은 F의 2.5배 이상이다.　　　　　　　　(O/X)

정답　**01** X　**02** X　**03** O　**04** X

| 문제 6 |

〈한국의 對싱가포르 업종별 투자현황〉

(단위 : 건, 천 달러)

업종	신고건수	신고금액	송금횟수	투자금액
농업, 임업 및 어업	13	15,723	15	12,095
광업	40	1,758,512	72	962,408
제조업	335	1,217,299	444	1,053,192
전기, 가스, 수도사업	45	376,016	76	262,039
건설업	97	186,458	118	128,135
도매 및 소매업	577	3,071,374	635	2,849,064
운수업	143	878,927	158	759,021
숙박 및 요식업	158	124,418	205	103,605
출판, 방송통신업	178	705,796	242	458,744
금융, 보험업	87	1,152,974	112	974,824
부동산, 임대업	265	718,873	276	588,188
과학, 기술서비스업	189	566,783	239	532,888
사업지원서비스업	97	118,279	110	93,022
교육서비스업	58	11,555	61	10,805
사회복지서비스업	1	119	1	119
여가관련서비스업	19	18,255	23	14,000
협회, 단체 및 기타	28	3,546	37	2,665
합계	2,330	10,924,907	2,824	8,804,814

기본문제

⏱ 제한시간 : 10초　⏳ 소요시간 :　　초

Question

교육서비스업의 신고금액은 신고건수의 250배 이상이다.　　　　　　　　　　　　　　(O/X)

Solution

'신고건수는 신고금액의 $0.004(=\dfrac{1}{250})$배 이하이다.'와 같은 의미이다.

$11,555 \times 0.004 = 46$ 이하인지를 확인하자.

정답 X

연습문제

⏱ 제한시간 : 48초　⏳ 소요시간 :　　초

01 광업의 신고금액은 신고건수의 45,000배 이상이다.　　　　　　　　　(O/X)

02 건설업의 신고금액은 신고건수의 2,000배 이하이다.　　　　　　　　　(O/X)

03 운수업의 투자금액은 송금횟수의 5,000배 이상이다.　　　　　　　　　(O/X)

04 과학, 기술서비스업의 투자금액은 송금횟수의 2,500배 이상이다.　　　　　(O/X)

정답 **01** X　**02** O　**03** X　**04** X

| 문제 7 |

〈전국 지역별 치매환자 수 및 치매안심센터 현황〉

(단위 : 개소, 명)

지역	치매안심센터	치매환자 수	치매안심센터인력	
			기존인력	신규필요인력
서울	25	115,835	281	0
부산	16	49,840	47	380
대구	8	32,057	63	125
인천	10	32,916	160	108
광주	5	17,780	11	143
울산	5	8,652	25	65
경기	42	136,911	136	1,034
강원	18	30,063	60	415
충북	14	26,910	26	298
충남	16	43,402	54	399
전북	14	39,154	41	244
전남	22	47,328	35	505
경북	25	58,981	77	637
경남	20	54,300	67	519

※ (치매안심센터인력)=(기존인력)+(신규필요인력)
※ 단, 제시된 지역만을 고려함.

기본문제

제한시간 : 10초   소요시간 :   초

Question

대구의 치매환자 수는 치매안심센터의 기존인력의 500배 이하이다.   (O/X)

Solution

1,000배 : 63,000
500배 : 31,500

정답   X

연습문제

제한시간 : 48초   소요시간 :   초

01 울산의 치매환자 수는 치매안심센터의 기존인력의 300배 이상이다.   (O/X)

02 충북의 치매환자 수는 치매안심센터의 기존인력의 1,000배 이하이다.   (O/X)

03 전남의 치매환자 수는 치매안심센터의 기존인력의 1,500배 이하이다.   (O/X)

04 경남의 치매환자 수는 치매안심센터의 기존인력의 800배 이하이다.   (O/X)

정답   01 O   02 X   03 O   04 X

| 문제 8 |

〈세계 항공기 보유 현황 및 전망〉

(단위 : 대, %)

지역 \ 연도	2016년	2036년	연평균 성장률 (2016년 ~ 2036년)
아시아	6,830	17,520	4.8
북미	7,060	10,130	1.8
중동	1,430	3,900	5.1
남미	1,550	3,660	4.4
유럽	4,800	8,160	2.7
오세아니아	1,090	1,980	3.0
아프리카	720	1,600	4.1
전세계 합계	23,480	46,950	

기본문제

제한시간 : 10초   소요시간 :   초

Question

남미의 항공기 보유 대수는 2036년이 2016년의 2.5배 이상이다.   (O/×)

Solution

'남미의 항공기 보유 대수는 2016년이 2036년의 0.4배 이하이다.'와 같은 의미이다.
$3,660 \times 0.4 = 1,464$ 이하인지를 확인하자.

정답 ×

연습문제

제한시간 : 48초   소요시간 :   초

01 2036년의 아시아의 항공기 보유 대수는 아시아의 연평균 성장률의 3,500배 이하이다.   (O/×)

02 북미의 항공기 보유 대수는 2036년이 2016년의 1.5배 이하이다.   (O/×)

03 2036년의 유럽의 항공기 보유 대수는 유럽의 연평균 성장률의 3,000배 이상이다.   (O/×)

04 아프리카의 항공기 보유 대수는 2036년이 2016년의 2.5배 이상이다.   (O/×)

정답 **01** × **02** O **03** O **04** ×

〈영농주 연령대별, 영농규모별 농가 수 현황〉

(단위 : 호)

영농규모별 \ 연령대	40세 이하	41 ~ 50세	51 ~ 60세	61 ~ 70세	71세 이상	계
0.3ha 미만	2	9	19	36	109	175
0.3ha 이상 0.5ha 미만	1	4	13	45	122	185
0.5ha 이상 1.0ha 미만	2	11	28	89	235	365
1.0ha 이상 2.0ha 미만	4	16	54	132	170	376
2.0ha 이상 5.0ha 미만	3	16	59	111	80	269
5.0ha 이상	1	6	57	54	12	130
계	13	(가)	230	467	(나)	(다)
평균영농규모(ha)	1.7	2.9	3.6	2.3	1.1	1.9

※ 1ha＝100a

기본문제

⏱ 제한시간 : 10초　⧗ 소요시간 :　　초

Question

0.3ha 미만의 경우 51 ~ 60세 농가수는 41 ~ 50세의 2.5배 이상이다.　　　(○/×)

Solution

'41 ~ 50세는 51 ~ 60세의 0.4배 이하이다.'와 같은 의미이다.
19×0.4＝7.6 이하인지를 확인하자.

정답 ×

연습문제

⏱ 제한시간 : 48초　⧗ 소요시간 :　　초

01 0.3ha 이상 0.5ha 미만의 경우 71세 이상 농가수는 61 ~ 70세의 2.5배 이상이다.　(○/×)

02 0.5ha 이상 1.0ha 미만의 경우 51 ~ 60세 농가수는 41 ~ 50세의 2.5배 이하이다.　(○/×)

03 1.0ha 이상 2.0ha 미만의 경우 전체 농가수는 71세 이상의 2.5배 이하이다.　(○/×)

04 2.0ha 이상 5.0ha 미만의 경우 51 ~ 60세 농가수는 41 ~ 50세의 4배 이상이다.　(○/×)

정답　**01** ○　**02** ×　**03** ○　**04** ×

| 문제 10 |

〈월별 강수량〉

(단위 : mm)

연도\월	1월	2월	3월	4월	5월	6월	7월	8월	9월	10월	11월	12월	합계 (연강수량)
2014년	6	55	83	63	124	128	239	599	672	26	11	16	2,022
2015년	29	29	15	110	53	405	1,131	167	26	32	56	7	2,060
2016년	9	1	47	157	8	92	449	465	212	99	68	41	1,648
2017년	7	74	27	72	132	28	676	149	139	14	47	25	1,390
2018년	22	16	7	31	63	98	208	173	88	52	42	18	818
2019년	11	23	10	81	29	99	226	73	26	82	105	29	794

기본문제

제한시간 : 10초   소요시간 :   초

Question

2016년 10월의 강수량은 12월의 2.5배 이상이다.　　　　　　　　　　　　　　　　(O/X)

Solution

'99의 0.4배 이하이다.'와 같은 의미이다.

100의 0.4배가 40이므로 99의 0.4배는 40보다 작다.

정답 ×

연습문제

제한시간 : 48초   소요시간 :   초

01 2014년 5월의 강수량은 4월의 2배 이상이다.　　　　　　　　　　　　　　　　(O/X)

02 2016년 4월의 강수량은 3월의 4배 이하이다.　　　　　　　　　　　　　　　　(O/X)

03 2017년 7월의 강수량은 6월의 25배 이상이다.　　　　　　　　　　　　　　　(O/X)

04 2014년 9월의 강수량은 10월의 25배 이상이다.　　　　　　　　　　　　　　　(O/X)

정답 **01** × **02** O **03** × **04** O

〈종합체전 종목별 입장권 판매점수〉

(단위 : 점)

종목	국내판매 점수	해외판매 점수	판매율 점수	총점
A	506	450	290	1,246
B	787	409	160	1,356
C	547	438	220	1,205
D	2,533	1,101	( )	4,104
E	( )	( )	170	3,320
F	194	142	120	456
G	74	80	140	294
H	1,030	323	350	( )
I	1,498	638	660	( )
J	782	318	510	( )

기본문제

⏱ 제한시간 : 10초　⏳ 소요시간 :　초

Question

A종목의 해외판매 점수는 판매율 점수의 1.5배 이하이다.

(O/X)

Solution

0.5배 : 145
1.5배 : 290+145=435

정답　X

연습문제

⏱ 제한시간 : 48초　⏳ 소요시간 :　초

01 B종목의 해외판매 점수는 판매율 점수의 2.5배 이상이다.　　　　　(O/X)

02 C종목의 해외판매 점수는 판매율 점수의 2배 이상이다.　　　　　(O/X)

03 H종목의 국내판매 점수는 해외판매 점수의 3배 이상이다.　　　　　(O/X)

04 I종목의 국내판매 점수는 해외판매 점수의 2.5배 이상이다.　　　　　(O/X)

정답　01 O　02 X　03 O　04 X

| 문제 12 |

〈A기업의 직군별 사원수 현황〉

(단위 : 명)

연도＼직군	영업직	생산직	사무직
2018년	169	105	66
2017년	174	121	68
2016년	137	107	77
2015년	136	93	84
2014년	134	107	85

기본문제

제한시간 : 10초   소요시간 :   초

Question

2018년의 영업직 사원수는 사무직의 2.5배 이하이다.   (O/X)

Solution

'사무직 사원수는 영업직의 0.4배 이상이다.'와 같은 의미이다.

$169 \times 0.4 = 67$ 이상인지 확인하자.

정답 X

연습문제

제한시간 : 48초   소요시간 :   초

01 2017년의 생산직 사원수는 사무직의 2배 이하이다.   (O/X)

02 2016년의 영업직 사원수는 사무직의 2배 이상이다.   (O/X)

03 2015년의 영업직 사원수는 생산직의 1.5배 이하이다.   (O/X)

04 2014년의 영업직 사원수는 사무직의 1.5배 이하이다.   (O/X)

정답 **01** O **02** X **03** O **04** X

〈토지피복 분류 결과〉

(단위 : 개소)

			B기관						
	대분류		농업지역		산림지역			수체지역	소계
		세부분류	논	밭	침엽수림	활엽수림	혼합림	하천	
A기관	농업지역	논	840	25	30	55	45	35	1,030
		밭	50	315	20	30	30	15	460
	산림지역	침엽수림	85	50	5,230	370	750	20	6,505
		활엽수림	70	25	125	3,680	250	25	4,175
		혼합림	40	30	120	420	4,160	20	4,790
	수체지역	하천	10	15	0	15	20	281	341
	소계		1,095	460	5,525	4,570	5,255	396	17,301

기본문제

⏱ 제한시간 : 10초 ⧖ 소요시간 : 초

Question

두 기관 모두 논으로 분류한 대상지 수는 A기관은 논, B기관은 밭으로 분류한 것의 35배 이상이다. (○/×)

Solution

30배 : 750

5배 : 125

35배 : 750+125=875

정답 ×

연습문제

⏱ 제한시간 : 48초 ⧖ 소요시간 : 초

01 두 기관 모두 밭으로 분류한 대상지 수는 A기관은 밭, B기관은 논으로 분류한 것의 5배 이상이다. (○/×)

02 두 기관 모두 침엽수림으로 분류한 대상지 수는 A기관은 침엽수림, B기관은 활엽수림으로 분류한 것의 15배 이상이다. (○/×)

03 두 기관 모두 활엽수림으로 분류한 대상지 수는 A기관은 활엽수림, B기관은 침엽수림으로 분류한 것의 30배 이하이다. (○/×)

04 두 기관 모두 하천으로 분류한 대상지 수는 A기관은 하천, B기관은 밭으로 분류한 것의 20배 이상이다. (○/×)

정답 **01** ○ **02** × **03** ○ **04** ×

〈유형별 최종에너지 소비 추이와 지역별 최종에너지 소비〉

(단위 : 천 TOE)

연도 · 지역	석탄	석유제품	천연 및 도시가스	전력	열	신재생	합
2008	26,219	97,217	19,765	33,116	1,512	4,747	182,576
2009	23,895	98,370	19,459	33,925	1,551	4,867	182,067
2010	29,164	100,381	21,640	37,338	1,718	5,346	195,587
2011	33,544	101,976	23,672	39,136	1,702	5,833	205,863
2012	31,964	101,710	25,445	40,127	1,751	7,124	208,121
서울	118	5,863	4,793	4,062	514	218	15,568
부산	62	3,141	1,385	1,777	–	104	6,469
대구	301	1,583	970	1,286	80	214	4,434
인천	54	6,798	1,610	1,948	–	288	10,698
광주	34	993	630	699	–	47	2,403
대전	47	945	682	788	–	51	2,513
울산	451	19,357	2,860	2,525	–	336	25,529
경기	335	10,139	5,143	8,625	1,058	847	26,147
충북	1,275	2,044	752	1,837	59	471	6,438
충남	5,812	17,184	1,454	3,826	5	143	28,424
전북	27	2,177	846	1,846	–	337	5,233
전남	11,675	21,539	975	2,450	–	2,251	38,890

기본문제

⏱ 제한시간 : 10초　⏳ 소요시간 :　　초

Question

2010년의 전력 소비량은 열 소비량의 25배 이상이다.　　　　　　　　　　　　　　　　　　(○/×)

Solution

'열 소비량은 전력 소비량의 $0.04(=\dfrac{1}{25})$배 이하이다.'와 같은 의미이다.

$373 \times 0.04 = 14.92$ 이하인지를 확인하자.

정답 ×

연습문제

⏱ 제한시간 : 48초　⏳ 소요시간 :　　초

01 2012년의 부산의 석유제품 소비량은 석탄 소비량의 50배 이상이다.　　　　　　　　　(○/×)

02 2012년의 울산의 석유제품 소비량은 석탄 소비량의 40배 이하이다.　　　　　　　　　(○/×)

03 2012년의 전남의 전력 소비량은 천연 및 도시가스 소비량의 2.5배 이상이다.　　　　　(○/×)

04 2012년의 충북의 신재생 에너지 소비량은 충남의 신재생 에너지 소비량의 3.5배 이상이다.　(○/×)

정답　**01** ○　**02** ×　**03** ○　**04** ×

〈갑국 13세 이상 인구의 독서 현황〉

(단위 : 권, %)

구분		1인당 연간 독서권수	독서인구 1인당 연간 독서권수	독서인구 비율
성별	남자	10.4	18.9	( )
	여자	8.1	14.2	57.0
연령대별	13~19세	15.0	20.2	74.3
	20~29세	14.0	( )	74.1
	30~39세	13.1	( )	68.6
	40~49세	9.6	15.2	63.2
	50~59세	5.9	12.6	46.8
	60~64세	2.8	10.4	26.9
	65세 이상	2.3	10.0	23.0
지역별	동부	4.5	17.4	25.9
	서부	5.5	12.8	43.0
	남부	8.1	14.9	54.4
	북부	14.0	18.3	76.5

기본문제

⏱ 제한시간 : 10초 ⌛ 소요시간 :   초

Question

여자의 경우 독서인구 1인당 연간 독서권수는 1인당 연간 독서권수의 1.5배 이하이다. (○/×)

Solution

0.5배 : 4.05
1.5배 : 8.1+4.05=12.15

정답 ×

연습문제

⏱ 제한시간 : 48초 ⌛ 소요시간 :   초

01 50~59세의 경우 독서인구 1인당 연간 독서권수는 1인당 연간 독서권수의 2.5배 이하이다. (○/×)

02 60~64세의 경우 독서인구 1인당 연간 독서권수는 1인당 연간 독서권수의 3.5배 이하이다. (○/×)

03 동부지역의 경우 독서인구 1인당 연간 독서권수는 1인당 연간 독서권수의 3.5배 이상이다. (○/×)

04 서부지역의 경우 독서인구 1인당 연간 독서권수는 1인당 연간 독서권수의 2.5배 이상이다. (○/×)

정답 **01** ○ **02** × **03** ○ **04** ×

MEMO

08 총합이 주어지지 않은 경우

1 유형의 이해

수리능력에서 만나게 되는 대부분의 자료들은 각 대상의 수치들과 함께 전체 합계가 주어지는 경우가 대부분이다. 하지만 일부 문제들은 전체 합계가 주어지지 않은 상태로 제시되기도 하는데, 이런 경우는 크게 두 가지 유형으로 출제된다. 첫째는 단순히 두 대상의 총합을 비교하는 기본적인 유형이며, 두 번째는 전체 합계가 별도로 주어져 있지 않은 상황에서 $\dfrac{(여러\ 항목의\ 합)}{(전체\ 합계)}$ 을 구해야 하는 유형으로 실제 시험장에서 만나게 되면 매우 곤혹스럽다. 물론 실제 문제에서는 $\dfrac{(여러\ 항목의\ 합)}{(전체\ 합계)}$ 의 정확한 값을 요구하는 것이 아니라 이 분수 값이 'ㅇㅇ%보다 크다.'와 같이 비율과의 대소비교를 묻는 것이 대부분이지만 어찌되었든 저 분수를 끌어낼 수 있어야 한다. 이 유형은 마땅한 스킬도 존재하지 않으며 시간소모도 많은 유형이지만 출제되지 않은 적이 없으므로 자신만의 전략이 필요하다.

2 개념 익히기

자릿수 끊어 계산하기

사실 시험장에서 이런 선택지를 만나게 되면 일단 넘겨야 한다. 기본적으로 이 유형은 아무런 논리적인 의미도 없이 단순히 덧셈을 빨리하는 것만이 중요하므로 현실적으로 이런 선택지가 답이 되지 않는 경우가 대부분이다. 따라서 다른 선택지들을 먼저 살펴본 다음 최후의 수단으로 이 선택지를 판단하기 바란다.

여기서는 전체 합계를 구하는 것을 피할 수 없을 때 조금이나마 시간을 단축시킬 수 있는 방법을 소개한다. 흔히 "자릿수 끊어 계산하기"라고 부르는 방법인데, 수치들을 전체로 놓고 한번에 계산하는 것보다 어느 정도의 시간 절약효과가 있다. 특히 수치가 네자리를 넘어갈 경우에 상당히 유용한 방법인데 다음의 자료를 통해 구체적으로 살펴보자.

(단위 : 명)

로스쿨	입학인원	석사학위 취득자	제9회 사법고시 시험	
			응시자	합격자
A대학	154	123	123	117
B대학	70	60	60	49
C대학	44	32	32	30
D대학	129	104	103	87
E대학	127	97	95	85
F대학	66	48	49	41
G대학	128	95	95	78
H대학	52	41	40	31
I대학	110	85	85	65
J대학	103	82	80	59

전체 합계가 주어지지 않은 자료가 등장하면 일단 긴장해야 한다. 그것이 어떤 형태로 출제되든 3문제에 2문제꼴로 전체 합계를 구하게끔 하는 선택지가 등장하기 때문이다. 아래의 선택지가 가장 대표적인 예이다.

A ~ J대학 전체 입학인원 중 D, E, F대학의 총 입학인원은 30% 이상이다.

앞서 언급한 자릿수 끊어 계산하기를 통해 각 대학의 전체 입학인원을 계산해 보자. 전체 인원은 세자리를 넘지 않으므로 먼저 백단위의 숫자들만 더하면 6이 되며, 십단위의 숫자들의 합은 34, 일단위의 숫자들의 합은 43이 된다. 이를 다음과 같이 계산하는 것이다.

6
34
 43
983

결국은 일반 덧셈의 원리와 다를 바 없지만 뭔가 가볍게 더해진다는 느낌을 받았을 것이다. 일의 자리에서 시작하는 것이 아니라 가장 큰 자리에서 시작했기 때문이다. 이 방법은 이 밖에도 다른 문제에서도 활용가능한 것이니만큼 잘 익혀두기 바란다.

그런데, 983의 30%는 10%인 약 98의 3배이므로 300에 조금 미치지 못하는데 위와 같은 원리로 D, E, F는

2
10
 22
322

로 계산되므로 D, E, F대학의 총 입학인원은 전체 입학인원의 30% 이상임을 알 수 있다.

3 자료유형

| 문제 1 |

〈'갑'부처 위원회별 여성 위원 참여 현황〉

(단위 : 명)

구분	2018년 상반기		2018년 하반기		2019년 상반기		2019년 하반기		2020년 상반기	
	전체 위원	여성 위원	전체 위원	여성 위원	전체 위원	여성 위원	전체 위원	여성 위원	전체 위원	여성 위원
A	47	17	47	17	47	20	47	20	47	20
B	11	6	11	6	11	6	11	6	11	5
C	15	5	15	5	15	5	15	5	15	6
D	19	11	19	11	19	11	19	11	16	11
E	9	4	9	4	9	5	9	5	9	5

※ 위원회는 A ~ E의 5개만 존재한다.

기본문제　　　　　　　　　　　　　　　　　⏱ 제한시간 : 10초　⌛ 소요시간 :　초

Question

2018년 상반기 전체 위원의 수는 100명 이하이다.　　　　　　　　　　　　　(O/X)

Solution

　7
　31
101

정답 X

연습문제　　　　　　　　　　　　　　　　　⏱ 제한시간 : 48초　⌛ 소요시간 :　초

01 2018년 하반기 여성 위원의 수는 40명 이상이다.　　　　　　　　　　　(O/X)

02 2019년 하반기 여성 위원의 수는 50명 이상이다.　　　　　　　　　　　(O/X)

03 2020년 상반기 전체 위원의 수는 100명 이하이다.　　　　　　　　　　(O/X)

04 2020년 상반기 여성 위원의 수는 50명 이상이다.　　　　　　　　　　　(O/X)

정답 01 O　02 X　03 O　04 X

| 문제 2 |

〈우리나라 6대 광역시별 인구 현황〉

(단위 : 천 명)

구분	2011년	2012년	2013년	2014년	2015년
부산	3,551	3,538	3,528	3,519	3,514
대구	2,507	2,506	2,502	2,493	2,488
인천	2,801	2,844	2,880	2,903	2,926
광주	1,463	1,469	1,473	1,476	1,472
대전	1,516	1,525	1,533	1,532	1,519
울산	1,135	1,147	1,156	1,166	1,174

기본문제

⏱ 제한시간 : 10초   ⏳ 소요시간 :   초

Question

2011년 6대 광역시 인구의 합은 13,000명 이상이다.　　　　　　　　　　　　　(○/×)

Solution

```
 10
 28
  15
   23
12973
```

정답 ×

연습문제

⏱ 제한시간 : 48초   ⏳ 소요시간 :   초

01 2012년 6대 광역시 인구의 합은 13,000명 이상이다.　　　　　　　　　(○/×)

02 2013년 6대 광역시 인구의 합은 13,000명 이하이다.　　　　　　　　　(○/×)

03 2014년 6대 광역시 인구의 합은 13,000명 이상이다.　　　　　　　　　(○/×)

04 2015년 6대 광역시 인구의 합은 13,000명 이하이다.　　　　　　　　　(○/×)

정답 01 ○ 02 × 03 ○ 04 ×

| 문제 3 |

〈우리나라 항공 운항 통계〉

구분		운항(편)		여객(명)		화물(톤)	
		출발	도착	출발	도착	출발	도착
국내선	김포	128	110	17,133	18,255	149	194
	청주	15	13	1,914	1,888	10	10
	양양	2	2	104	96	0	0
	군산	0	0	0	0	0	0
	원주	1	1	61	57	0	0
	김해	46	43	6,267	6,021	46	30
	제주	148	155	20,447	19,676	224	190
	대구	14	11	1,675	1,629	6	11
	광주	17	17	1,531	1,556	5	6
	여수	8	8	717	687	2	1
	울산	7	6	584	582	1	1
	포항	2	2	78	64	0	0

※ 표에 제시된 공항들로 한정한다.

기본문제　　　　　　　　　　　　　　　　　　⏱ 제한시간 : 10초　⏳ 소요시간 :　　초

Question

전체 출발 운항 편수는 380편 이하이다.　　　　　　　　　　　　　　　　　（○/×）

Solution

2
13
 58
388

정답　×

연습문제　　　　　　　　　　　　　　　　　　⏱ 제한시간 : 48초　⏳ 소요시간 :　　초

01 전체 도착 운항 편수는 360편 이상이다.　　　　　　　　　　　　　　（○/×）

02 전체 여객 출발 인원수는 50,000명 이하이다.　　　　　　　　　　　（○/×）

03 전체 여객 도착 인원수는 50,000명 이상이다.　　　　　　　　　　　（○/×）

04 전체 화물 출발 톤 수는 440톤 이하이다.　　　　　　　　　　　　　（○/×）

정답　**01** ○　**02** ×　**03** ○　**04** ×

| 문제 4 |

〈시·도별 민방위대원 수 및 방독면 확보 수〉

(단위 : 명, 개)

시·도	민방위대원 수	방독면 신규 확보 수	방독면 총 확보 수
A	233,262	4,065	175,610
B	80,727	1,815	62,582
C	84,363	1,887	70,490
D	62,808	556	46,246

※ 표에 제시된 시·도로 한정한다.

기본문제　　　　　　　　　　　　　　　⏱ 제한시간 : 10초　⧗ 소요시간 :　　초

Question

전체 민방위대원 수는 46만 명 이하이다.　　　　　　　　　　　　　(○/×)

Solution

2
25
　9
　20
　　14
　　　20
461160

　　　　　　　　　　　　　　　　　　　　　　　　　정답 ×

연습문제　　　　　　　　　　　　　　　⏱ 제한시간 : 24초　⧗ 소요시간 :　　초

01 전체 방독면 신규 확보 수는 8,300개 이상이다.　　　　　　　　(○/×)

02 전체 방독면 총 확보 수는 35만 개 이하이다.　　　　　　　　　(○/×)

　　　　　　　　　　　　　　　　　　　정답 **01** ○　**02** ×

| 문제 5 |

〈도로 시설물의 경과연수 현황〉

(단위 : 개)

구분	A	B	C	D
10년 미만	3,696	1,198	996	1,027
10년 이상 20년 미만	11,006	924	298	2,348
20년 이상 30년 미만	8,507	241	55	525
30년 이상 40년 미만	2,627	53	25	271
40년 이상	1,281	32	9	20

기본문제

⏱ 제한시간 : 10초　⌛ 소요시간 :　초

Question

A시설물의 총합은 27,000개 이하이다.　　　　　　　　　　　　　　(○/×)

Solution

```
    1
   15
    19
    19
    27
27117
```

정답 ×

연습문제

⏱ 제한시간 : 36초　⌛ 소요시간 :　초

01 B시설물의 총합은 2,400개 이상이다.　　　　　　　　　　　　(○/×)

02 C시설물의 총합은 1,400개 이상이다.　　　　　　　　　　　　(○/×)

03 D시설물의 총합은 4,200개 이하이다.　　　　　　　　　　　　(○/×)

정답 01 ○　02 ×　03 ○

〈연령대별 인구 수〉

(단위 : 명)

연령대 \ 연도	1990년	2000년	2010년	2017년	2020년	2030년	2040년	2050년	2060년
0세 ~ 14세	10,974	9,911	7,979	6,751	6,574	6,109	5,647	4,716	4,265
15세 ~ 64세	29,701	33,702	36,209	37,620	37,266	33,878	29,431	25,905	22,444
65세 이상	2,195	3,395	5,366	7,076	8,134	12,955	17,120	18,813	18,536

기본문제

제한시간 : 10초 소요시간 : 초

Question

2000년의 인구수는 47,000명 이하이다. (O/X)

Solution

```
    3
   15
   19
   10
    8
47008
```

정답 X

연습문제

제한시간 : 48초 소요시간 : 초

01 2017년의 인구수는 51,000명 이상이다. (O/X)

02 2030년의 인구수는 53,000명 이상이다. (O/X)

03 2040년의 인구수는 52,000명 이상이다. (O/X)

04 2060년의 인구수는 45,000명 이하이다. (O/X)

정답 01 O 02 X 03 O 04 X

| 문제 7 |

〈세계 수산물 생산현황 및 생산규모 순위〉
(단위 : M/T)

순위	국가명	수산물 생산규모		
		합계	어획규모	양식규모
1	중국	76,149	17,352	58,797
2	인도네시아	20,884	6,508	14,376
3	인도	9,603	4,719	4,884
4	베트남	6,331	2,919	3,412
5	미국	5,410	4,984	426
6	미얀마	5,048	4,083	965
7	일본	4,773	3,753	1,020
8	필리핀	4,692	2,354	2,338
9	러시아	4,396	4,233	163
10	칠레	3,820	2,593	1,227
11	노르웨이	3,788	2,456	1,332
12	페루	3,714	3,599	115
13	방글라데시	3,548	1,591	1,957
14	한국	3,308	1,737	1,571
15	태국	2,704	1,770	934
상위 15개국 합계		158,168	64,651	93,517
전세계 합계		195,784	94,645	101,139

기본문제

⏱ 제한시간 : 10초 ⏳ 소요시간 :   초

Question

수산물 생산규모 1위에서 5위까지의 생산규모의 합은 120,000M/T 이상이다.   (O/X)

Solution

```
      9
     26
     22
     16
     17
 118377
```

정답 ✕

연습문제

⏱ 제한시간 : 36초 ⏳ 소요시간 :   초

01 어획규모 1위에서 5위까지의 어획규모의 합은 36,000M/T 이상이다.   (O/X)

02 양식규모 1위에서 5위까지의 양식규모의 합은 82,000M/T 이상이다.   (O/X)

03 수산물 생산규모 11위에서 15위까지의 생산규모의 합은 17,000M/T 이상이다.   (O/X)

정답 **01** O **02** ✕ **03** O

| 문제 8 |

〈광역자치단체별 개별공시지가 조사 필지와 의견제출 및 의견제출처리결과〉

(단위 : 건 수)

구분	개별공시지가 조사 필지	의견제출		의견제출처리결과		
		계	상향요구	반영	상향조정	기각
서울	907,162	552	174	134	37	418
부산	697,526	392	58	64	27	328
대구	431,514	128	37	25	7	103
인천	619,675	650	609	34	23	616
광주	375,353	83	56	42	26	41
대전	219,710	102	67	39	29	63
울산	411,697	126	9	7	2	119
세종	180,952	72	21	34	12	38
경기	4,293,628	2,290	1,297	732	395	1,558
충북	2,151,353	1,125	406	391	184	734
충남	3,403,315	630	213	252	112	378
전북	2,612,562	273	136	85	49	188
전남	4,431,129	437	312	189	126	248
경북	4,121,550	617	137	260	70	357
경남	3,893,453	482	194	93	50	389
제주	533,809	215	24	94	11	121

※ 특별·광역시 : 서울, 부산, 대구, 인천, 광주, 대전, 울산, 세종

기본문제　　　　　　　　　　　　　　　　⏱ 제한시간 : 10초　⏳ 소요시간 :　　초

Question

특별·광역시의 의견제출 건수의 합은 2,100건 이하이다.　　　　　　　　　　(O/X)

Solution

```
  17
  38
  25
2105
```

정답　×

연습문제　　　　　　　　　　　　　　　　⏱ 제한시간 : 36초　⏳ 소요시간 :　　초

01 특별·광역시의 의견반영 건수의 합은 380건 이하이다.　　　　　　　　　(O/X)

02 충남·북, 전남·북, 경남·북, 제주의 상향요구 건수의 합은 1,400건 이하이다.　(O/X)

03 충남·북, 전남·북, 경남·북, 제주의 기각 건수의 합은 2,400건 이상이다.　(O/X)

정답　**01** O　**02** X　**03** O

〈서울시의 자치구별 내·외국인 현황〉

(단위 : 명, %)

권역	자치구	내국인	구성비	외국인	구성비	전체	구성비
1	성북구	445,710	4.7	11,134	3.3	456,844	4.6
	강북구	315,754	3.3	4,238	1.3	319,992	3.2
	도봉구	337,541	3.5	2,554	0.8	340,095	3.4
	노원구	558,270	5.8	4,726	1.4	562,996	5.7
2	성동구	285,137	3.0	9,869	2.9	295,006	3.0
	광진구	350,993	3.7	17,206	5.1	368,199	3.7
	동대문구	349,957	3.7	14,830	4.4	364,787	3.7
	중랑구	397,487	4.2	5,750	1.7	403,237	4.1
	강동구	438,201	4.6	6,184	1.8	444,385	4.5
3	양천구	459,665	4.8	5,847	1.7	465,512	4.7
	강서구	562,468	5.9	8,039	2.4	570,507	5.8
	구로구	405,371	4.2	39,461	11.7	444,832	4.5
	금천구	225,898	2.4	24,792	7.4	250,690	2.5
	영등포구	357,484	3.7	49,044	14.5	406,528	4.1

기본문제

⏱ 제한시간 : 10초 ⧗ 소요시간 :   초

Question

2권역의 내국인 수의 합은 180만 명 이하이다. (O/X)

Solution

```
 15
  29
   29
    25
    25
     25
1821775
```

정답 ×

연습문제

⏱ 제한시간 : 36초 ⧗ 소요시간 :   초

01 1권역의 외국인 수의 합은 22,000명 이상이다. (O/X)

02 3권역의 외국인 수의 합은 13만 명 이상이다. (O/X)

03 1권역의 전체 인구 수의 합은 170만 명 이하이다. (O/X)

정답 01 O 02 × 03 O

〈A국 석유화학제품 수출입 추이〉

연도	수출액(억 달러)	수출량(백만 톤)	수입액(억 달러)	수입량(백만 톤)	A국 총 수출액 대비 수출액 비중(%)
2000년	96.7	15.0	51.5	7.7	5.6
2001년	83.9	14.7	45.1	7.6	5.6
2002년	92.7	15.8	47.5	8.2	5.7
2003년	119.2	17.2	58.2	8.6	6.1
2004년	170.2	18.1	80.2	9.7	6.7

기본문제

제한시간 : 10초 소요시간 : 초

Question

2000 ~ 2004년 동안의 A국의 석유화학제품 수출액의 합은 560억 달러 이하이다. (O/X)

Solution

```
  2
 34
  20
  27
5627
```

정답 ✕

연습문제

제한시간 : 36초 소요시간 : 초

01 2000 ~ 2004년 동안의 A국의 석유화학제품 수출량의 합은 80백만 톤 이상이다. (O/X)

02 2000 ~ 2004년 동안의 A국의 석유화학제품 수입액의 합은 280억 달러 이하이다. (O/X)

03 2000 ~ 2004년 동안의 A국의 석유화학제품 수입량의 합은 40백만 톤 이상이다. (O/X)

정답 **01** O **02** ✕ **03** O

〈전체 재정지출 중 5대 분야 재정지출 비중〉

(단위 : %)

연도 분야	2013년	2014년	2015년	2016년	2017년	2018년	2019년	2020년
교육	15.5	15.8	15.4	15.9	16.3	16.3	16.2	16.1
보건	10.3	11.9	11.4	11.4	12.2	12.5	12.8	13.2
국방	7.5	7.7	7.6	7.5	7.8	7.8	7.7	7.6
안전	3.6	3.7	3.6	3.8	4.0	4.0	4.1	4.2
환경	3.1	2.5	2.4	2.4	2.4	2.5	2.4	2.4

기본문제 제한시간 : 10초 소요시간 : 초

Question

2013년 5대 분야 재정지출 비중의 합은 45% 이상이다. (O/X)

Solution

2
18
 20
400

정답 X

연습문제 제한시간 : 48초 소요시간 : 초

01 2015년 5대 분야 재정지출 비중의 합은 40% 이상이다. (O/X)

02 2017년 5대 분야 재정지출 비중의 합은 42% 이하이다. (O/X)

03 2018년 5대 분야 재정지출 비중의 합은 43% 이상이다. (O/X)

04 2020년 5대 분야 재정지출 비중의 합은 43% 이하이다. (O/X)

정답 01 O 02 X 03 O 04 X

| 문제 12 |

〈매출액 상위 10개 제약사의 매출액〉

(단위 : 억 달러)

2024년 기준 매출액 순위	기업명	2024년	2018년	2018년 대비 2024년 매출액 순위변화
1	Pfizer	512	453	변화없음
2	Novartis	498	435	1단계 상승
3	Roche	467	446	1단계 하락
4	J&J	458	388	변화없음
5	Merck	425	374	변화없음
6	Sanofi	407	351	변화없음
7	GSK	387	306	5단계 상승
8	AbbVie	350	321	2단계 상승
9	Takeda	323	174	7단계 상승
10	AstraZeneca	322	207	4단계 상승

기본문제

⏱ 제한시간 : 10초 ⏳ 소요시간 :　　초

Question

2024년 10개 제약사의 매출액의 합은 4,200억 달러 이상이다.

(O/X)

Solution

```
  37
  40
_ 49
4149
```

정답 ✕

연습문제

⏱ 제한시간 : 10초 ⏳ 소요시간 :　　초

01 2018년 10개 제약사의 매출액의 합은 3,400억 달러 이상이다.

(O/✕)

정답 **01** O

| 문제 13 |

〈A국의 보유세 추이〉

(단위 : 십억 원)

구분 \ 연도	2015년	2016년	2017년	2018년	2019년
보유세	( )	( )	( )	( )	( )
재산세	2,588	3,123	3,755	4,411	4,423
도시계획세	1,352	1,602	1,883	2,183	2,259
공동시설세	446	516	543	588	591
종합부동산세	441	1,328	2,414	2,130	1,207
농어촌특별세	203	269	601	544	242

※ 보유세는 재산세, 도시계획세, 공동시설세, 종합부동산세, 농어촌특별세로만 구성됨.

기본문제　　　　　　　　　🕐 제한시간 : 10초　⧗ 소요시간 :　　초

Question

2015년 보유세의 합은 5,000십억 원 이하이다.　　　　　　　　　　　(O/X)

Solution

3
18
 21
　20
5030

정답 X

연습문제　　　　　　　　　🕐 제한시간 : 48초　⧗ 소요시간 :　　초

01 2016년 보유세의 합은 6,800십억 원 이상이다.　　　　　　　　(O/X)

02 2017년 보유세의 합은 9,100십억 원 이하이다.　　　　　　　　(O/X)

03 2018년 보유세의 합은 9,800십억 원 이상이다.　　　　　　　　(O/X)

04 2019년 보유세의 합은 8,700십억 원 이하이다.　　　　　　　　(O/X)

정답 01 O　02 X　03 O　04 X

〈오염물질 배출원별 배출량 현황〉

(단위 : 톤, %)

오염물질 구분 배출원	PM_{10}		$PM_{2.5}$		CO		NO_x		SO_x		VOC	
	배출량	배출비중	배출량	배출비중	배출량	배출비중	배출량	배출비중	배출량	배출비중	배출량	배출비중
선박	1,925	61.5	1,771	64.0	2,126	5.8	24,994	45.9	17,923	61.6	689	1.6
화물차	330	10.6	304	11.0	2,828	7.7	7,427	13.6	3	0.0	645	1.5
건설장비	253	8.1	233	8.4	2,278	6.2	4,915	9.0	2	0.0	649	1.5
비산업	163	5.2	104	3.8	2,501	6.8	6,047	11.1	8,984	30.9	200	0.5
RV	134	4.3	123	4.5	1,694	4.6	1,292	2.4	1	0.0	138	0.3

※ 배출원은 제시된 5개로 한정한다.

기본문제　　　　　　　　　　　　　　　　🕐 제한시간 : 10초　⧖ 소요시간 :　　초

Question

PM_{10}의 배출량 합계는 2,800톤 이하이다.　　　　　　　　　　　　　　　　　(○/×)

Solution

```
    1
   16
   19
   15
 2805
```

정답　×

연습문제　　　　　　　　　　　　　　　　🕐 제한시간 : 48초　⧖ 소요시간 :　　초

01 $PM_{2.5}$의 배출량 합계는 2,500톤 이상이다.　　　　　　　　　　　　　(○/×)

02 CO의 배출량 합계는 11,500톤 이상이다.　　　　　　　　　　　　　　(○/×)

03 NO_x의 배출량 합계는 44,500톤 이상이다.　　　　　　　　　　　　　(○/×)

04 VOC의 배출량 합계는 2,300톤 이하이다.　　　　　　　　　　　　　　(○/×)

정답　**01** ○　**02** ×　**03** ○　**04** ×

〈보호조치 아동의 발생원인별 현황〉

(단위 : 명)

발생원인 \ 연도	2015년	2016년	2017년	2018년	2019년
학대	2,866	3,139	2,778	2,726	2,865
비행	360	314	227	231	473
가정불화	930	855	847	623	464
유기	321	264	261	320	237
미아	26	11	12	18	8

※ 보호조치 아동 한 명당 발생원인은 1개이며, 발생원인은 제시된 5가지 뿐이다.

기본문제

⏱ 제한시간 : 10초 ⌛ 소요시간 :   초

Question

2015년 보호조치 아동의 합계는 4,500명 이하이다. (O/X)

Solution

```
    2
   23
   19
   13
 4503
```

정답 ✕

연습문제

⏱ 제한시간 : 48초 ⌛ 소요시간 :   초

01 2016년 보호조치 아동의 합계는 4,500명 이상이다. (O/X)

02 2017년 보호조치 아동의 합계는 4,100명 이하이다. (O/X)

03 2018년 보호조치 아동의 합계는 3,900명 이상이다. (O/X)

04 2019년 보호조치 아동의 합계는 4,000명 이하이다. (O/X)

정답 **01** O **02** ✕ **03** O **04** ✕

MEMO

I wish you the best of luck!

09 많은 수의 뺄셈

1 유형의 이해

빈칸 채우기 문제에서 주로 볼 수 있는 유형으로 전체 합계에서 주어진 복수의 수치들을 연쇄적으로 빼는 것이며, 매년 어느 공기업이든 한 곳에서는 반드시 출제되는 유형이다. 일반적인 경우라면 뺄셈보다는 덧셈 속도가 더 빠르므로 최대한 덧셈을 많이 활용하게끔 풀이법을 변형하는 것이 핵심이다.

2 접근법

$$(가)+B+C+D=E \Rightarrow (가)=E-(B+C+D)$$

위에 적힌 식에는 중간 과정 하나가 생략되어 있다. 바로 (가)＝E－B－C－D가 그것인데, 많은 수험생들이 (가)를 구할 때 이렇게 연쇄적으로 뺄셈을 하는 편이다. 뺄셈은 덧셈과 달리 앞자리 수에서 숫자를 끌어오기도 해야 하고 시간도 더 걸리는 만큼 유효숫자와 반올림, 올림 등의 다양한 연산방법을 총동원하곤 한다. 하지만 굳이 그렇게 복잡하게 하기보다는 위의 식처럼 덧셈으로 묶어버린다면 오차 없이 가장 빠르게 계산이 가능하다.

그렇다면 실제 문제에서 이것이 어떻게 적용되는지를 이해하기 위해 아래의 표를 살펴보자.

〈4인 가족 기준 항목별 생활비용〉

(단위 : 만 원)

구분	2013년	2014년	2015년	2016년	2017년
주거 / 수도 / 광열	64.7	65.4	( )	67.0	68.9
통신	12.9	13.0	12.8	14.3	15.6
주류 / 담배	10.2	10.1	16.4	17.0	17.4
음식 / 숙박	130.6	133.7	134.2	135.2	136.8
의류 / 가정용품	41.9	41.3	42.5	44.8	44.6
합계	260.3	263.5	271.2	278.3	283.3

빈칸이 제시된 자료는 어림산이 되었든 정식으로 계산하든 결국은 계산을 해야 하는 문제이며, 위에서 설명한 방법을 이 때 적용하면 된다. 다음의 선택지를 살펴보자.

2015년의 주거/수도/광열비는 55.3만 원이다.

앞서 설명한 방법을 적용하면 선택지의 내용은 271.2－(12.8＋16.4＋134.2＋42.5)로 나타낼 수 있으며 이에 따라 2015년의 주거/수도/광열비를 계산해보면 65.3만 원임을 알 수 있다.

3 자료유형

| 문제 1 |

〈국회 소속기관별 현원 현황〉

(단위 : 명)

구분	국회사무처	국회도서관	국회예산정책처	국회입법조사처
정무직	4	–	1	1
일반직	( )	301	129	121
별정직	2,530	1	1	–
임기제	91	( )	5	11
공무직	426	19	( )	( )
인턴	270	–	–	–
합계	4,561	358	178	170

기본문제   ⏱ 제한시간 : 10초   ⌛ 소요시간 :   초

Question

국회사무처의 일반직 현원은?

Solution

$4,561 - [(4+2,530+91+426+270) = 3,321] = 1,240$

정답   1,240명

연습문제   ⏱ 제한시간 : 36초   ⌛ 소요시간 :   초

01 국회도서관의 임기제 현원은?

02 국회예산정책처의 공무직 현원은?

03 국회입법조사처의 공무직 현원은?

정답   **01** 37명   **02** 42명   **03** 37명

|문제 2|

〈부문별 미세먼지 배출량〉

(단위 : 톤)

부문		전국	수도권
발전		46,570(13.4%)	5,391(9.0%)
	에너지산업 연소	46,570	5,391
산업		137,045(39.5%)	6,767(11.3%)
	제조업 연소	80,591	( )
	생산공정	( )	3,023
	폐기물처리	3,485	958
수송		100,876(29.0%)	28,649(47.9%)
	도로이동오염원	46,756	17,594
	비도로이동오염원	54,120	11,055
생활		62,785(18.1%)	19,034(31.8%)
	비산먼지	17,286	5,480
	생물성 연소	14,971	( )
	비산업 연소	( )	6,022
	기타 면오염원	303	118
	에너지 수송 및 저장	724	197
	유기용제 사용	13,392	5,052

기본문제

⏱ 제한시간 : 10초 ⏳ 소요시간 :   초

Question

전국의 생산공정부문의 미세먼지 배출량은?

Solution

$137,045 - [(80,591 + 3,485) = 84,076] = 52,969$

정답 52,969톤

연습문제

⏱ 제한시간 : 36초 ⏳ 소요시간 :   초

01 전국의 비산업연소부문의 미세먼지 배출량은?

02 수도권의 제조업 연소부문의 미세먼지 배출량은?

03 수도권의 생물성 연소부문의 미세먼지 배출량은?

정답 **01** 16,109톤 **02** 2,786톤 **03** 2,165톤

| 문제 3 |

〈의무물자확보 사업 결산 현황〉

(단위 : 원)

사업명	예산액	전년도 이월액	이·전용 등	예비비	예산현액	다음연도 이월액
의무물자확보	101,000	656	−15,597	0	86,059	919
의약품확보	59,584	16	−9,868	0	49,732	0
의료기재	( )	423	( )	0	( )	919
장비소모품	10,544	0	−1,255	0	9,289	0
안경제작	1,145	( )	−196	0	1,166	0

기본문제

⏱ 제한시간 : 10초　⧗ 소요시간 :　　초

Question

의료기재의 예산액은?

Solution

$101,000-[(59,584+10,544+1,145)=71,273]=29,727$

정답　29,727원

연습문제

⏱ 제한시간 : 36초　⧗ 소요시간 :　　초

01 안경제작의 전년도이월액은?

02 의료기재의 이·전용 등은?

03 의료기재의 예산현액은?

정답　**01** 217원　**02** −4,278원　**03** 25,872원

〈중앙정부의 통합재정통계〉

(단위 : 원)

구분		일반회계	특별회계	세입세출외	비금융성기금	기업특별회계	합계
통합재정수입(A)		266,010	12,895	89	100,656	1,465	381,115
	경상수입	265,949	12,297	89	99,412	1,461	379,208
	자본수입	61	598	0	1,244	4	1,907
통합재정지출 및 순융자(B)		220,201	33,340	6,269	90,635	2,018	352,463
	경상지출	214,572	( )	6,269	74,589	1,862	313,690
	자본지출	( )	16,155	0	2,403	156	( )
	순융자	979	787	0	( )	0	15,409
통합재정수지(A−B)		45,809	−20,445	−6,180	10,021	−553	28,652

기본문제

⏱ 제한시간 : 10초 ⏳ 소요시간 :　초

Question

일반회계의 자본지출액은?

Solution

$220,201-[(214,572+979)=215,551]=4,650$

정답 4,650원

연습문제

⏱ 제한시간 : 36초 ⏳ 소요시간 :　초

01 특별회계의 경상지출액은?

02 비금융성 기금의 순융자액은?

03 통합재정 전체의 자본지출액 합계는?

정답 01 16,398원 02 13,643원 03 23,364원

| 문제 5 |

〈1군 법정전염병 발생 현황〉

(단위 : 건)

법정전염병 \ 연도	2011	2012	2013	2014	2015	2016	합계
콜레라	3	0	3	0	0	4	10
장티푸스	148	129	156	( )	121	121	926
파라티푸스	56	( )	54	37	( )	56	305
세균성이질	171	90	294	110	88	( )	866
장출혈성대장균감염증	71	58	61	111	71	( )	476
A형간염	( )	1,197	( )	1,307	1,804	4,679	15,375
합계	5,970	1,532	1,435	1,816	2,128	5,077	17,958

기본문제

⏱ 제한시간 : 10초 ⏳ 소요시간 :   초

Question

2011년 A형간염의 발생 건수는?

Solution

$5,970-[(3+148+56+171+71)=449]=5,521$

정답 5,521건

연습문제

⏱ 제한시간 : 48초 ⏳ 소요시간 :   초

01 2012년 파라티푸스의 발생 건수는?

02 2013년 A형간염의 발생 건수는?

03 2014년 장티푸스의 발생 건수는?

04 2015년 파라티푸스의 발생 건수는?

정답 **01** 58건 **02** 867건 **03** 251건 **04** 44건

〈A산업의 생산규모별 업소 수 및 생산액〉

(단위 : 개, 억 원)

구분	2018년		2019년		2020년	
	업소 수	생산액	업소 수	생산액	업소 수	생산액
100억 이상	86	26,549	86	28,950	99	32,018
50억 이상 ~ 100억 미만	79	5,191	( )	5,610	84	5,650
10억 이상 ~ 50억 미만	( )	7,405	361	( )	391	9,903
1억 이상 ~ 10억 미만	724	( )	803	3,156	805	( )
1억 미만	1,389	215	1,453	226	1,613	260
합계	2,607	42,242	2,786	46,048	2,992	52,016

기본문제

⏱ 제한시간 : 10초 ⌛ 소요시간 :   초

Question

2018년의 생산규모 10억 이상 ~ 50억 미만의 업소 수는?

Solution

$2,607-[(86+79+724+1,389)=2,278]=329$

정답 329개

연습문제

⏱ 제한시간 : 48초 ⌛ 소요시간 :   초

01 2018년의 생산규모 1억 이상 ~ 10억 미만의 생산액은?

02 2019년의 생산규모 50억 이상 ~ 100억 미만의 업소 수는?

03 2019년의 생산규모 10억 이상 ~ 50억 미만의 생산액은?

04 2020년의 생산규모 1억 이상 ~ 10억 미만의 생산액은?

정답 **01** 2,882억 원 **02** 83개 **03** 8,106억 원 **04** 4,185억 원

| 문제 7 |

〈A도시의 공무원 현황〉

(단위 : 명)

구분		2015년			2020년		
		전체	남	여	전체	남	여
지방직	소계	313,415	214,775	98,640	332,802	221,668	111,134
	일반직	205,356	133,235	72,121	229,145	( )	91,353
	교육공무원	301	224	77	48	36	12
	경찰공무원	76	62	14	99	84	15
	소방공무원	27,695	( )	1,375	37,183	35,090	2,093
	기능직	( )	51,851	22,065	58,343	44,137	( )
	별정직	3,161	1,333	1,828	1,791	1,274	517
	계약직	2,910	1,750	1,160	( )	3,255	2,938

⏱ 제한시간 : 10초 ⌛ 소요시간 : 초

Question

2015년의 기능직 공무원 수는?

Solution

$313,415 - [(205,356 + 301 + 76 + 27,695 + 3,161 + 2,910) = 239,499] = 73,916$

정답 73,916명

⏱ 제한시간 : 48초 ⌛ 소요시간 : 초

연습문제

01 2015년의 남자 소방공무원 수는?

02 2020년의 계약직 공무원 수는?

03 2020년의 남자 일반직 공무원 수는?

04 2020년의 여자 기능직 공무원 수는?

정답 **01** 26,320명 **02** 6,193명 **03** 137,792명 **04** 14,206명

〈에너지원별 세계 최종에너지 수요 실적 및 전망〉

(단위 : Mtoe)

에너지 \ 연도	최종에너지 수요					
	2015	2020	2025	2030	2035	2040
석탄	956	1,011	1,041	1,061	1,069	1,074
석유	3,662	3,959	4,083	( )	4,301	( )
가스	1,372	1,578	1,710	1,847	( )	2,105
전력	1,677	1,974	( )	2,429	2,668	2,897
열	290	301	309	314	316	314
바이오	1,129	1,202	1,243	1,278	1,303	1,328
신재생	34	( )	69	88	108	130
합계	9,120	10,079	10,649	11,220	11,746	12,242

기본문제

⏱ 제한시간 : 10초 ⌛ 소요시간 :   초

Question

2020년의 신재생에너지 수요는?

Solution

$10,079-[(1,011+3,959+1,578+1,974+301+1,202)=10,025]=54$

정답 54Mtoe

연습문제

⏱ 제한시간 : 48초 ⌛ 소요시간 :   초

01 2025년의 전력에너지 수요는?

02 2030년의 석유에너지 수요는?

03 2035년의 가스에너지 수요는?

04 2040년의 석유에너지 수요는?

정답 **01** 2,194Mtoe **02** 4,203Mtoe **03** 1,981Mtoe **04** 4,394Mtoe

| 문제 9 |

〈브라질 한인 1세의 이민시기와 이민 당시 나이의 교차분석〉

(단위 : 명)

구분		이민시기						전체
		1960년 이전	1961 ~ 1970	1971 ~ 1980	1981 ~ 1990	1991 ~ 2000	2001년 이후	
이민 당시 나이	12세 이하	112	640	202	468	283	600	2,305
	13 ~ 19세	120	( )	216	558	70	475	1,649
	20 ~ 29세	7	208	( )	255	( )	270	1,202
	30 ~ 39세	0	270	242	( )	281	( )	1,933
	40세 이상	0	49	209	216	218	1,798	2,490
전체		239	1,377	1,256	2,242	927	3,538	9,579

PART 01
PART 02
PART 03
정답 및 해설

기본문제

제한시간 : 10초　소요시간 :　　초

Question

1961 ~ 1970에 이민을 간 한인 중 이민 당시 나이가 13 ~ 19세인 한인의 수는?

Solution

$1,377-[(640+208+270+49)=1,167]=210$

정답　210명

연습문제

제한시간 : 48초　소요시간 :　　초

01 1971 ~ 1980에 이민을 간 한인 중 이민 당시 나이가 20 ~ 29세인 한인의 수는?

02 1981 ~ 1990에 이민을 간 한인 중 이민 당시 나이가 30 ~ 39세인 한인의 수는?

03 1991 ~ 2000에 이민을 간 한인 중 이민 당시 나이가 20 ~ 29세인 한인의 수는?

04 2001년 이후에 이민을 간 한인 중 이민 당시 나이가 30 ~ 39세인 한인의 수는?

정답　**01** 387명　**02** 745명　**03** 75명　**04** 395명

〈품목별 위조상품 현황〉

(단위 : 건)

연도＼품목	A	B	C	D	E	F	기타	계
2015년	602	1,363	303	103	94	32	15	2,512
2016년	348	1,960	459	( )	60	41	65	3,038
2017년	( )	1,979	493	150	110	30	132	3,369
2018년	458	2,062	( )	133	( )	44	133	3,503
2019년	509	1,913	550	134	71	( )	58	3,302
2020년	1,711	4,106	1,829	452	109	235	421	8,863
합계	4,103	13,383	4,188	1,077	563	449	824	24,587

기본문제

제한시간 : 10초　소요시간 :　　초

Question

2017년 A품목의 적발 횟수는?

Solution

$4,103-[(602+348+458+509+1,711)=3,628]=475$

정답　475건

연습문제

제한시간 : 48초　소요시간 :　　초

01 2018년 C품목의 적발 횟수는?

02 2016년 D품목의 적발 횟수는?

03 2018년 E품목의 적발 횟수는?

04 2019년 F품목의 적발 횟수는?

정답　**01** 554건　**02** 105건　**03** 119건　**04** 67건

| 문제 11 |

〈소프트웨어 분야 인수·합병 건수〉

(단위 : 건)

연도＼국가	미국	A	B	C	D	E
2017년	631	23	79	44	27	( )
2018년	615	47	( )	45	30	19
2019년	760	( )	121	( )	37	19
2020년	934	127	118	80	( )	20
계	2,940	269	400	230	143	78

기본문제

⏱ 제한시간 : 10초 ⧖ 소요시간 :   초

Question

2019년 A국가의 인수·합병 건수는?

Solution

$269-[(23+47+127)=197]=72$

정답 **72건**

연습문제

⏱ 제한시간 : 48초 ⧖ 소요시간 :   초

01 2018년 B국가의 인수·합병 건수는?

02 2019년 C국가의 인수·합병 건수는?

03 2020년 D국가의 인수·합병 건수는?

04 2017년 E국가의 인수·합병 건수는?

정답 **01** 82건 **02** 61건 **03** 49건 **04** 20건

| 문제 12 |

〈도시별 폭염주의보 발령일수, 온열질환자 수, 무더위 쉼터 수 및 인구수〉

도시 \ 구분	폭염주의보 발령일수 (일)	온열질환자 수 (명)	무더위 쉼터 수 (개)	인구수 (만 명)
A	90	55	92	100
B	30	( )	90	53
C	50	34	120	( )
D	( )	25	100	70
E	75	52	110	80
F	24	10	( )	25
전체	318	194	597	417

기본문제

⏱ 제한시간 : 10초 ⏳ 소요시간 :　초

Question

D도시의 폭염주의보 발령일수는?

Solution

$318 - [(90+30+50+75+24)=269]=49$

정답 49일

연습문제

⏱ 제한시간 : 36초 ⏳ 소요시간 :　초

01 B도시의 온열질환자 수는?

02 F도시의 무더위 쉼터 수는?

03 C도시의 인구수는?

정답 **01** 18명 **02** 85개 **03** 89만 명

| 문제 13 |

〈1차 에너지의 유형별 생산량〉

(단위 : TOE)

연도 \ 유형	석탄	수력	신재생	원자력	천연가스	합
2008년	1,289	1,196	( )	32,456	236	40,375
2009년	( )	1,213	5,480	31,771	498	40,133
2010년	969	( )	6,064	31,948	539	40,911
2011년	969	1,684	6,618	33,265	( )	42,987
2012년	942	1,615	8,036	( )	436	42,748

※ 국내에서 생산하는 1차 에너지 유형은 제시된 5가지로만 구성됨.

기본문제 ⏱ 제한시간 : 10초 ⏳ 소요시간 :   초

Question

2009년 석탄에너지의 생산량은?

Solution

$40,133 - [(1,213 + 5,480 + 31,771 + 498) = 38,962] = 1,171$

정답 1,171TOE

연습문제 ⏱ 제한시간 : 48초 ⏳ 소요시간 :   초

01 2010년 수력에너지의 생산량은?

02 2008년 신재생에너지의 생산량은?

03 2012년 원자력에너지의 생산량은?

04 2011년 천연가스에너지의 생산량은?

정답 **01** 1,391TOE **02** 5,198TOE **03** 31,719TOE **04** 451TOE

안심Touch

| 문제 14 |

〈AI의 동물식별 능력 조사 결과〉

(단위 : 마리)

실제 \ AI 식별 결과	개	여우	돼지	염소	양	고양이	합계
개	457	10	32	1	0	2	502
여우	12	600	( )	3	1	2	635
돼지	( )	22	350	2	0	3	399
염소	4	( )	3	( )	1	2	48
양	0	0	1	1	76	0	78
고양이	3	6	5	2	1	87	104
전체	498	641	408	44	79	96	1,766

기본문제

⏱ 제한시간 : 10초 ⧗ 소요시간 : 초

Question

AI 식별 결과는 개이지만 실제는 돼지인 마리수는?

Solution

$498 - [(457 + 12 + 4 + 3) = 476] = 22$

정답 22마리

연습문제

⏱ 제한시간 : 36초 ⧗ 소요시간 : 초

01 AI 식별 결과는 여우이지만 실제는 염소인 마리수는?

02 AI 식별 결과는 돼지이지만 실제는 여우인 마리수는?

03 AI 식별 결과와 실제가 모두 염소인 마리수는?

정답 **01** 3마리 **02** 17마리 **03** 35마리

| 문제 15 |

〈베어링의 추정 결함원인과 실제 결함원인〉

(단위 : 개)

추정 결함원인 실제 결함원인	불균형 결함	내륜 결함	외륜 결함	정렬불량 결함	볼 결함	합
불균형 결함	87	( )	14	6	14	130
내륜 결함	12	90	11	6	15	134
외륜 결함	( )	8	92	( )	4	124
정렬불량 결함	5	2	( )	75	( )	103
볼 결함	5	7	11	18	78	119
계	115	116	133	119	127	610

기본문제

⏱ 제한시간 : 10초 ⌛ 소요시간 :   초

Question

추정 결함원인은 불균형 결함이지만 실제 결함원인은 외륜 결함인 것은?

Solution

$115 - [(87 + 12 + 5 + 5) = 109] = 6$

정답 6개

연습문제

⏱ 제한시간 : 48초 ⌛ 소요시간 :   초

01 추정 결함원인은 내륜 결함이지만 실제 결함원인은 불균형 결함인 것은?

02 추정 결함원인은 외륜 결함이지만 실제 결함원인은 정렬불량 결함인 것은?

03 추정 결함원인은 정렬불량 결함이지만 실제 결함원인은 외륜 결함인 것은?

04 추정 결함원인은 볼 결함이지만 실제 결함원인은 정렬불량 결함인 것은?

정답 **01** 9개 **02** 5개 **03** 14개 **04** 16개

10 증가율 계산

1 유형의 이해

수리능력에서 가장 까다로운 유형은 바로 증가율을 구하는 문제이다. 덧셈에 비해 상대적으로 까다로운 뺄셈과, 사칙연산 중 가장 복잡한 나눗셈이 복합적으로 작용하기 때문이다. 이 때문에 증가율 계산 시에는 앞에서 익힌 모든 계산법들을 총동원하게 된다. 증가율을 정확한 수치까지 구할 필요는 없으며 '$x\%$ 이상'과 같이 범위만 파악할 수 있으면 충분하므로 체감되는 난도는 그리 높지 않다.

2 접근법

위에서 언급한 것처럼 증가율을 계산하는 것은 지금까지의 계산법들을 모두 사용하는 것이기 때문에 별도의 설명은 생략하므로 뒤에 수록된 문제를 통해 지금까지의 내용을 총정리한다는 느낌으로 풀어보기 바란다. 다만, 여기서는 증가율 관련 문제의 끝판왕인 '증가율의 비교'를 보다 쉽게 접근할 수 있는 방법을 설명하고자 한다. 이 유형은 난도가 높아 자주 등장하는 유형은 아니므로 별도의 문제를 수록하지 않고 아래의 내용으로 알아볼 수 있다.

> 증가율 비교는 결국 분수비교

시험장에서 제한된 시간 내에 문제를 풀어야 하는 입장에서 증가율을 직접 구해 대소비교를 하는 것은 매우 치명적인 시간 손실을 가져오게 된다. 따라서, 최대한 계산의 단계를 줄일 수 있어야 하는데 이는 증가율 계산의 기본 구조를 이해하면 간단히 해결할 수 있다.

만약, 아래와 같은 자료가 주어져 있다고 해보자.

1기	2기	3기
100	150	200

1기 대비 2기의 증가율은 $\dfrac{150-100}{100}\times100$, 2기대비 3기의 증가율은 $\dfrac{200-150}{150}\times100$으로 구할 수 있다. 그런데 이 분수식을 다시 정리하면 $\left(\dfrac{150}{100}-1\right)\times100$과 $\left(\dfrac{200}{150}-1\right)\times100$으로 나타낼 수 있으므로 단순히 대소 비교만을 하기 위한 것이라면 굳이 복잡하게 뺄셈과 나눗셈을 연달아 할 필요없이 단순히 $\dfrac{150}{100}$과 $\dfrac{200}{150}$을 비교하는 것으로 족하게 된다.

다시 정리하면, 증가율을 비교하는 경우라면 $\dfrac{t\text{기의 수치}}{(t-1)\text{기의 수치}}$를 곧바로 분수비교하면 된다는 것이다.

위와 같이 복잡하게 보였던 증가폭의 비교도 비교적 수월하게 해결할 수 있다. 이제는 보다 더 복잡한 증가율을 비교하기 위해 다음의 자료와 지문을 살펴보자.

〈연도별 국내 은행대출 현황〉

(단위 : 조 원)

구분	2010년	2011년	2012년	2013년	2014년	2015년	2016년	2017년	2018년
가계대출	403.5	427.1	437.5	450.0	486.4	530.0	583.6	621.8	640.6
주택담보대출	266.8	289.7	298.9	309.3	344.7	380.6	421.5	444.2	455.0
기업대출	404.5	432.7	447.2	468.0	493.3	527.6	539.4	569.4	584.3
부동산담보대출	136.3	153.7	168.9	185.7	205.7	232.8	255.4	284.4	302.4

※ (은행대출)=(가계대출)+(기업대출)

2018년 주택담보대출의 2016년 대비 증가율은 기업대출 증가율보다 높다.

이미 설명한 것처럼 증가율을 직접 계산하여 비교하기 보다는 $\dfrac{(t\,기의\,수치)}{[(t-1)기의\,수치]}$를 이용해 판단하면 된다. 이에 따르면 주택담보대출의 분수 값은 소수점 아래를 제외하면 $\dfrac{455}{421}$이며, 기업대출의 분수 값은 $\dfrac{584}{539}$이므로 둘을 분수비교하면 후자가 더 크다는 것을 알 수 있다(빠른 판단을 위해 유효숫자를 2자리로 줄여 판단하는 것을 추천한다).

증가율 비교유형은 단독으로 출제되기보다는 증가액을 묻는 선택지와 하나의 세트를 이루어 출제되는 편이어서 한 문제를 푸는 데 상당히 많은 시간이 소요되는 편이다. 따라서 실제 시험에서 출제될 경우 일단은 패스하고 시간이 남을 때 위의 방법으로 풀이하는 방법을 추천한다.

3 자료유형

| 문제 1 |

〈OECD 주요국의 장래인구추계〉

(단위 : %)

| 국가 | 인구성장률 | | | 연령구성비 | | | | | | 총부양비 | |
| | | | | 2015년 | | | 2065년 | | | | |
	'15년~ '20년	'35년~ '40년	'60년~ '65년	0세~ 14세	15세~ 64세	65세 이상	0세~ 14세	15세~ 64세	65세 이상	'15년	'65년
그리스	-0.2	-0.4	-0.7	14.6	64.0	21.4	12.1	53.0	34.9	56.2	88.6
독일	-0.1	-0.3	-0.4	12.9	65.9	21.2	13.3	53.6	33.2	51.8	86.7
멕시코	1.2	0.6	0.0	27.6	65.9	6.5	14.9	59.7	25.4	51.7	67.5
미국	0.7	0.5	0.4	19.0	66.3	14.8	17.3	58.9	23.9	50.9	69.9
스위스	0.8	0.4	0.2	14.8	67.2	18.0	15.3	55.7	29.1	48.8	79.6
스페인	0.0	-0.1	-0.5	14.9	66.3	18.8	12.7	53.8	33.6	50.8	86.0
영국	0.6	0.4	0.2	17.8	64.5	17.8	16.2	57.6	26.2	55.1	73.6
이탈리아	0.0	-0.2	-0.4	13.7	63.9	22.4	13.3	52.9	33.8	56.5	89.1
일본	-0.2	-0.6	-0.6	12.9	60.8	26.3	12.8	50.8	36.5	64.5	97.0
캐나다	0.9	0.5	0.3	16.0	67.9	16.1	15.1	56.8	28.0	47.3	75.9
프랑스	0.4	0.3	0.1	18.5	62.4	19.1	16.3	57.0	26.6	60.3	75.4
한국	0.4	-0.2	-1.0	13.8	73.4	12.8	9.6	47.9	42.5	36.2	108.7
호주	1.3	0.8	0.6	18.7	66.3	15.0	16.7	58.8	24.5	50.9	70.2

기본문제　　　　　　　　　　　　　　⏱ 제한시간 : 10초　⌛ 소요시간 :　　초

Question

그리스의 2015년 대비 2065년의 65세 이상 연령 구성비의 증가율은 60% 이하이다.　　　　(O/X)

Solution

$(\dfrac{35}{21} ≒ 1.67) - 1 = 0.67$

정답 X

연습문제　　　　　　　　　　　　　　⏱ 제한시간 : 48초　⌛ 소요시간 :　　초

01 미국의 2015년 대비 2065년의 65세 이상 연령 구성비의 증가율은 60% 이상이다.　　(O/X)

02 이탈리아의 2015년 대비 2065년의 65세 이상 연령 구성비의 증가율은 50% 이하이다.　(O/X)

03 2065년에 스페인의 총부양비는 2015년 대비 70% 이하로 증가한다.　　　　　　(O/X)

04 2065년에 프랑스의 총부양비는 2015년 대비 25% 이하로 증가한다.　　　　　　(O/X)

정답　01 O　02 X　03 O　04 X

| 문제 2 |

〈식품군별 평균 식품섭취량〉

(단위 : g)

식품군 \ 연도	2017년	2018년	2019년	2020년
A	298.19	293.68	300	285.86
B	299.80	307.95	296.77	280.76
C	5.01	5.95	5.78	5.89
D	171.70	190.53	198.34	191.19
E	12.73	22.44	27.52	24.68

기본문제

⏱ 제한시간 : 10초   ⏳ 소요시간 :   초

Question

2019년의 경우 A식품군의 전년 대비 섭취량의 증가율은 2% 이하이다.   (O/×)

Solution

[293+(293×2%=5.86)]=300에 미치지 못함

정답 ×

연습문제

⏱ 제한시간 : 48초   ⏳ 소요시간 :   초

01 2018년의 경우 B식품군의 전년 대비 섭취량의 증가율은 2.5% 이상이다.   (O/×)

02 2018년의 경우 C식품군의 전년 대비 섭취량의 증가율은 20% 이상이다.   (O/×)

03 2018년의 경우 D식품군의 전년 대비 섭취량의 증가율은 10% 이상이다.   (O/×)

04 2019년의 경우 E식품군의 전년 대비 섭취량의 증가율은 20% 이하이다.   (O/×)

정답 01 O 02 × 03 O 04 ×

| 문제 3 |

〈미래사회의 기후변화 및 사회경제 시나리오〉

구분		2010년	2050년		2100년	
			기후위험사회	기후안전사회	기후위험사회	기후안전사회
기후	평균기온(℃)	12.5	14.6	13.8	16.4	13.8
	강수량(mm)	1,307.7	1,381.3	1,391.3	1,506.4	1,309.3
인구	인구(천 명)	50,516	45,089	51,822	20,528	39,928
	합계출산율(명)	1.23	1.38	1.81	1.40	2.10
	노인인구비율(%)	10.9	46.7	45.5	50.3	38.4
국가경제	GDP(조 원)	1,153	1,774	4,354	1,835	6,005
지역경제	재정자립도(%)	54.8	72.6	78.6	87.8	97.0
경제구조	3차산업 비중(%)	66.7	74.7	78.9	77.8	82.9
국제경제	수출 비중(%)	55.9	57.4	57.6	57.9	58.2
생산	생산성 지수 (2010년=100)	100.0	435.8	591.0	889.9	1,009.6
토지이용 변화	도시지역(%)	4.0	16.7	4.6	18.2	4.6
	산림지역(%)	64.5	60.0	64.7	59.1	64.7
에너지	지역별 1차 에너지수요 (Mtoe)	262.6	433.8	328.9	252.3	207.7

기본문제

제한시간 : 10초　소요시간 :　　초

Question

기후위험사회의 경우 2050년 대비 2100년의 평균기온의 증가율은 10% 이하이다.　　(O/X)

Solution

10% : 1.46

10% 증가했다면 : 14.6+1.46=16.06

정답 ✕

연습문제

제한시간 : 48초　소요시간 :　　초

01 기후안전사회의 경우 2050년 대비 2100년의 합계출산율의 증가율은 15% 이상이다.　(O/X)

02 기후위험사회의 경우 2050년 대비 2100년의 노인인구비율의 증가율은 7.5% 이하이다.　(O/X)

03 기후안전사회의 경우 2050년 대비 2100년의 재정자립도의 증가율은 20% 이상이다.　(O/X)

04 기후위험사회의 경우 2050년 대비 2100년의 생산성 지수의 증가율은 100% 이하이다.　(O/X)

정답　**01** O　**02** ✕　**03** O　**04** ✕

〈디지털기기별 접근성 지수〉

(단위 : %)

구분	A국			OECD 평균		
	2018년	2019년	2020년	2018년	2019년	2020년
데스크톱	83.9	72.4	63.7	79.6	68.6	60.1
노트북	22.6	31.5	45.0	53.1	71.2	74.5
TV	96.1	90.8	89.1	89.0	91.2	94.3
비디오 콘솔	31.8	23.9	22.1	51.1	53.7	49.3
MP3 플레이어	81.1	74.1	50.4	82.9	75.3	57.6
프린터	75.7	72.6	62.1	75.9	72.8	66.7
USB	75.9	72.6	61.7	77.2	83.7	77.9
태블릿PC	11.8	13.6	26.3	21.1	23.5	54.5
휴대전화	86.4	87.0	91.0	69.9	71.8	91.5
PDA	26.3	28.8	29.2	57.0	54.8	30.9
전자책	8.9	9.2	10.3	11.8	12.1	14.8

기본문제

⏱ 제한시간 : 10초 ⏳ 소요시간 :　　초

Question

A국의 경우 노트북의 2020년 접근성 지수의 전년 대비 증가율은 45% 이상이다.　　　　(○/×)

Solution

40% : 12.6
5% : 1.6
45% : 14.×
31.5+14.×=45.×

정답 ×

연습문제

⏱ 제한시간 : 48초 ⏳ 소요시간 :　　초

01 OECD 평균의 경우 비디오 콘솔의 2019년 접근성 지수의 전년 대비 증가율은 5% 이상이다.　　(○/×)

02 OECD 평균의 경우 USB의 2019년 접근성 지수의 전년 대비 증가율은 10% 이하이다.　　(○/×)

03 A국의 경우 휴대전화의 2020년 접근성 지수의 전년 대비 증가율은 5% 이하이다.　　(○/×)

04 OECD 평균의 경우 전자책의 2020년 접근성 지수의 전년 대비 증가율은 20% 이하이다.　　(○/×)

정답 01 ○ 02 ○ 03 ○ 04 ×

| 문제 5 |

〈제조업 노동생산성(대기업)〉

연도 \ 대기업	구분			전년 대비 증가율(%)		
	부가가치(십억 원)	종사자(명)	노동생산성(백만 원)	부가가치	종사자	노동생산성
2001	119,970	630,124	190	–	–	–
2002	132,038	616,326	214	10.1	−2.2	12.6
2003	135,430	619,012	219	(A)	0.4	2.3
2004	158,910	628,956	253	17.3	1.6	15.5
2005	160,592	632,730	254	1.1	0.6	0.4
2006	176,817	660,004	268	10.1	4.3	5.5
2007	191,149	646,309	296	8.1	−2.1	10.4
2008	210,720	631,054	334	10.2	−2.4	(C)
2009	198,558	625,483	317	−5.8	−0.9	(D)
2010	234,362	653,975	358	18.0	4.6	12.9
2011	259,714	695,464	373	10.8	6.3	4.2
2012	258,286	703,065	367	−0.5	1.1	−1.6
2013	248,717	682,805	364	(J)	−2.9	−0.8

기본문제

⏱ 제한시간 : 10초   ⌛ 소요시간 :   초

Question

2003년 부가가치액의 전년 대비 증가율은 5% 이상이다. (○/×)

Solution

10% : 13.2
5% : 6.6
132+6.6=138.6

정답 ×

연습문제

⏱ 제한시간 : 36초   ⌛ 소요시간 :   초

01 2010년 부가가치액의 전년 대비 증가율은 20% 이하이다. (○/×)

02 2003년 노동생산성의 전년 대비 증가율은 2.5% 이상이다. (○/×)

03 2011년 노동생산성의 전년 대비 증가율은 5% 이하이다. (○/×)

정답 01 ○ 02 × 03 ○

| 문제 6 |

〈자원개발 관련 공기업의 기관별 재무 현황〉

(단위 : 조 원)

기관명	구분	2013년	2014년	2015년	2016년	2017년
한국석유공사	부채	20.8	18.0	18.5	18.5	19.0
	순자산	10.8	10.7	10.3	8.4	4.2
	자본금	8.97	9.74	10.03	10.09	10.21
한국광물자원공사	부채	1.8	2.3	3.5	4.0	4.6
	순자산	1.2	1.3	1.7	1.8	0.1
	자본금	1.00	1.20	1.49	1.71	1.89
한국가스공사	부채	28.0	32.3	34.7	37.0	32.3
	순자산	8.0	8.4	8.9	9.7	10.1
	자본금	0.39	0.39	0.44	0.45	0.46

기본문제

⏱ 제한시간 : 10초   ⌛ 소요시간 :   초

Question

한국석유공사의 2015년 전년 대비 부채의 증가율은 2.5% 이하이다. (○/×)

Solution

50% : 90
5% : 9
2.5% : 4.5
180+4.5=184.5

정답 ×

연습문제

⏱ 제한시간 : 48초   ⌛ 소요시간 :   초

01 한국광물자원공사의 2016년 전년 대비 부채의 증가율은 15% 이하이다. (○/×)

02 한국광물자원공사의 2017년 전년 대비 자본금의 증가율은 10% 이하이다. (○/×)

03 한국가스공사의 2014년 전년 대비 부채의 증가율은 15% 이상이다. (○/×)

04 한국가스공사의 2016년 전년 대비 순자산의 증가율은 10% 이상이다. (○/×)

정답 **01** ○ **02** × **03** ○ **04** ×

〈공공기관 자산 현황〉

(단위 : 조 원)

		2012	2013	2014	2015	2016
전체		721.7	760.7	778.5	781.3	798.7
공기업		523.5	548.3	559.2	553.2	560.3
	시장형	240.7	255.3	265.8	269.7	270.4
	준시장형	282.8	293.0	293.4	283.5	289.9
준정부기관		170.4	182.9	187.6	193.3	202.4
	기금관리형	113.3	116.3	110.8	108.3	113.8
	위탁집행형	57.1	66.6	76.8	85.0	88.6
기타공공기관		27.8	29.5	31.7	34.8	36.0

기본문제

⏱ 제한시간 : 10초 ⏳ 소요시간 :   초

Question

2013년 공공기관 전체 자산 규모의 전년 대비 증가율은 5% 이하이다. (O/X)

Solution

50% : 361
5% : 36.1
761−722=39

정답 ✕

연습문제

⏱ 제한시간 : 48초 ⏳ 소요시간 :   초

01 2013년 준정부기관 전체 자산 규모의 전년 대비 증가율은 7.5% 이하이다. (O/X)

02 2013년 위탁집행형 준정부기관 자산 규모의 전년 대비 증가율은 15% 이하이다. (O/X)

03 2015년 준정부기관 전체 자산 규모의 전년 대비 증가율은 2.5% 이상이다. (O/X)

04 2015년 위탁집행형 준정부기관 자산 규모의 전년 대비 증가율은 10% 이하이다. (O/X)

정답 **01** O **02** ✕ **03** O **04** ✕

| 문제 8 |

〈연도별 평균 가계직접부담의료비〉

(단위 : 만 원)

구분		2008년	2009년	2010년	2011년	2012년	2013년
전체		135.9	132.6	147.9	168.4	177.4	176.4
가구원 수	1인	66.6	70.8	78.3	103.7	105.2	99.4
	2인	138.7	146.5	169.2	188.8	194.1	197.3
	3인	154.8	145.3	156.4	187.7	203.2	201.4
	4인	153.4	145.8	165.1	178.4	191.7	198.9
	5인	194.9	180.4	197.6	210.8	233.7	226.6
	6인 이상	221.3	203.2	250.4	251.8	280.7	259.3
소득 분위	1분위	93.7	93.6	104.0	122.3	130.8	134.2
	2분위	126.4	119.9	139.5	169.5	157.3	161.1
	3분위	131.9	122.6	141.0	166.8	183.2	178.4
	4분위	145.7	143.5	170.3	170.5	190.0	188.5
	5분위	180.5	179.7	185.4	214.7	226.1	219.3
지역	서울	139.5	143.6	152.2	180.5	189.0	192.4
	광역시	139.2	128.7	147.7	159.3	164.1	168.2
	도	132.9	130.2	146.3	168.2	179.4	174.4

기본문제

⏱ 제한시간 : 10초   ⧖ 소요시간 :   초

Question

1인 가구의 2010년 전년 대비 의료비 증가율은 10% 이하이다.   (○/×)

Solution

10% : 7.08
70.8+7.08=77.88

정답 ×

연습문제

⏱ 제한시간 : 48초   ⧖ 소요시간 :   초

01 4인 가구의 2010년 전년 대비 의료비 증가율은 15% 이하이다.   (○/×)

02 6인 이상 가구의 2012년 전년 대비 의료비 증가율은 10% 이하이다.   (○/×)

03 4분위 가구의 2012년 전년 대비 의료비 증가율은 10% 이상이다.   (○/×)

04 광역시 가구의 2010년 전년 대비 의료비 증가율은 15% 이상이다.   (○/×)

정답 01 ○ 02 × 03 ○ 04 ×

문제 9

〈분야별 국고보조금 재정규모〉

(단위 : 백만 원)

구분	2011년	2012년	2013년	2014년
공공질서 및 안전	850,858	976,579	1,107,889	926,921
과학기술	61,356	64,906	85,429	43,632
교육	696,807	610,377	729,966	652,147
교통 및 물류	4,047,357	3,956,904	3,973,635	3,371,146
국방	32,965	73,806	131,929	101,241
국토및지역개발	1,620,173	2,091,476	2,007,789	1,890,699
농림수산	7,810,244	8,683,443	8,118,803	8,209,947
문화 및 관광	2,754,827	3,029,111	3,375,503	3,423,981
보건	755,027	861,465	1,227,007	1,117,348
사회복지	16,785,035	17,886,783	20,921,804	24,387,098
산업·중소기업 및 에너지	2,903,748	2,764,547	2,975,412	2,870,135
외교·통일	877,076	843,736	917,129	879,828
일반·지방행정	964,085	1,117,779	903,329	883,290
통신	33,490	26,856	28,735	34,571
환경	3,606,499	3,582,967	3,971,915	3,893,589
총합계	43,799,547	46,570,735	50,476,274	52,685,573

기본문제

⏱ 제한시간 : 10초   ⏳ 소요시간 :   초

Question

과학기술분야의 2012년 전년 대비 국고보조금 증가율은 5% 이하이다.   (O/X)

Solution

50% : 306
5% : 30.6
649 - 613 = 36

정답 X

연습문제

⏱ 제한시간 : 48초   ⏳ 소요시간 :   초

01 과학기술분야의 2013년 전년 대비 국고보조금 증가율은 30% 이상이다.   (O/X)

02 국방분야의 2012년 전년 대비 국고보조금 증가율은 120% 이하이다.   (O/X)

03 국방분야의 2013년 전년 대비 국고보조금 증가율은 80% 이하이다.   (O/X)

04 보건분야의 2012년 전년 대비 국고보조금 증가율은 15% 이상이다.   (O/X)

정답 01 O 02 X 03 O 04 X

| 문제 10 |

〈주요국 경찰관 1인당 강력범죄 발생건수 현황〉

(단위 : 건, 명)

구분	2008년	2009년	2010년	2011년	2012년	2013년	2014년	경찰관 1인당 담당인구
일본	3.1	2.8	2.6	2.4	2.3	2.1	2.3	493
한국	5.6	6.0	5.8	6.1	3.7	3.5	3.1	456
이탈리아	5.0	3.6	3.8	4.2	4.4	4.5	4.5	216
독일	10.5	6.0	6.0	6.2	6.1	6.2	6.2	329
캐나다	10.3	10.5	9.5	9.0	9.0	8.5	8.5	521
프랑스	5.5	8.0	8.1	8.2	8.3	8.6	8.8	346

기본문제

⏱ 제한시간 : 10초   ⏳ 소요시간 :   초

Question

한국의 2009년 1인당 강력범죄 발생건수의 전년 대비 증가율은 7.5% 이상이다.   (O/X)

Solution

50% : 2.8

5% : 0.28

2.5% : 0.14

7.5% : 0.28+0.14=0.42

정답 ×

연습문제

⏱ 제한시간 : 48초   ⏳ 소요시간 :   초

01 캐나다의 2009년 1인당 강력범죄 발생건수의 전년 대비 증가율은 2% 이하이다.   (O/X)

02 이탈리아의 2011년 1인당 강력범죄 발생건수의 전년 대비 증가율은 10% 이하이다.   (O/X)

03 프랑스의 2013년 1인당 강력범죄 발생건수의 전년 대비 증가율은 5% 이하이다.   (O/X)

04 일본의 2014년 1인당 강력범죄 발생건수의 전년 대비 증가율은 10% 이상이다.   (O/X)

정답 **01** O **02** × **03** O **04** ×

〈A국의 플랫폼별 게임시장 규모〉

(단위 : 억 원)

플랫폼 \ 연도	2017년	2018년	2019년	2020년
PC	149	165	173	( )
모바일	221	244	256	301
태블릿	56	63	66	58
콘솔	86	95	78	77
기타	51	55	40	28

기본문제

⏱ 제한시간 : 10초 ⌛ 소요시간 : 초

Question

2018년 PC 게임시장 규모의 전년 대비 증가율은 10% 이하이다. (○/×)

Solution

10% : 14.9
149+14.9=163.9

정답 ×

연습문제

⏱ 제한시간 : 48초 ⌛ 소요시간 : 초

01 2019년 모바일 게임시장 규모의 전년 대비 증가율은 5% 이하이다. (○/×)

02 2018년 태블릿 게임시장 규모의 전년 대비 증가율은 10% 이하이다. (○/×)

03 2018년 콘솔 게임시장 규모의 전년 대비 증가율은 10% 이상이다. (○/×)

04 2018년 기타 게임시장 규모의 전년 대비 증가율은 10% 이하이다. (○/×)

정답 01 ○ 02 × 03 ○ 04 ○

| 문제 12 |

〈월별 일조시간〉

(단위 : 시간)

연도 \ 월	1	2	3	4	5	6	7	8	9	10	11	12	합계 (연일조시간)
2014년	168	141	133	166	179	203	90	97	146	195	180	158	1,856
2015년	219	167	240	202	180	171	80	94	180	215	130	196	2,074
2016년	191	225	192	213	232	251	143	159	191	235	181	194	2,407
2017년	168	187	256	213	238	224	101	218	191	250	188	184	2,418
2018년	184	164	215	213	304	185	173	151	214	240	194	196	2,433
2019년	193	180	271	216	290	258	176	207	262	240	109	178	2,580

기본문제

⏱ 제한시간 : 10초　⏳ 소요시간 :　초

Question

2014년 4월 일조시간의 전월 대비 증가율은 25% 이상이다.　　　　　　　　　　　　　　　　(O/X)

Solution

$25\%(=\dfrac{1}{4})$: 33. ✕

$133 + 33. ✕ = 166. ✕$

정답 ✕

연습문제

⏱ 제한시간 : 48초　⏳ 소요시간 :　초

01 2015년 10월 일조시간의 전월 대비 증가율은 20% 이하이다.　　　　　　　(O/X)

02 2016년 6월 일조시간의 전월 대비 증가율은 10% 이상이다.　　　　　　　(O/X)

03 2017년 10월 일조시간의 전월 대비 증가율은 30% 이상이다.　　　　　　　(O/X)

04 2018년 5월 일조시간의 전월 대비 증가율은 40% 이하이다.　　　　　　　(O/X)

정답　**01** O　**02** ✕　**03** O　**04** ✕

〈인터넷 분야 인수·합병 건수〉

(단위 : 건)

연도＼국가	미국	A	B	C	D	E
2017년	498	17	63	68	20	16
2018년	425	33	57	52	19	7
2019년	528	44	64	61	31	13
2020년	459	77	69	70	38	21
계	1,910	171	253	251	108	57

기본문제　　　　　　　　　　　　　　　　⏱ 제한시간 : 10초　⏳ 소요시간 :　초

Question

미국의 2019년 인수·합병 건수의 전년 대비 증가율은 25% 이상이다.　　　　　　　(○/×)

Solution

$25\%(=\dfrac{1}{4})$: 106. ×

425+106. ×=531. ×

정답 ×

연습문제　　　　　　　　　　　　　　　　⏱ 제한시간 : 48초　⏳ 소요시간 :　초

01 A국의 2018년 인수·합병 건수의 전년 대비 증가율은 100% 이하이다.　　　(○/×)

02 B국의 2020년 인수·합병 건수의 전년 대비 증가율은 10% 이상이다.　　　(○/×)

03 D국의 2019년 인수·합병 건수의 전년 대비 증가율은 60% 이상이다.　　　(○/×)

04 E국의 2020년 인수·합병 건수의 전년 대비 증가율은 60% 이하이다.　　　(○/×)

정답 01 ○　02 ×　03 ○　04 ×

| 문제 14 |

〈에너지원별 재생에너지 생산량 비율〉

(단위 : %)

에너지원 \ 연도	2016년	2017년	2018년
폐기물	61.1	60.4	55.0
바이오	16.6	17.3	17.5
수력	10.3	11.3	15.1
태양광	10.9	9.8	8.8
풍력	1.1	1.2	3.6
계	100.0	100.0	100.0

기본문제

⏱ 제한시간 : 10초 ⧗ 소요시간 :　초

Question

2017년 바이오 생산량 비율의 전년 대비 증가율은 5% 이상이다.　　　　　　　　　　(○/×)

Solution

50% : 8.3
5% : 0.83
16.6+0.83=17.43

정답 ×

연습문제

⏱ 제한시간 : 48초 ⧗ 소요시간 :　초

01 2017년 수력 생산량 비율의 전년 대비 증가율은 10% 이하이다.　　　　　　　　(○/×)

02 2018년 수력 생산량 비율의 전년 대비 증가율은 35% 이상이다.　　　　　　　　(○/×)

03 2017년 풍력 생산량 비율의 전년 대비 증가율은 10% 이하이다.　　　　　　　　(○/×)

04 2018년 풍력 생산량 비율의 전년 대비 증가율은 100% 이하이다.　　　　　　　(○/×)

정답 **01** ○ **02** × **03** ○ **04** ×

〈세계 지역별 의약품 시장규모〉

(단위 : 십억 달러, %)

지역 \ 연도 구분	2013년		2014년	
	시장규모	비중	시장규모	비중
북미	362.8	38.3	405.6	39.5
유럽	219.8	23.2	228.8	22.3
아시아(일본 제외), 호주, 아프리카	182.6	19.3	199.2	19.4
일본	80.5	8.5	81.6	7.9
라틴 아메리카	64.5	6.8	72.1	7.0
기타	37.4	3.9	39.9	3.9
전체	947.6	100.0	1,027.2	100.0

기본문제

⏱ 제한시간 : 10초 ⌛ 소요시간 :   초

Question

북미지역의 2014년 시장규모의 전년 대비 증가율은 10% 이하이다.　　　　　　　　　　　　　　(O/X)

Solution

10% : 36.3

405 − 363 = 42

정답 X

연습문제

⏱ 제한시간 : 48초 ⌛ 소요시간 :   초

01 유럽지역의 2014년 시장규모의 전년 대비 증가율은 4% 이상이다.　　　　　　　　　(O/X)

02 아시아(일본 제외), 호주, 아프리카지역의 2014년 시장규모의 전년 대비 증가율은 10% 이상이다.　　(O/X)

03 일본의 2014년 시장규모의 전년 대비 증가율은 2% 이하이다.　　　　　　　　　　(O/X)

04 기타지역의 2014년 시장규모의 전년 대비 증가율은 7.5% 이상이다.　　　　　　　　(O/X)

정답 01 O 02 X 03 O 04 X

MEMO

1 유형의 이해

감소율을 판단하는 것은 증가율과 방향만 다를 뿐이다. 하지만 전체적인 출제빈도는 증가율에 한참 미치지 못하며, 증가율과 같이 여러 항목의 감소율을 비교하는 유형 역시 거의 찾아보기 힘들다.

따라서, 심리적인 부담감만 떨쳐낸다면 쉽게 판단할 수 있는 유형이다.

2 접근법

> 감소율을 직접 계산하지 마라.

감소율을 묻는 문제는 대부분 '~ 감소율은 A% 이상이다.'와 같이 특정한 기준값보다 큰지 작은지를 판단하는 형태로 출제된다. 하지만 상당히 많은 수험생들이 유독 감소율 문제는 직접 감소율을 계산하는 과정을 거치는 편인데, 이 때문에 과도한 시간 낭비를 하는 것이 현실이다. 하지만 생각을 약간만 바꿔보자. 만약 B가 A대비 10% 이상 감소했는지를 판단한다는 것은 결국 A에서 0.1A를 뺀 수치가 B보다 더 크다는 것과 같은 의미이다. 이는 정밀한 계산이 필요하지도 않을뿐더러 경우에 따라서는 눈어림만으로도 판단이 가능하다. 우리의 머리는 나눗셈에 유독 취약하다는 점을 잊지 말자.

앞서 증가율의 계산법을 살펴보았으니 한 걸음 더 나아가 증가율과 감소율이 결합된 증감률의 처리방법에 대해 살펴 보자.

> 모든 증감률을 직접 계산해야 하는 문제는 출제되지 않는다.

결론을 먼저 말하면, 이러한 유형의 문제들은 시계열에 속한 모든 증감률을 직접 계산하여 판단하도록 출제되지 않는다. 간혹, 시중의 기출문제집들 중에 모든 기간의 증감률을 계산하게끔 하는 것이 등장하곤 하는데, 이것은 문제 복원의 오류로 보아야 한다.

가장 먼저 확인해야 할 것은 증감률이 아닌 배수로 판단이 가능한 것들이 있는지이다. 즉 2배, 3배와 같이 큼직큼직하게 증가한 것들이 그것이다. 대부분의 경우 이 과정에서 2개(간혹 3개) 정도로 후보군이 압축되는 편이다.

그 다음으로는 비교연도의 수치와 증감폭을 판단하는 과정이다. 즉, 해당 수치가 가장 크지만 증감폭이 가장 작다면 그 기간의 증감률은 가장 작을 것이며, 반대로 해당 수치가 가장 작지만 증감폭이 가장 크다면 증감률은 가장 크게 될 것이다. 물론 난도가 높아진다면 최댓값과 최솟값의 조합으로 제시되지 않는 경우가 있을 수 있으나 이 경우에도 2번째로 크거나 작은 값을 넘어가지 않는다.

그렇다면 실제 문제에서는 이것이 어떻게 적용되는지를 이해하기 위해 아래의 표를 살펴보자.

〈국가별 지적재산권 수입 및 지급 현황〉

(단위 : 백만 원)

구분	2018		2019		2020	
	수입	지급	수입	지급	수입	지급
A국	2,610	2,546	2,789	3,015	3,656	4,259
B국	8,658	7,879	8,702	8,154	11,237	10,572
C국	5,784	5,417	6,659	5,986	6,583	6,441
D국	7,977	7,652	8,511	8,090	11,003	9,544
E국	5,921	3,548	7,345	7,015	7,854	6,907
합계	30,950	27,042	34,006	32,260	40,333	37,723

현실적으로 이러한 유형의 도표에서 등장할 수 있는 선택지는 대표적으로 ① 특정 대상들 간의 격차 판단(2018년의 A국과 D국의 수입액의 차이), ② 특정 대상의 기간 간 증감율 판단(A국의 2019년의 전년 대비 수입액의 증가율), ③ 특정대상의 기간 간 비중 변화 판단(2018년과 2019년의 전체 수입액 중 A국 수입액의 비중) 등을 들 수 있다. 그중에서 가장 빈번하게 등장하는 것이 ①과 ②인데 여기서는 증감율의 대표적인 선택지를 판단해 보자.

E국의 2020년 지적재산권 지급은 전년 대비 10% 이상 감소했다.

10% 감소율을 묻는 문제는 감소율 유형에서 가장 기본적인 형태이다. 10%는 단순히 자릿수만 하나 당겨진 것이므로 7,015에서 702를 차감한 것과 6,907과의 비교를 통해 판단하면 된다. 이 선택지의 경우는 굳이 직접 수치를 계산할 필요없이 2020년의 6,907이 더 크다는 것을 알 수 있으므로 감소율은 10%에 미치지 못한다.

| 문제 1 |

〈가구의 거처 점유형태 추이〉

(단위 : 천 가구, %)

구분	2000년		2005년		2010년		2015년		2020년	
	가구수	비율	가구수	비율	가구수	비율	가구수	비율	가구수	비율
자가	6,910	53.3	7,753	54.2	8,828	55.5	9,390	54.1	10,850	56.8
전세	3,845	29.7	4,040	28.2	3,557	22.4	3,766	21.7	2,961	15.5
월세	1,875	14.5	2,113	14.8	3,012	19.0	3,720	21.5	4,529	23.7
무상	328	2.5	406	2.8	490	3.1	464	2.7	773	4.0
전체	12,958	100	14,312	100	15,887	100	17,340	100	19,113	100

기본문제   ⏱ 제한시간 : 10초 ⏳ 소요시간 :   초

Question

2005년 대비 2010년의 전세 가구수의 감소율은 10% 이하이다.   (O/X)

Solution

$4,040-404=3,636$

정답 ✕

연습문제   ⏱ 제한시간 : 36초 ⏳ 소요시간 :   초

01 2005년 대비 2010년의 전세 가구 비율의 감소율은 20% 이상이다.   (O/X)

02 2010년 대비 2015년의 무상 가구수의 감소율은 5% 이하이다.   (O/X)

03 2015년 대비 2020년의 전세 가구수의 감소율은 20% 이상이다.   (O/X)

정답 **01** O **02** ✕ **03** O

| 문제 2 |

〈결산에 따른 시정요구 유형별 분류〉

(단위 : 건)

회계연도	변상	징계	시정조치	주의	제도개선	합계
2020년	1	1	368	592	1,123	2,085
2019년	0	2	442	526	879	1,849
2018년	0	2	385	464	723	1,574
2017년	0	0	328	354	537	1,219
2016년	0	0	310	400	577	1,287
2015년	1	0	333	313	484	1,131
2014년	0	0	217	239	331	788
2013년	1	0	310	325	410	1,045
2012년	0	2	418	6	262	688
2011년	1	2	419	78	287	787

※ 시정요구 유형이 중복된 시정요구는 존재하지 않음.

기본문제 ⏱ 제한시간 : 10초 ⌛ 소요시간 :　초

Question

2019년 대비 2020년의 시정조치 건수의 감소율은 15% 이하이다. (O/X)

Solution

10% : 44.2
5% : 22.1
15% : 66.3
442−66.3=375.7

정답 ×

연습문제 ⏱ 제한시간 : 48초 ⌛ 소요시간 :　초

01 2015년 대비 2016년의 시정조치 건수의 감소율은 5% 이상이다. (O/X)

02 2013년 대비 2014년의 시정조치 건수의 감소율은 35% 이상이다. (O/X)

03 2016년 대비 2017년의 주의 건수의 감소율은 10% 이상이다. (O/X)

04 2016년 대비 2017년의 제도개선 건수의 감소율은 10% 이상이다. (O/X)

정답 **01** O **02** × **03** O **04** ×

〈지역별 · 산업별 고용인원〉

(단위 : 천 명)

구분	수도권		중부권		영남권		호남권	
	2004년	2014년	2004년	2014년	2004년	2014년	2004년	2014년
농업 · 임업 · 어업	194	166	434	358	650	484	547	444
제조업	2,170	2,029	399	538	1,329	1,441	279	322
건설업	893	896	244	239	456	424	225	236
도소매 · 숙박 · 음식점업	2,932	3,142	729	714	1,566	1,445	634	588
사업 · 개인 · 공공서비스	3,297	4,825	813	1,271	1,512	2,018	692	965
전기 · 운수 · 통신 · 금융	1,411	1,778	290	317	595	667	255	279
합계	10,897	12,836	2,909	3,437	6,108	6,479	2,632	2,834

기본문제　　　　　　　　　⏱ 제한시간 : 10초　⌛ 소요시간 :　　초

Question

2004년 대비 2014년의 수도권 농업 · 임업 · 어업 고용인원의 감소율은 15% 이상이다.　　　　(○/✕)

Solution

10% : 19.4

5% : 9.7

15% : 19.4+9.7=29.1

194−29.1=164.9

정답 ✕

연습문제　　　　　　　　　⏱ 제한시간 : 48초　⌛ 소요시간 :　　초

01 2004년 대비 2014년의 영남권 농업 · 임업 · 어업 고용인원의 감소율은 25% 이상이다.　　　(○/✕)

02 2004년 대비 2014년의 호남권 농업 · 임업 · 어업 고용인원의 감소율은 20% 이상이다.　　　(○/✕)

03 2004년 대비 2014년의 영남권 건설업 고용인원의 감소율은 5% 이상이다.　　　　　　(○/✕)

04 2004년 대비 2014년의 호남권 도소매 · 숙박 · 음식점업 고용인원의 감소율은 7.5% 이상이다.　(○/✕)

정답 **01** ○　**02** ✕　**03** ○　**04** ✕

|문제 4|

〈연도별 OECD 주요국의 한국 대비 물가수준〉

(단위 : 한국=100)

연도\국가	2005	2006	2007	2008	2009	2010	2011	2012	2013	2014
헝가리	72	75	91	116	106	92	84	81	75	67
한국	100	100	100	100	100	100	100	100	100	100
미국	116	106	107	152	129	123	123	116	116	120
일본	145	129	128	224	184	184	189	158	127	116
독일	128	128	139	181	164	141	139	129	131	123
이탈리아	119	119	139	185	168	130	128	131	132	123
캐나다	126	114	131	152	149	161	157	151	138	136
프랑스	127	127	143	188	170	152	149	137	139	131
영국	127	132	141	150	138	149	161	138	147	150
뉴질랜드	124	113	131	139	150	153	154	155	150	147
스웨덴	136	143	156	180	168	166	164	162	157	144
호주	122	118	137	154	174	194	197	193	162	156

기본문제

⏱ 제한시간 : 10초   ⏳ 소요시간 :   초

Question

2005년 대비 2006년의 미국의 물가지수의 감소율은 10% 이상이다. (○/×)

Solution

10% : 11.6
116−11.6=104.4

정답 ×

연습문제

⏱ 제한시간 : 48초   ⏳ 소요시간 :   초

01 2008년 대비 2009년의 미국의 물가지수의 감소율은 15% 이상이다. (○/×)

02 2008년 대비 2009년의 일본의 물가지수의 감소율은 17.5% 이하이다. (○/×)

03 2005년 대비 2006년의 캐나다의 물가지수의 감소율은 10% 이하이다. (○/×)

04 2011년 대비 2012년의 영국의 물가지수의 감소율은 15% 이상이다. (○/×)

정답 **01** ○ **02** × **03** ○ **04** ×

〈우리나라 순상품교역조건지수와 소득교역조건지수 추이〉

(2010년=100)

연도 \ 지수	순상품교역조건지수	소득교역조건지수	수출물가지수
2004	145.94	82.21	101.11
2005	134.54	80.55	106.50
2006	122.22	84.70	104.46
2007	113.15	88.64	105.01
2008	104.98	86.08	110.55
2009	105.00	86.06	92.86
2010	100.00	100.00	100.00
2011	89.15	101.52	104.72
2012	87.03	104.62	100.88
2013	89.56	112.84	98.98

기본문제　　　　　　　　　　　　　　　　　🕐 제한시간 : 10초　⏳ 소요시간 :　　초

Question

2005년 대비 2006년의 순상품 교역조건지수의 감소율은 10% 이상이다.　　　　　　　(O/X)

Solution

10% : 13.4

134−13.4=120.6

정답 ✕

연습문제　　　　　　　　　　　　　　　　　🕐 제한시간 : 36초　⏳ 소요시간 :　　초

01 2007년 대비 2008년의 순상품 교역조건지수의 감소율은 7.5% 이하이다.　　　　(O/X)

02 2009년 대비 2010년의 순상품 교역조건지수의 감소율은 5% 이상이다.　　　　　(O/X)

03 2008년 대비 2009년의 수출물가지수의 감소율은 15% 이상이다.　　　　　　　(O/X)

정답　**01** O　**02** ✕　**03** O

| 문제 6 |

〈외국인환자 유치실적 조사 현황〉

(단위 : 개소, 명)

구분				2013년	2012년	2011년	2010년	2009년
조사 대상 기관		전체		1,547	2,000	2,415	3,097	3,314
		의료기관		1,453	1,814	2,091	2,530	2,497
		유치업자		94	186	324	567	817
	응답 기관	유실적	전체	542	898	982	1,176	1,590
			의료기관	508	844	875	1,028	1,290
			유치업자	34	54	107	148	300
		무실적	전체	926	788	610	847	1,280
			의료기관	872	731	508	715	943
			유치업자	54	57	102	132	337
	무응답 기관	전체		79	314	823	1,074	444
		의료기관		73	239	708	787	264
		유치업자		6	75	115	287	180
외국인환자 유치실적(계)				60,201	81,789	122,297	159,464	211,218

기본문제 ⏱ 제한시간 : 10초 ⌛ 소요시간 :   초

Ｑuestion

2011년 대비 2012년의 전체 의료기관 수의 감소율은 15% 이하이다. (O/X)

Ｓolution

10% : 242
5% : 121
15% : 363
2,415 − 363 = 2,052

정답 ✕

연습문제 ⏱ 제한시간 : 48초 ⌛ 소요시간 :   초

01 2010년 대비 2011년의 전체 유치업자 수의 감소율은 40% 이상이다. (O/X)

02 2011년 대비 2012년의 유실적 유치업자 수의 감소율은 50% 이상이다. (O/X)

03 2009년 대비 2010년의 무실적 전체 응답기관 수의 감소율은 30% 이상이다. (O/X)

04 2010년 대비 2011년의 무실적 유치업자 수의 감소율은 20% 이하이다. (O/X)

정답 **01** O **02** ✕ **03** O **04** ✕

〈원양어업 주요 어종별 생산량〉

(단위 : 톤, 백만 원)

구분		2010년	2011년	2012년	2013년	2014년
A	생산량	216,720	173,334	211,891	200,866	229,588
	생산금액	321,838	344,770	563,027	427,513	329,163
B	생산량	67,138	45,736	60,436	44,013	63,971
	생산금액	201,596	168,034	170,733	133,170	163,068
명태	생산량	46,794	48,793	39,025	24,341	31,624
	생산금액	64,359	67,307	45,972	32,662	49,479
새꼬리 민태	생산량	10,852	12,447	10,100	8,261	8,681
	생산금액	19,030	25,922	21,540	14,960	18,209
민대구	생산량	4,139	4,763	4,007	3,819	3,162
	생산금액	10,072	13,136	11,090	10,912	8,689
C	생산량	4,479	4,276	4,039	2,300	2,415
	생산금액	7,103	10,464	8,675	5,018	8,426
D	생산량	3,765	4,583	5,365	2,025	1,689
	생산금액	4,209	6,426	9,236	2,237	1,619
E	생산량	65,416	70,130	81,526	100,129	167,023
	생산금액	145,113	240,293	193,081	219,647	254,684

※ 생산금액＝생산량×톤당 생산가격

기본문제　　　　　　　　　　　　🕐 제한시간 : 10초　⏳ 소요시간 :　　초

Question

D의 2012년 대비 2013년의 생산금액의 감소율은 75% 이하이다.　　　　　　　　(○/×)

Solution

10% : 92.3
70% : 646
5% : 46
75% : 692
923－692＝231

정답 ×

연습문제　　　　　　　　　　　　🕐 제한시간 : 36초　⏳ 소요시간 :　　초

01 A의 2010년 대비 2011년의 생산량의 감소율은 25% 이상이다.　　　　　　　(○/×)

02 B의 2010년 대비 2011년의 생산량의 감소율은 30% 이상이다.　　　　　　　(○/×)

03 명태의 2011년 대비 2012년의 생산량의 감소율은 35% 이상이다.　　　　　　(○/×)

정답 **01** × **02** ○ **03** ×

〈소년 강력범 인원〉

(단위 : 명)

연도	살인	강도	강간	방화	소년 강력범 합계	소년 강력범 범죄자율
2001	49	1,668	1,193	84	2,994	54.7
2002	58	1,270	945	50	2,323	44.0
2003	17	1,371	915	56	2,359	45.6
2004	22	871	765	50	1,708	33.1
2005	24	696	752	77	1,549	29.8
2006	20	766	979	92	1,857	35.3
2007	19	929	834	146	1,928	36.2
2008	12	1,226	1,589	189	3,016	55.9
2009	18	1,414	1,574	176	3,182	52.6
2010	19	819	2,107	161	3,106	51.9

기본문제

⏱ 제한시간 : 10초　⌛ 소요시간 :　　초

Question

2002년 대비 2003년의 소년 살인범 수의 감소율은 70% 이하이다.　　　　　　　　　(○/×)

Solution

10% : 5.8

70% : 40.6

58−40.6=17.4

정답 ×

연습문제

⏱ 제한시간 : 48초　⌛ 소요시간 :　　초

01 2007년 대비 2008년의 소년 살인범 수의 감소율은 35% 이상이다.　　　　　　　(○/×)

02 2003년 대비 2004년의 소년 강도범 수의 감소율은 35% 이하이다.　　　　　　　(○/×)

03 2001년 대비 2002년의 소년 방화범 수의 감소율은 40% 이상이다.　　　　　　　(○/×)

04 2003년 대비 2004년의 소년 강력범 범죄자율(%)의 감소율은 25% 이하이다.　　　(○/×)

정답 01 ○　02 ×　03 ○　04 ×

| 문제 9 |

〈연도별 단속실적〉

구분 연도	점검대상 업소수(개) (A)	점검 업소수(개) (B)	위반 업소수(개) (C)	점검률(D)=B / A
2012년	77,434	101,076	6,419	1.31
2013년	92,490	119,771	7,965	1.29
2014년	77,424	116,472	5,813	1.50
2015년	91,126	114,665	5,145	1.26
2016년	91,093	113,325	5,327	1.24
2017년	92,346	105,132	4,476	1.14
2018년	92,713	102,354	3,848	1.10
2019년	91,710	79,956	3,128	0.87
2020년	89,895	77,973	3,801	0.87

기본문제   ⏱ 제한시간 : 10초   ⧖ 소요시간 :   초

Question

2013년 대비 2014년의 점검대상 업소수의 감소율은 15% 이하이다.   (O/X)

Solution

10% : 92.5
5% : 46.2
15% : 138.7
925−139=786

정답 ✕

연습문제   ⏱ 제한시간 : 48초   ⧖ 소요시간 :   초

01 2018년 대비 2019년의 점검 업소수의 감소율은 20% 이상이다.   (O/X)

02 2013년 대비 2014년의 위반 업소수의 감소율은 25% 이하이다.   (O/X)

03 2014년 대비 2015년의 점검률의 감소율은 15% 이상이다.   (O/X)

04 2018년 대비 2019년의 점검률의 감소율은 20% 이하이다.   (O/X)

정답 01 O 02 ✕ 03 O 04 ✕

〈H공공기관의 출입기자 현황〉

(단위 : 명)

연도	직무 / 기자구분	취재기자	사진기자	촬영기자	계
2018년	상시출입기자	454	77	52	583
	장기출입기자	400	43	82	525
	관련기관기자	44	9	93	146
	외신기자	71	16	56	143
	계	969	145	283	1,397
2019년	상시출입기자	441	76	49	566
	장기출입기자	369	46	97	512
	관련기관기자	35	7	92	134
	외신기자	68	18	57	143
	계	913	147	295	1,355
2020년	상시출입기자	427	73	47	547
	장기출입기자	374	40	99	513
	관련기관기자	28	7	64	99
	외신기자	68	23	47	138
	계	897	143	257	1,297

기본문제　　　　　⏱ 제한시간 : 10초　⏳ 소요시간 :　　초

Question

2018년 대비 2019년의 관련기관기자 중 취재기자 수의 감소율은 20% 이하이다.　　　　　(O/X)

Solution

10% : 4.4
20% : 8.8
44-8.8=35.2

정답　✕

연습문제　　　　　⏱ 제한시간 : 48초　⏳ 소요시간 :　　초

01 2018년 대비 2019년의 외신기자 중 취재기자 수의 감소율은 5% 이하이다.　　　　　(O/X)

02 2019년 대비 2020년의 장기출입기자 중 사진기자 수의 감소율은 10% 이하이다.　　　　　(O/X)

03 2019년 대비 2020년의 촬영기자 수의 감소율은 10% 이상이다.　　　　　(O/X)

04 2019년 대비 2020년의 관련기관기자 수의 감소율은 25% 이하이다.　　　　　(O/X)

정답　**01** O　**02** ✕　**03** O　**04** ✕

〈전국 근로장려금 및 자녀장려금 신청 현황〉

(단위 : 천 가구, 십억 원)

구분 / 연도	근로장려금만 신청		자녀장려금만 신청		근로장려금과 자녀장려금 모두 신청			
	가구 수	금액	가구 수	금액	가구 수	금액		
						근로	자녀	소계
2011년	930	747	1,210	864	752	712	762	1,474
2012년	1,020	719	1,384	893	692	882	765	1,647
2013년	1,060	967	1,302	992	769	803	723	1,526
2014년	1,658	1,419	1,403	975	750	715	572	1,287
2015년	1,695	1,155	1,114	775	608	599	451	1,050

※ 1) 장려금은 근로장려금과 자녀장려금으로만 구성됨.
　 2) 단일 연도에 같은 종류의 장려금을 중복 신청한 가구는 없음.

기본문제　　　　　　　　　　　　　　　⏱ 제한시간 : 10초　⧖ 소요시간 :　　초

Question

2013년 자녀장려금만 신청하는 가구수의 전년 대비 감소율은 5% 이하이다. (O/X)

Solution

10% : 138
5% : 69
1,384−69=1,315

정답 ✕

연습문제　　　　　　　　　　　　　　　⏱ 제한시간 : 48초　⧖ 소요시간 :　　초

01 2015년 자녀장려금만 신청하는 가구수의 전년 대비 감소율은 20% 이상이다. (O/✕)

02 2012년 두 장려금을 모두 신청하는 가구수의 전년 대비 감소율은 5% 이하이다. (O/✕)

03 2015년 두 장려금을 모두 신청하는 가구수의 전년 대비 감소율은 20% 이하이다. (O/✕)

04 2014년 두 장려금을 모두 신청하는 가구의 근로장려금 총액의 전년 대비 감소율은 15% 이상이다. (O/✕)

정답 01 ○　02 ✕　03 ○　04 ✕

〈모바일 앱별 데이터 사용량〉

월 앱 이름	5월	6월
G인터넷	5.3GB	6.7GB
HS쇼핑	1.8GB	2.1GB
톡톡	2.4GB	1.5GB
앱가게	2.0GB	1.3GB
뮤직플레이	94.6MB	570.0MB
위튜브	836.0MB	427.0MB
쉬운지도	321.0MB	337.0MB
JJ멤버십	45.2MB	240.0MB
영화예매	77.9MB	53.1MB
날씨정보	42.8MB	45.3MB
가계부	−	27.7MB
17분운동	−	14.8MB
NEC뱅크	254.0MB	9.7MB
알람	10.6MB	9.1MB
지상철	5.0MB	7.8MB
어제뉴스	2.7MB	1.8MB

기본문제

⏱ 제한시간 : 10초　⏳ 소요시간 :　　초

Question

5월 대비 6월의 톡톡의 데이터 사용량 감소율은 35% 이하이다.　　　　　　(○/×)

Solution

10% : 2.4
30% : 7.2
5% : 1.2
35% : 7.2+1.2=8.4
24−8.4=15.6

정답 ×

연습문제

⏱ 제한시간 : 36초　⏳ 소요시간 :　　초

01 5월 대비 6월의 앱가게의 데이터 사용량 감소율은 40% 이하이다.　　　　(○/×)

02 5월 대비 6월의 위튜브의 데이터 사용량 감소율은 50% 이상이다.　　　　(○/×)

03 영화예매의 5월 대비 6월의 데이터 사용량 감소율은 30% 이상이다.　　　(○/×)

정답 **01** ○　**02** ×　**03** ○

〈매체 A ~ D의 종사자 현황〉

(단위 : 명)

연도	매체 \ 구분	정규직			비정규직		
		여성	남성	소계	여성	남성	소계
2018년	A	6,530	15,824	22,354	743	1,560	2,303
	B	3,944	12,811	16,755	1,483	1,472	2,955
	C	3,947	7,194	11,141	900	1,650	2,550
	D	407	1,226	1,633	31	57	88
2019년	A	5,957	14,110	20,067	1,017	2,439	3,456
	B	2,726	11,280	14,006	1,532	1,307	2,839
	C	3,905	6,338	10,243	1,059	2,158	3,217
	D	370	1,103	1,473	41	165	206
2020년	A	6,962	17,279	24,241	966	2,459	3,425
	B	4,334	13,002	17,336	1,500	1,176	2,676
	C	6,848	10,000	16,848	1,701	2,891	4,592
	D	548	1,585	2,133	32	593	625

기본문제

⏱ 제한시간 : 10초   ⏳ 소요시간 :   초

Question

2018년 대비 2019년의 B매체의 정규직 여성 종사자 수의 감소율은 30% 이하이다.   (O/X)

Solution

10% : 39.4

30% : 117

394−117=277

정답 ✕

연습문제

⏱ 제한시간 : 48초   ⏳ 소요시간 :   초

01 2018년 대비 2019년의 A매체의 정규직 남성 종사자 수의 감소율은 10% 이상이다.   (O/X)

02 2018년 대비 2019년의 C매체의 정규직 종사자 수의 감소율은 10% 이상이다.   (O/X)

03 2019년 대비 2020년의 D매체의 비정규직 여성 종사자 수의 감소율은 20% 이상이다.   (O/X)

04 2019년 대비 2020년의 B매체의 비정규직 남성 종사자 수의 감소율은 15% 이상이다.   (O/X)

정답 **01** O   **02** ✕   **03** O   **04** ✕

| 문제 14 |

〈월별 방한 중국인 관광객 수〉

(단위 : 만 명)

년 \ 월	1	2	3	4	5	6	7	8	9	10	11	12	계
2019년	60	47	80	80	78	95	87	102	107	106	55	54	951
2020년	15	15	18	17	17	20	15	21	13	19	12	13	195

기본문제

⏱ 제한시간 : 10초 ⧗ 소요시간 :   초

Question

2019년 1월 대비 2월의 방한 중국인 관광객 수의 감소율은 25% 이상이다. (○/✕)

Solution

10% : 6

20% : 12

5% : 3

25% : 12+3=15

60−15=45

정답 ✕

연습문제

⏱ 제한시간 : 48초 ⧗ 소요시간 :   초

01 2019년 6월 대비 7월의 방한 중국인 관광객 수의 감소율은 10% 이하이다. (○/✕)

02 2020년 8월 대비 9월의 방한 중국인 관광객 수의 감소율은 40% 이상이다. (○/✕)

03 2020년 10월 대비 11월의 방한 중국인 관광객 수의 감소율은 40% 이하이다. (○/✕)

04 2019년 대비 2020년의 방한 중국인 관광객 수의 감소율은 75% 이하이다. (○/✕)

정답 **01** ○ **02** ✕ **03** ○ **04** ✕

〈업체별·연도별 온실가스 배출량〉

(단위 : 천tCO$_2$eq.)

구분 업체	배출량				예상 배출량
	2017년	2018년	2019년	3년 평균(2017~2019년)	2020년
A	1,021	990	929	980	910
B	590	535	531	552	524
C	403	385	361	383	352
D	356	( )	260	284	257
E	280	271	265	272	241
F	168	150	135	151	132
G	102	101	100	( )	96
H	92	81	73	82	71
I	68	59	47	58	44
J	30	29	28	( )	24
기타	28	27	20	25	22
전체	3,138	2,864	( )	2,917	2,673

기본문제

⏱ 제한시간 : 10초 ⏳ 소요시간 :   초

Question

2017년 대비 2018년의 A업체 배출량의 감소율은 5% 이상이다. (O/X)

Solution

10% : 102
5% : 51
1,021−51=970

정답 ✕

연습문제

⏱ 제한시간 : 48초 ⏳ 소요시간 :   초

01 2018년 대비 2019년의 C업체 배출량의 감소율은 5% 이상이다. (O/X)

02 2017년 대비 2018년의 E업체 배출량의 감소율은 5% 이상이다. (O/X)

03 2018년 대비 2019년의 H업체 배출량의 감소율은 10% 이하이다. (O/X)

04 2018년 대비 2019년의 기타업체 배출량의 감소율은 25% 이하이다. (O/X)

정답 **01** O **02** ✕ **03** O **04** ✕

03

필수 모의고사

제1회 모의고사

제2회 모의고사

🕐 응시시간 : 30분　　📋 문항 수 : 20문항　　　　　　　정답 및 해설 p.2

01 다음은 2016 ~ 2020년 '갑'국 체류외국인 수 및 체류외국인 범죄 건수에 대한 자료이다. 이에 대한 〈보기〉의 설명 중 옳은 것을 모두 고르면?

〈체류외국인 수 및 체류외국인 범죄 건수〉

(단위 : 명, 건)

연도 구분	2016년	2017년	2018년	2019년	2020년
체류외국인 수	1,168,477	1,261,415	1,395,077	1,445,103	1,576,034
합법체류외국인 수	990,522	1,092,900	1,227,297	1,267,249	1,392,928
불법체류외국인 수	177,955	168,515	167,780	177,854	183,106
체류외국인 범죄 건수	21,235	19,445	25,507	22,914	24,984
합법체류외국인 범죄 건수	18,645	17,538	23,970	21,323	22,951
불법체류외국인 범죄 건수	2,590	1,907	1,537	1,591	2,033

〈 **보기** 〉

ㄱ. 매년 불법체류외국인 수는 체류외국인 수의 10% 이상이다.
ㄴ. 불법체류외국인 범죄 건수의 전년 대비 증가율이 가장 높은 해에 합법체류외국인 범죄 건수의 전년 대비 증가율도 가장 높다.
ㄷ. 체류외국인 범죄 건수가 전년에 비해 감소한 해에는 합법체류외국인 범죄 건수와 불법체류외국인 범죄 건수도 각각 전년에 비해 감소하였다.
ㄹ. 매년 합법체류외국인 범죄 건수는 체류외국인 범죄 건수의 80% 이상이다.

① ㄱ, ㄹ　　　　　　　　　② ㄴ, ㄷ
③ ㄴ, ㄹ　　　　　　　　　④ ㄱ, ㄴ, ㄷ
⑤ ㄱ, ㄷ, ㄹ

02 다음은 1930 ~ 1934년 동안 A지역의 곡물 재배면적 및 생산량을 정리한 자료이다. 이에 대한 설명으로 옳은 것은?

〈A지역의 곡물 재배면적 및 생산량〉

(단위 : 천 정보, 천 석)

곡물	구분	1930년	1931년	1932년	1933년	1934년
미곡	재배면적	1,148	1,100	998	1,118	1,164
	생산량	15,276	14,145	13,057	15,553	18,585
맥류	재배면적	1,146	773	829	963	1,034
	생산량	7,347	4,407	4,407	6,339	7,795
두류	재배면적	450	283	301	317	339
	생산량	1,940	1,140	1,143	1,215	1,362
잡곡	재배면적	334	224	264	215	208
	생산량	1,136	600	750	633	772
서류	재배면적	59	88	87	101	138
	생산량	821	1,093	1,228	1,436	2,612
전체	재배면적	3,137	2,468	2,479	2,714	2,883
	생산량	26,520	21,385	20,585	25,176	31,126

① 1931 ~ 1934년 동안 재배면적의 전년 대비 증감방향은 미곡과 두류가 동일하다.
② 생산량은 매년 두류가 서류보다 많다.
③ 재배면적은 매년 잡곡이 서류의 2배 이상이다.
④ 1934년 재배면적당 생산량이 가장 큰 곡물은 미곡이다.
⑤ 1933년 미곡과 맥류 재배면적의 합은 1933년 곡물 재배면적 전체의 70% 이상이다.

03 다음은 2012 ~ 2016년 조세심판원의 연도별 사건처리 건수에 관한 자료이다. 이에 대한 〈보기〉의 설명 중 옳은 것을 모두 고르면?

〈조세심판원의 연도별 사건처리 건수〉

(단위 : 건)

구분 \ 연도		2012년	2013년	2014년	2015년	2016년
처리대상 건수	전년이월 건수	1,854	( )	2,403	2,127	2,223
	당년접수 건수	6,424	7,883	8,474	8,273	6,003
	소계	8,278	( )	10,877	10,400	8,226
처리건수	취하 건수	90	136	163	222	163
	각하 건수	346	301	482	459	506
	기각 건수	4,214	5,074	6,200	5,579	4,322
	재조사 건수	27	0	465	611	299
	인용 건수	1,767	1,803	1,440	1,306	1,338
	소계	6,444	7,314	8,750	8,177	6,628

※ 1) (당해연도 전년이월 건수)=(전년도 처리대상 건수)-(전년도 처리 건수)

2) $[\text{처리율(\%)}] = \dfrac{(\text{처리 건수})}{(\text{처리대상 건수})} \times 100$

3) $[\text{인용률(\%)}] = \dfrac{(\text{인용 건수})}{(\text{각하 건수})+(\text{기각 건수})+(\text{인용 건수})} \times 100$

〈 **보기** 〉

ㄱ. 처리대상 건수가 가장 적은 연도의 처리율은 75% 이상이다.

ㄴ. 2013 ~ 2016년 동안 취하 건수와 기각 건수의 전년 대비 증감방향은 동일하다.

ㄷ. 2013년 처리율은 80% 이상이다.

ㄹ. 인용률은 2012년이 2014년보다 높다.

① ㄱ, ㄴ
② ㄱ, ㄹ
③ ㄴ, ㄷ
④ ㄱ, ㄷ, ㄹ
⑤ ㄴ, ㄷ, ㄹ

04 다음은 2009 ~ 2012년 K추모공원의 신규 안치 건수 및 매출액 현황을 나타낸 자료이다. 이에 대한 〈보기〉의 설명 중 옳은 것을 모두 고르면?

〈K추모공원의 신규 안치 건수 및 매출액 현황〉

(단위 : 건, 만 원)

안치 유형	구분	신규 안치 건수		매출액	
		2009 ~ 2011년	2012년	2009 ~ 2011년	2012년
개인단	관내	719	606	291,500	289,000
	관외	176	132	160,000	128,500
부부단	관내	632	557	323,900	330,000
	관외	221	134	291,800	171,000
계		1,748	1,429	1,067,200	918,500

〈 **보기** 〉

ㄱ. 2012년 개인단의 신규 안치 건수는 2009 ~ 2012년 개인단 신규 안치 건수 합의 50% 이하이다.
ㄴ. 2009 ~ 2012년 신규 안치 건수의 합은 관내가 관외보다 크다.
ㄷ. 2012년 부부단 관내와 부부단 관외의 매출액이 2011년에 비해 각각 50%가 증가한 것이라면, 2009 ~ 2010년 매출액의 합은 부부단 관내가 부부단 관외보다 작다.
ㄹ. 2009 ~ 2012년 4개 안치 유형 중 신규 안치 건수의 합이 가장 큰 안치 유형은 부부단 관내이다.

① ㄱ, ㄴ
② ㄴ, ㄷ
③ ㄷ, ㄹ
④ ㄱ, ㄴ, ㄷ
⑤ ㄱ, ㄷ, ㄹ

05 다음은 조사연도별 우리나라의 도시 수, 도시인구 및 도시화율에 대한 자료이다. 이에 대한 〈보기〉의 설명 중 옳은 것을 모두 고르면?

〈조사연도별 우리나라의 도시 수, 도시인구 및 도시화율〉

(단위 : 개, 명, %)

조사연도	도시 수	도시인구	도시화율
1910년	12	1,122,412	8.4
1915년	7	456,430	2.8
1920년	7	508,396	2.9
1925년	19	1,058,706	5.7
1930년	30	1,605,669	7.9
1935년	38	2,163,453	10.1
1940년	58	3,998,079	16.9
1944년	74	5,067,123	19.6
1949년	60	4,595,061	23.9
1955년	65	6,320,823	29.4
1960년	89	12,303,103	35.4
1966년	111	15,385,382	42.4
1970년	114	20,857,782	49.8
1975년	141	24,792,199	58.3
1980년	136	29,634,297	66.2
1985년	150	34,527,278	73.3
1990년	149	39,710,959	79.5
1995년	135	39,882,316	82.6
2000년	138	38,784,556	84.0
2005년	151	41,017,759	86.7
2010년	156	42,564,502	87.6

※ 1) $[도시화율(\%)] = \dfrac{(도시인구)}{(전체인구)} \times 100$

2) $(평균도시인구) = \dfrac{(도시인구)}{(도시 수)}$

───〈 **보기** 〉───

ㄱ. 1949 ~ 2010년 동안 직전 조사연도에 비해 도시 수가 증가한 조사연도에는 직전 조사연도에 비해 도시화율도 모두 증가한다.

ㄴ. 1949 ~ 2010년 동안 직전 조사연도 대비 도시인구 증가폭이 가장 큰 조사연도에는 직전 조사연도 대비 도시화율 증가폭도 가장 크다.

ㄷ. 전체인구가 처음으로 4천만 명을 초과한 조사연도는 1970년이다.

ㄹ. 조사연도 1955년의 평균도시인구는 10만 명 이상이다.

① ㄱ, ㄴ
② ㄱ, ㄷ
③ ㄴ, ㄷ
④ ㄴ, ㄹ
⑤ ㄱ, ㄷ, ㄹ

06 다음은 2020년 '갑'국 지방법원(A ~ E)의 배심원 출석 현황에 관한 자료이다. 이에 대한 〈보기〉의 설명 중 옳은 것을 모두 고르면?

〈2020년 '갑'국 지방법원(A ~ E)의 배심원 출석 현황〉

(단위 : 명)

지방법원 \ 구분	소환인원	송달불능자	출석취소통지자	출석의무자	출석자
A	1,880	533	573	( )	411
B	1,740	495	508	( )	453
C	716	160	213	343	189
D	191	38	65	88	57
E	420	126	120	174	115

※ 1) (출석의무자 수)=(소환인원)−(송달불능자 수)−(출석취소통지자 수)

2) $[출석률(\%)] = \dfrac{(출석자\ 수)}{(소환인원)} \times 100$

3) $[실질출석률(\%)] = \dfrac{(출석자\ 수)}{(출석의무자\ 수)} \times 100$

〈 **보기** 〉

ㄱ. 출석의무자 수는 B지방법원이 A지방법원보다 많다.

ㄴ. 실질출석률은 E지방법원이 C지방법원보다 낮다.

ㄷ. D지방법원의 출석률은 25% 이상이다.

ㄹ. A ~ E지방법원 전체 소환인원에서 A지방법원의 소환인원이 차지하는 비율은 35% 이상이다.

① ㄱ, ㄴ
② ㄱ, ㄷ
③ ㄴ, ㄷ
④ ㄴ, ㄹ
⑤ ㄷ, ㄹ

07 다음은 A발전회사의 연도별 발전량 및 신재생에너지 공급 현황에 관한 자료이다. 이에 대한 〈보기〉의 설명 중 옳은 것을 모두 고르면?

〈A발전회사의 연도별 발전량 및 신재생에너지 공급 현황〉

구분	연도	2012년	2013년	2014년
발전량(GWh)		55,000	51,000	52,000
신재생 에너지	공급의무율(%)	1.4	2.0	3.0
	자체공급량(GWh)	75	380	690
	인증서구입량(GWh)	15	70	160

※ 1) $[\text{공급의무율(\%)}] = \dfrac{(\text{공급의무량})}{(\text{발전량})} \times 100$

2) $[\text{이행량(GWh)}] = (\text{자체공급량}) + (\text{인증서구입량})$

⟨ **보기** ⟩

ㄱ. 공급의무량은 매년 증가한다.

ㄴ. 2014년 자체공급량의 2012년 대비 증가율은 2014년 인증서구입량의 2012년 대비 증가율보다 작다.

ㄷ. 공급의무량과 이행량의 차이는 매년 증가한다.

ㄹ. 이행량에서 자체공급량이 차지하는 비중은 매년 감소한다.

① ㄱ, ㄴ
② ㄱ, ㄷ
③ ㄷ, ㄹ
④ ㄱ, ㄴ, ㄹ
⑤ ㄴ, ㄷ, ㄹ

다음은 행정심판위원회 연도별 사건처리현황에 관한 자료이다. 이에 대한 〈보기〉의 설명 중 옳은 것을 모두 고르면?

〈행정심판위원회 연도별 사건처리현황〉

(단위 : 건)

연도＼구분	접수	심리·의결				취하·이송
		인용	기각	각하	소계	
2010년	31,473	4,990	24,320	1,162	30,472	1,001
2011년	29,986	4,640	23,284	( )	28,923	1,063
2012년	26,002	3,983	19,974	1,030	24,987	1,015
2013년	26,255	4,713	18,334	1,358	24,405	1,850
2014년	26,014	4,131	19,164	( )	25,270	744

※ 1) 당해연도에 접수된 사건은 당해연도에 심리·의결 또는 취하·이송됨

2) [인용률(%)] $= \dfrac{(\text{인용 건수})}{(\text{심리·의결 건수})} \times 100$

〈 보기 〉

ㄱ. 인용률이 가장 높은 해는 2013년이다.
ㄴ. 취하·이송 건수는 매년 감소하였다.
ㄷ. 각하 건수가 가장 적은 해는 2011년이다.
ㄹ. 접수 건수와 심리·의결 건수의 연도별 증감방향은 동일하다.

① ㄱ, ㄴ
② ㄱ, ㄷ
③ ㄷ, ㄹ
④ ㄱ, ㄷ, ㄹ
⑤ ㄴ, ㄷ, ㄹ

09 다음은 A지역 유치원 유형별 교지면적과 교사면적에 대한 자료이다. 이에 대한 설명으로 옳지 않은 것은?

〈A지역 유치원 유형별 교지면적과 교사면적〉

(단위 : m²)

구분	유치원 유형	국립	공립	사립
교지면적	유치원당	255.0	170.8	1,478.4
	원아 1인당	3.4	6.1	13.2
교사면적	유치원당	562.5	81.2	806.4
	원아 1인당	7.5	2.9	7.2

① 원아 1인당 교지면적은 사립이 공립의 2배 이상이다.
② 유치원당 교사면적이 가장 큰 유형부터 순서대로 나열하면 사립, 국립, 공립 순서이다.
③ 유치원당 교지면적이 유치원당 교사면적보다 작은 유치원 유형은 국립뿐이다.
④ 유치원당 교지면적은 사립이 국립의 5.5배 이상이고 유치원당 교사면적은 사립이 국립의 1.4배 이상이다.
⑤ 유치원당 교지면적과 원아 1인당 교사면적은 국립이 사립보다 모두 작다.

10 다음은 시설유형별 에너지 효율화 시장규모의 현황 및 전망에 대한 자료이다. 이에 대한 설명으로 옳은 것은?

〈시설유형별 에너지 효율화 시장규모의 현황 및 전망〉

(단위 : 억 달러)

시설유형 \ 연도	2018년	2019년	2020년	2025년(예상)	2030년(예상)
사무시설	11.3	12.8	14.6	21.7	41.0
산업시설	20.8	23.9	27.4	41.7	82.4
주거시설	5.7	6.4	7.2	10.1	18.0
공공시설	2.5	2.9	3.4	5.0	10.0
전체	40.3	46.0	52.6	78.5	151.4

① 2018 ~ 2020년 동안 주거시설 유형의 에너지 효율화 시장규모는 매년 15% 이상 증가하였다.
② 2025년 전체 에너지 효율화 시장규모에서 사무시설 유형이 차지하는 비중은 30% 이하일 것으로 전망된다.
③ 2025 ~ 2030년 동안 공공시설 유형의 에너지 효율화 시장규모는 매년 30% 이상 증가할 것으로 전망된다.
④ 2019년 산업시설 유형의 에너지 효율화 시장규모는 전체 에너지 효율화 시장규모의 50% 이하이다.
⑤ 2030년 에너지 효율화 시장규모의 2018년 대비 증가율이 가장 높을 것으로 전망되는 시설유형은 산업시설이다.

11 다음은 2019년 5월 10일 A프랜차이즈의 지역별 가맹점 수와 결제 실적에 관한 자료이다. 이에 대한 설명으로 옳지 않은 것은?

〈표 1〉 A프랜차이즈의 지역별 가맹점 수, 결제 건수 및 결제 금액

(단위 : 개, 건, 만 원)

지역	구분	가맹점 수	결제 건수	결제 금액
서울		1,269	142,248	241,442
6대 광역시	부산	34	3,082	7,639
	대구	8	291	2,431
	인천	20	1,317	2,548
	광주	8	306	793
	대전	13	874	1,811
	울산	11	205	635
전체		1,363	148,323	257,299

〈표 2〉 A프랜차이즈의 가맹점 규모별 결제 건수 및 결제 금액

(단위 : 건, 만 원)

가맹점 규모	구분	결제 건수	결제 금액
소규모		143,565	250,390
중규모		3,476	4,426
대규모		1,282	2,483
전체		148,323	257,299

① 서울 지역 소규모 가맹점의 결제 건수는 137,000건 이하이다.
② 6대 광역시 가맹점의 결제 건수 합은 6,000건 이상이다.
③ 결제 건수 대비 결제 금액을 가맹점 규모별로 비교할 때 가장 작은 가맹점 규모는 중규모이다.
④ 가맹점 수 대비 결제 금액이 가장 큰 지역은 대구이다.
⑤ 전체 가맹점 수에서 서울 지역 가맹점 수 비중은 90% 이상이다.

12 다음은 F국제기구가 발표한 2014년 3월 ~ 2015년 3월 동안의 식량 가격지수와 품목별 가격지수에 대한 자료이다. 이에 대한 설명으로 옳지 않은 것은?

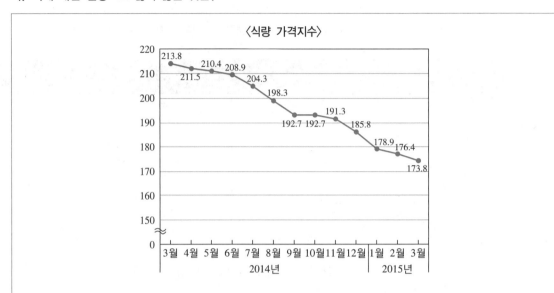

〈식량 가격지수〉

〈품목별 가격지수〉

시기	품목	육류	낙농품	곡물	유지류	설탕
2014년	3월	185.5	268.5	208.9	204.8	254.0
	4월	190.4	251.5	209.2	199.0	249.9
	5월	194.6	238.9	207.0	195.3	259.3
	6월	202.8	236.5	196.1	188.8	258.0
	7월	205.9	226.1	185.2	181.1	259.1
	8월	212.0	200.8	182.5	166.6	244.3
	9월	211.0	187.8	178.2	162.0	228.1
	10월	210.2	184.3	178.3	163.7	237.6
	11월	206.4	178.1	183.2	164.9	229.7
	12월	196.4	174.0	183.9	160.7	217.5
2015년	1월	183.5	173.8	177.4	156.0	217.7
	2월	178.8	181.8	171.7	156.6	207.1
	3월	177.0	184.9	169.8	151.7	187.9

※ 기준연도인 2002년의 가격지수는 100임

① 2015년 3월의 식량 가격지수는 2014년 3월에 비해 15% 이상 하락했다.
② 2014년 4월부터 2014년 9월까지 식량 가격지수는 매월 하락했다.
③ 2014년 3월에 비해 2015년 3월 가격지수가 가장 큰 폭으로 하락한 품목은 낙농품이다.
④ 육류 가격지수는 2014년 8월까지 매월 상승하다가 그 이후에는 매월 하락했다.
⑤ 2002년 가격지수 대비 2015년 3월 가격지수의 상승률이 가장 낮은 품목은 육류이다.

13 다음은 A지역의 저수지 현황에 대한 자료이다. 이에 대한 〈보기〉의 설명 중 옳은 것을 모두 고르면?

〈표 1〉 관리기관별 저수지 현황

(단위 : 개소, 천m³, ha)

관리기관 \ 구분	저수지 수	총 저수용량	총 수혜면적
N공사	996	598,954	69,912
자치단체	2,230	108,658	29,371
전체	3,226	707,612	99,283

〈표 2〉 저수용량별 저수지 수

(단위 : 개소)

저수용량(m³)	10만 미만	10만 이상 50만 미만	50만 이상 100만 미만	100만 이상 500만 미만	500만 이상 1,000만 미만	1,000만 이상	합
저수지 수	2,668	360	100	88	3	7	3,226

〈표 3〉 제방높이별 저수지 수

(단위 : 개소)

제방높이(m)	10 미만	10 이상 20 미만	20 이상 30 미만	30 이상 40 미만	40 이상	합
저수지 수	2,566	533	99	20	8	3,226

〈 보 기 〉

ㄱ. 관리기관이 자치단체이고 제방높이가 10m 미만인 저수지 수는 1,600개소 이상이다.
ㄴ. 저수용량이 10만m³ 미만인 저수지 수는 전체 저수지 수의 80% 이상이다.
ㄷ. 관리기관이 N공사인 저수지의 개소당 수혜면적은 관리기관이 자치단체인 저수지의 개소당 수혜면적의 5배 이상이다.
ㄹ. 저수용량이 50만m³ 이상 100만m³ 미만인 저수지의 저수용량 합은 전체 저수지 총 저수용량의 5% 이상이다.

① ㄴ, ㄷ   ② ㄷ, ㄹ
③ ㄱ, ㄴ, ㄷ   ④ ㄱ, ㄴ, ㄹ
⑤ ㄴ, ㄷ, ㄹ

14 다음은 수종별 원목생산량과 원목생산량 구성비에 관한 자료이다. 이에 대한 〈보기〉의 설명 중 옳은 것을 모두 고르면?

〈2006 ~ 2011년 수종별 원목생산량〉

(단위 : 만m³)

수종 \ 연도	2006	2007	2008	2009	2010	2011
소나무	30.9	25.8	28.1	38.6	77.1	92.2
잣나무	7.2	6.8	5.6	8.3	12.8	( )
전나무	50.4	54.3	50.4	54.0	58.2	56.2
낙엽송	22.7	23.8	37.3	38.7	50.5	63.3
참나무	41.4	47.7	52.5	69.4	76.0	87.7
기타	9.0	11.8	21.7	42.7	97.9	85.7
전체	161.6	170.2	195.6	( )	372.5	( )

〈2011년 수종별 원목생산량 구성비〉

(단위 : %)

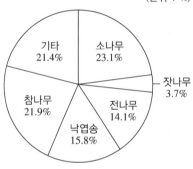

〈 **보기** 〉

ㄱ. 기타를 제외하고 2011년 원목생산량의 2006년 대비 증가율이 가장 큰 수종은 소나무이다.

ㄴ. 기타를 제외하고 2006 ~ 2011년 동안 원목생산량이 매년 증가한 수종은 3개이다.

ㄷ. 2010년 참나무 원목생산량은 2010년 잣나무 원목생산량의 6배 이상이다.

ㄹ. 전체 원목생산량 중 소나무 원목생산량의 비중은 2011년이 2009년보다 크다.

① ㄱ, ㄴ 　　　　　　② ㄱ, ㄷ

③ ㄱ, ㄹ 　　　　　　④ ㄴ, ㄷ

⑤ ㄷ, ㄹ

15 다음은 조선 후기 이후 인구 현황에 대한 자료이다. 이에 대한 〈보기〉의 설명 중 옳은 것을 모두 고르면?

〈표 1〉 지역별 인구분포(1648년)

(단위 : 천 명, %)

구분	전체	한성	경기	충청	전라	경상	강원	황해	평안	함경
인구	1,532	96	81	174	432	425	54	55	146	69
비중	100.0	6.3	5.3	11.4	28.2	27.7	3.5	3.6	9.5	4.5

〈표 2〉 지역별 인구지수

연도＼지역	한성	경기	충청	전라	경상	강원	황해	평안	함경
1648	100	100	100	100	100	100	100	100	100
1753	181	793	535	276	391	724	982	868	722
1789	197	793	499	283	374	615	1,033	888	1,009
1837	213	812	486	253	353	589	995	584	1,000
1864	211	832	505	251	358	615	1,033	598	1,009
1904	200	831	445	216	261	559	695	557	1,087

※ 1) (인구지수)= $\dfrac{(\text{해당연도 해당지역 인구})}{(\text{1648년 해당지역 인구})} \times 100$

2) 조선 후기 이후 전체 인구는 9개 지역 인구의 합임

〈 보기 〉

ㄱ. 1753년 강원 지역 인구는 1648년 전라 지역 인구보다 많다.
ㄴ. 1789년 대비 1837년 인구 감소율이 가장 큰 지역은 평안이다.
ㄷ. 1864년 인구가 가장 많은 지역은 경상이다.
ㄹ. 1904년 전체 인구 대비 경기 지역 인구의 비중은 함경 지역 인구의 비중보다 크다.

① ㄱ, ㄴ
② ㄱ, ㄹ
③ ㄴ, ㄷ
④ ㄱ, ㄷ, ㄹ
⑤ ㄴ, ㄷ, ㄹ

16 다음은 로봇 시장현황과 R&D 예산의 분야별 구성비에 대한 자료이다. 이에 대한 〈보기〉의 설명 중 옳은 것을 모두 고르면?

〈표 1〉 용도별 로봇 시장현황(2013년)

용도 \ 구분	시장규모 (백만 달러)	수량 (천개)	평균단가 (천 달러/개)
제조용	9,719	178	54.6
전문 서비스용	3,340	21	159.0
개인 서비스용	1,941	4,000	0.5
전체	15,000	4,199	3.6

〈표 2〉 분야별 로봇 시장규모(2011 ~ 2013년)

(단위 : 백만 달러)

용도 \ 분야		연도 2011	2012	2013
제조용	제조	8,926	9,453	9,719
전문 서비스용	건설	879	847	883
	물류	166	196	216
	의료	1,356	1,499	1,449
	국방	748	818	792
개인 서비스용	가사	454	697	799
	여가	166	524	911
	교육	436	279	231

※ 로봇의 용도 및 분야는 중복되지 않음

〈표 3〉 로봇 R&D 예산의 분야별 구성비(2013년)

(단위 : %)

분야	제조	건설	물류	의료	국방	가사	여가	교육	합계
구성비	21	13	3	22	12	12	14	3	100

〈 **보기** 〉

ㄱ. 2013년 전체 로봇 시장규모 대비 제조용 로봇 시장규모의 비중은 70% 이상이다.
ㄴ. 2013년 전문 서비스용 로봇 평균단가는 제조용 로봇 평균단가의 3배 이하이다.
ㄷ. 2013년 전체 로봇 R&D 예산 대비 전문 서비스용 로봇 R&D 예산의 비중은 50%이다.
ㄹ. 개인 서비스용 로봇 시장규모는 각 분야에서 매년 증가했다.

① ㄱ, ㄴ
② ㄱ, ㄹ
③ ㄴ, ㄷ
④ ㄴ, ㄹ
⑤ ㄷ, ㄹ

17 다음은 2011 ~ 2018년 동안 A국의 비행단계별, 연도별 항공기사고 발생 건수에 대한 자료이다. 이에 대한 〈보기〉의 설명 중 옳은 것을 모두 고르면?

〈비행단계별 항공기사고 발생 건수(2011 ~ 2018년)〉

(단위 : 건, %)

단계	발생 건수	비율
지상이동	4	6.9
이륙	2	3.4
상승	7	12.1
순항	22	37.9
접근	6	10.3
착륙	17	29.4
계	58	100.0

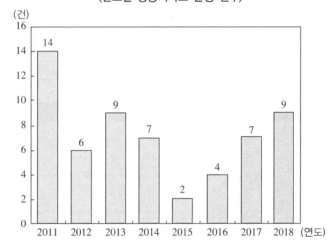

〈연도별 항공기사고 발생 건수〉

〈 **보기** 〉

ㄱ. 2015년 이후 항공기사고 발생 건수는 매년 증가하였다.
ㄴ. 비행단계별 항공기사고 발생 건수가 많은 것부터 순서대로 나열하면 순항, 착륙, 접근, 상승 순서이다.
ㄷ. 순항단계와 착륙단계의 항공기사고 발생 건수의 합은 총 항공기사고 발생 건수의 60% 이상이다.
ㄹ. 2016 ~ 2018년 동안 항공기사고 발생 건수의 전년 대비 증가율은 매년 100% 이상이다.

① ㄱ, ㄴ
② ㄱ, ㄷ
③ ㄴ, ㄹ
④ ㄱ, ㄷ, ㄹ
⑤ ㄴ, ㄷ, ㄹ

18 다음은 '갑' 공제회의 회원기금원금, 회원 수 및 1인당 평균 계좌 수, 자산 현황에 관한 자료이다. 이에 대한 〈보기〉의 설명 중 옳지 않은 것을 모두 고르면?

〈표 1〉 공제회 회원기금원금(연말 기준)

(단위 : 억 원)

년 원금구분	2005	2006	2007	2008	2009	2010
회원급여저축원금	19,361	21,622	21,932	22,030	23,933	26,081
목돈수탁원금	7,761	7,844	6,270	6,157	10,068	12,639
계	27,122	29,466	28,202	28,187	34,001	38,720

〈표 2〉 공제회 회원 수 및 1인당 평균 계좌 수(연말 기준)

(단위 : 명, 개)

년 구분	2005	2006	2007	2008	2009	2010
회원 수	166,346	169,745	162,425	159,398	162,727	164,751
1인당 평균 계좌 수	65.19	64.27	58.02	61.15	67.12	70.93

〈표 3〉 2010년 공제회 자산 현황(연말 기준)

(단위 : 억 원, %)

구분	금액	(비중)
회원급여저축총액	37,952	(46.8)
차입금	17,976	(22.1)
보조금 등	7,295	(9.0)
안정기금	5,281	(6.5)
목돈수탁원금	12,639	(15.6)
계	81,143	(100.0)

※ (회원급여저축총액)＝(회원급여저축원금)＋(누적이자총액)

〈 **보기** 〉

ㄱ. 회원기금원금은 매년 증가하였다.
ㄴ. 공제회의 회원 수가 가장 적은 해에 목돈수탁원금도 가장 적다.
ㄷ. 2010년에 회원급여저축총액에서 누적이자총액이 차지하는 비중은 50% 이상이다.
ㄹ. 1인당 평균 계좌 수가 가장 많은 해에 회원기금원금도 가장 많다.

① ㄱ, ㄴ
② ㄱ, ㄷ
③ ㄴ, ㄷ
④ ㄴ, ㄹ
⑤ ㄱ, ㄷ, ㄹ

다음은 A성씨의 가구 및 인구 분포에 대한 자료이다. 이에 대한 설명으로 옳은 것은?

〈표 1〉 A성씨의 광역자치단체별 가구 및 인구 분포

(단위 : 가구, 명)

광역자치단체	연도/구분	1980년 가구	1980년 인구	2010년 가구	2010년 인구
특별시	서울	28	122	73	183
광역시	부산	5	12	11	34
	대구	1	2	2	7
	인천	11	40	18	51
	광주	0	0	9	23
	대전	0	0	8	23
	울산	0	0	2	7
	소계	17	54	50	145
도	경기	( )	124	( )	216
	강원	0	0	7	16
	충북	0	0	2	10
	충남	1	5	6	8
	전북	0	( )	4	13
	전남	0	0	4	10
	경북	1	( )	6	17
	경남	1	( )	8	25
	제주	1	( )	4	12
	소계	35	140	105	327
전체		80	316	228	655

※ 광역자치단체 구분과 명칭은 2010년을 기준으로 함

〈표 2〉 A성씨의 읍·면·동 지역별 가구 및 인구 분포

(단위 : 가구, 명)

지역	연도/구분	1980년 가구	1980년 인구	2010년 가구	2010년 인구
읍		10	30	19	46
면		10	56	19	53
동		60	230	190	556
전체		80	316	228	655

※ 읍·면·동 지역 구분은 2010년을 기준으로 함

① 2010년 A성씨의 전체 가구는 1980년의 3배 이상이다.
② 2010년 경기의 A성씨 가구는 1980년의 3배 이상이다.
③ 2010년 A성씨의 동 지역 인구는 2010년 A성씨의 면 지역 인구의 10배 이상이다.
④ 1980년 A성씨의 인구가 부산보다 많은 광역자치단체는 4곳 이상이다.
⑤ 2010년 A성씨의 1980년 대비 인구 증가폭이 서울보다 큰 광역자치단체는 없다.

20 다음은 2010 ~ 2014년 A시의회의 발의 주체별 조례발의 현황에 관한 자료이다. 이에 대한 설명으로 옳지 않은 것은?

〈A시의회 발의 주체별 조례발의 현황〉

(단위 : 건)

발의 주체 연도	단체장	의원	주민	합
2010년	527	( )	23	924
2011년	( )	486	35	1,149
2012년	751	626	39	( )
2013년	828	804	51	1,683
2014년	905	865	( )	1,824
전체	3,639	3,155	202	( )

※ 조례발의 주체는 단체장, 의원, 주민으로만 구성됨

① 2012년 조례발의 건수 중 단체장발의 건수가 50% 이상이다.
② 2011년 단체장발의 건수는 2013년 의원발의 건수보다 적다.
③ 주민발의 건수는 매년 증가하였다.
④ 2014년 의원발의 건수는 2010년과 2011년 의원발의 건수의 합보다 많다.
⑤ 2014년 조례발의 건수는 2012년 조례발의 건수의 1.5배 이상이다.

제**2**회 모의고사

모바일
OMR
답안분석
서비스

정답 및 해설 p.9

응시시간 : 30분   문항 수 : 20문항

01 다음은 2012 ~ 2018년 '갑'국의 지가변동률에 대한 자료이다. 이에 대한 〈보기〉의 설명 중 옳은 것을 모두 고르면?

〈'갑'국의 연도별 지가변동률〉

(단위 : %)

지역 연도	수도권	비수도권
2012년	0.37	1.47
2013년	1.20	1.30
2014년	2.68	2.06
2015년	1.90	2.77
2016년	2.99	2.97
2017년	4.31	3.97
2018년	6.11	3.64

〈 보기 〉

ㄱ. 비수도권의 지가변동률은 매년 상승하였다.
ㄴ. 비수도권의 지가변동률이 수도권의 지가변동률보다 높은 연도는 3개이다.
ㄷ. 전년 대비 지가변동률 차이가 가장 큰 연도는 수도권과 비수도권이 동일하다.

① ㄱ
② ㄴ
③ ㄱ, ㄷ
④ ㄴ, ㄷ
⑤ ㄱ, ㄴ, ㄷ

02 다음은 2016년 '갑'국 10개 항공사의 항공기 지연 현황에 대한 자료이다. 이에 대한 〈보기〉의 설명 중 옳은 것을 모두 고르면?

〈10개 항공사의 지연사유별 항공기 지연 대수〉

(단위 : 대)

항공사	총 운항 대수	총 지연 대수	지연사유별 지연 대수			
			연결편 접속	항공기 정비	기상 악화	기타
EK	86,592	21,374	20,646	118	214	396
JL	71,264	12,487	11,531	121	147	688
EZ	26,644	4,037	3,628	41	156	212
WT	7,308	1,137	1,021	17	23	76
HO	6,563	761	695	7	21	38
8L	6,272	1,162	1,109	4	36	13
ZH	3,129	417	135	7	2	273
BK	2,818	110	101	3	1	5
9C	2,675	229	223	3	0	3
PR	1,062	126	112	3	5	6
계	214,327	41,840	39,201	324	605	1,710

※ $[지연율(\%)] = \dfrac{(총\ 지연\ 대수)}{(총\ 운항\ 대수)} \times 100$

〈 **보기** 〉

ㄱ. 지연율이 가장 낮은 항공사는 BK항공이다.

ㄴ. 항공사별 총 지연 대수 중 항공기 정비, 기상 악화, 기타로 인한 지연 대수의 합이 차지하는 비중은 ZH항공이 가장 높다.

ㄷ. 기상 악화로 인한 전체 지연 대수 중 EK항공과 JL항공의 기상 악화로 인한 지연 대수 합이 차지하는 비중은 50% 이하이다.

ㄹ. 항공기 정비로 인한 지연 대수 대비 기상 악화로 인한 지연 대수 비율이 가장 높은 항공사는 EZ항공이다.

① ㄱ, ㄴ

② ㄱ, ㄷ

③ ㄴ, ㄹ

④ ㄱ, ㄷ, ㄹ

⑤ ㄴ, ㄷ, ㄹ

03 다음은 AIIB(Asian Infrastructure Investment Bank)의 지분율 상위 10개 회원국의 지분율과 투표권 비율에 대한 자료이다. 이에 대한 〈보기〉의 설명 중 옳은 것을 모두 고르면?

〈지분율 상위 10개 회원국의 지분율과 투표권 비율〉

(단위 : %)

회원국	지역	지분율	투표권 비율
중국	A	30.34	26.06
인도	A	8.52	7.51
러시아	B	6.66	5.93
독일	B	4.57	4.15
한국	A	3.81	3.50
호주	A	3.76	3.46
프랑스	B	3.44	3.19
인도네시아	A	3.42	3.17
브라질	B	3.24	3.02
영국	B	3.11	2.91

※ 1) [회원국의 지분율(%)]＝$\dfrac{(해당\ 회원국이\ AIIB에\ 출자한\ 자본금)}{(AIIB의\ 자본금\ 총액)}$×100

2) 지분율이 높을수록 투표권 비율이 높아짐

⟨ **보기** ⟩

ㄱ. 지분율 상위 4개 회원국의 투표권 비율을 합하면 40% 이상이다.
ㄴ. 중국을 제외한 지분율 상위 9개 회원국 중 지분율과 투표권 비율의 차이가 가장 큰 회원국은 인도이다.
ㄷ. 지분율 상위 10개 회원국 중에서 A지역 회원국의 지분율 합은 B지역 회원국의 지분율 합의 3배 이상이다.
ㄹ. AIIB의 자본금 총액이 2,000억 달러라면, 독일과 프랑스가 AIIB에 출자한 자본금의 합은 160억 달러 이상이다.

① ㄱ, ㄴ
② ㄴ, ㄷ
③ ㄷ, ㄹ
④ ㄱ, ㄴ, ㄹ
⑤ ㄱ, ㄷ, ㄹ

04 다음은 2000 ~ 2013년 동안 세대 문제 키워드별 검색 건수에 대한 자료이다. 이에 대한 〈보기〉의 설명 중 옳은 것을 모두 고르면?

〈세대 문제 키워드별 검색 건수〉

(단위 : 건)

연도	부정적 키워드		긍정적 키워드		전체
	세대갈등	세대격차	세대소통	세대통합	
2000년	575	260	164	638	1,637
2001년	520	209	109	648	1,486
2002년	912	469	218	1,448	3,047
2003년	1,419	431	264	1,363	3,477
2004년	1,539	505	262	1,105	3,411
2005년	1,196	549	413	1,247	3,405
2006년	940	494	423	990	2,847
2007년	1,094	631	628	1,964	4,317
2008년	1,726	803	1,637	2,542	6,708
2009년	2,036	866	1,854	2,843	7,599
2010년	2,668	1,150	3,573	4,140	11,531
2011년	2,816	1,279	3,772	4,008	11,875
2012년	3,603	1,903	4,263	8,468	18,237
2013년	3,542	1,173	3,809	4,424	12,948

〈 **보기** 〉

ㄱ. 부정적 키워드 검색 건수에 비해 긍정적 키워드 검색 건수가 많았던 연도의 횟수는 8번 이상이다.
ㄴ. 세대소통 키워드의 검색 건수는 2005년 이후 매년 증가하였다.
ㄷ. 2001 ~ 2013년 동안 전년 대비 전체 검색 건수 증가율이 가장 높은 해는 2002년이다.
ㄹ. 2002년 검색 건수의 전년 대비 증가율이 가장 낮은 키워드는 세대소통이다.

① ㄱ, ㄴ
② ㄱ, ㄷ
③ ㄴ, ㄹ
④ ㄱ, ㄷ, ㄹ
⑤ ㄴ, ㄷ, ㄹ

다음은 '갑'국의 주택보급률 및 주거공간 현황에 대한 자료이다. 이에 대한 〈보기〉의 설명 중 옳은 것을 모두 고르면?

〈'갑'국의 주택보급률 및 주거공간 현황〉

연도	가구 수 (천 가구)	주택보급률 (%)	주거공간	
			가구당(m^2/가구)	1인당(m^2/인)
2015년	10,167	72.4	58.5	13.8
2016년	11,133	86.0	69.4	17.2
2017년	11,928	96.2	78.6	20.2
2018년	12,491	105.9	88.2	22.9
2019년	12,995	112.9	94.2	24.9

※ 1) $[주택보급률(\%)] = \dfrac{(주택\ 수)}{(가구\ 수)} \times 100$

2) $[가구당\ 주거공간(m^2/가구)] = \dfrac{(주거공간\ 총\ 면적)}{(가구\ 수)}$

3) $[1인당\ 주거공간(m^2/인)] = \dfrac{(주거공간\ 총\ 면적)}{(인구수)}$

〈 보기 〉

ㄱ. 주택 수는 매년 증가하였다.
ㄴ. 2018년 주택을 두 채 이상 소유한 가구 수는 2017년보다 증가하였다.
ㄷ. 2016 ~ 2019년 동안 1인당 주거공간의 전년 대비 증가율이 가장 큰 해는 2016년이다.
ㄹ. 2019년 주거공간 총 면적은 2015년 주거공간 총 면적의 2배 이상이다.

① ㄱ, ㄴ
② ㄱ, ㄷ
③ ㄴ, ㄹ
④ ㄱ, ㄷ, ㄹ
⑤ ㄴ, ㄷ, ㄹ

06 다음은 5마리의 쥐 A ~ E의 에탄올 주입량별 렘(REM)수면시간을 측정한 결과이다. 이에 대한 〈보기〉의 설명 중 옳은 것을 모두 고르면?

〈에탄올 주입량별 쥐의 렘수면시간〉

(단위 : 분)

에탄올 주입량(g)	A	B	C	D	E
0.0	88	73	91	68	75
1.0	64	54	70	50	72
2.0	45	60	40	56	39
4.0	31	40	46	24	24

〈 **보기** 〉

ㄱ. 에탄올 주입량이 0.0g일 때 쥐 A ~ E 렘수면시간 평균은 에탄올 주입량이 4.0g일 때 쥐 A ~ E 렘수면시간 평균의 2배 이상이다.

ㄴ. 에탄올 주입량이 2.0g일 때 쥐 B와 쥐 E의 렘수면시간 차이는 20분 이하이다.

ㄷ. 에탄올 주입량이 0.0g일 때와 에탄올 주입량이 1.0g일 때의 렘수면시간 차이가 가장 큰 쥐는 A이다.

ㄹ. 쥐 A ~ E는 각각 에탄올 주입량이 많을수록 렘수면시간이 감소한다.

① ㄱ, ㄴ

② ㄱ, ㄷ

③ ㄴ, ㄷ

④ ㄴ, ㄹ

⑤ ㄷ, ㄹ

07 다음은 '갑'국의 2013년 복지종합지원센터, 노인복지관, 자원봉사자, 등록노인 현황에 관한 자료이다. 이에 대한 〈보기〉의 설명 중 옳은 것을 모두 고르면?

〈복지종합지원센터, 노인복지관, 자원봉사자, 등록노인 현황〉

(단위 : 개소, 명)

지역＼구분	복지종합지원센터	노인복지관	자원봉사자	등록노인
A	20	1,336	8,252	397,656
B	2	126	878	45,113
C	1	121	970	51,476
D	2	208	1,388	69,395
E	1	164	1,188	59,050
F	1	122	1,032	56,334
G	2	227	1,501	73,825
H	3	362	2,185	106,745
I	1	60	529	27,256
전국	69	4,377	30,171	1,486,980

〈 **보기** 〉

ㄱ. 전국의 노인복지관, 자원봉사자 중 A지역의 노인복지관, 자원봉사자의 비중은 각각 25% 이상이다.

ㄴ. A∼I지역 중 복지종합지원센터 1개소당 노인복지관 수가 100개소 이하인 지역은 A, B, D, I이다.

ㄷ. A∼I지역 중 복지종합지원센터 1개소당 자원봉사자 수가 가장 많은 지역과 복지종합지원센터 1개소당 등록노인 수가 가장 많은 지역은 동일하다.

ㄹ. 노인복지관 1개소당 자원봉사자 수는 H지역이 C지역보다 많다.

① ㄱ, ㄴ
② ㄱ, ㄷ
③ ㄱ, ㄹ
④ ㄴ, ㄷ
⑤ ㄴ, ㄹ

08 다음은 2001 ~ 2012년 '갑'국 식품산업 매출액 및 생산액 추이에 대한 자료이다. 이에 대한 〈보기〉의 설명 중 옳은 것을 모두 고르면?

〈'갑'국 식품산업 매출액 및 생산액 추이〉

(단위 : 십억 원, %)

구분 연도	식품산업 매출액	식품산업 생산액	제조업 생산액 대비 식품산업 생산액 비중	GDP 대비 식품산업 생산액 비중
2001년	30,781	27,685	17.98	4.25
2002년	36,388	35,388	21.17	4.91
2003년	23,909	21,046	11.96	2.74
2004년	33,181	30,045	14.60	3.63
2005년	33,335	29,579	13.84	3.42
2006년	35,699	32,695	14.80	3.60
2007년	37,366	33,148	13.89	3.40
2008년	39,299	36,650	14.30	3.57
2009년	44,441	40,408	15.16	3.79
2010년	38,791	34,548	10.82	2.94
2011년	44,448	40,318	11.58	3.26
2012년	47,328	43,478	12.22	3.42

─〈 **보기** 〉─

ㄱ. 2012년 제조업 생산액은 2001년 제조업 생산액의 4배 이상이다.
ㄴ. 2005년 이후 식품산업 매출액의 전년 대비 증가율이 가장 큰 해는 2009년이다.
ㄷ. GDP 대비 제조업 생산액 비중은 2012년이 2007년보다 크다.
ㄹ. 2008년 '갑'국 GDP는 1,000조 원 이상이다.

① ㄱ, ㄴ   ② ㄱ, ㄷ
③ ㄱ, ㄹ   ④ ㄴ, ㄹ
⑤ ㄷ, ㄹ

다음은 A시 주철 수도관의 파손원인별 파손 건수에 대한 자료이다. 이에 대한 설명으로 옳지 않은 것은?

〈A시 주철 수도관의 파손원인별 파손 건수〉

(단위 : 건)

파손원인	주철 수도관 유형		합
	회주철	덕타일주철	
시설노후	105	71	176
부분 부식	1	10	11
수격압	51	98	149
외부충격	83	17	100
자연재해	1	1	2
재질불량	6	3	9
타공사	43	22	65
부실시공	1	4	5
보수과정 실수	43	6	49
계	334	232	566

※ 파손원인의 중복은 없음

① 덕타일주철 수도관의 파손 건수가 50건 이상인 파손원인은 2가지이다.
② 회주철 수도관의 총 파손 건수가 덕타일주철 수도관의 총 파손 건수보다 많다.
③ 주철 수도관의 파손원인별 파손 건수에서 '자연재해' 파손 건수가 가장 적다.
④ 주철 수도관의 '시설노후' 파손 건수가 주철 수도관의 총 파손 건수에서 차지하는 비율은 30% 이상이다.
⑤ 회주철 수도관의 '보수과정 실수' 파손 건수가 회주철 수도관의 총 파손 건수에서 차지하는 비율은 10% 미만이다.

10 다음은 2006 ~ 2011년 어느 나라 5개 프로 스포츠 종목의 연간 경기장 수용규모 및 관중수용률을 나타낸 것이다. 이에 대한 설명으로 옳은 것은?

〈프로 스포츠 종목의 연간 경기장 수용규모 및 관중수용률〉

(단위 : 천 명, %)

종목	구분	2006	2007	2008	2009	2010	2011
야구	수용규모	20,429	20,429	20,429	20,429	19,675	19,450
	관중수용률	30.6	41.7	53.3	56.6	58.0	65.7
축구	수용규모	40,255	40,574	40,574	37,865	36,952	33,314
	관중수용률	21.9	26.7	28.7	29.0	29.4	34.9
농구	수용규모	5,899	6,347	6,354	6,354	6,354	6,653
	관중수용률	65.0	62.8	66.2	65.2	60.9	59.5
핸드볼	수용규모	3,230	2,756	2,756	2,756	2,066	2,732
	관중수용률	26.9	23.5	48.2	43.8	34.1	52.9
배구	수용규모	5,129	5,129	5,089	4,843	4,409	4,598
	관중수용률	16.3	27.3	24.6	30.4	33.4	38.6

※ [관중수용률(%)]= (연간 관중 수) / (연간 경기장 수용규모) ×100

① 축구의 연간 관중 수는 매년 증가한다.
② 관중수용률은 농구가 야구보다 매년 높다.
③ 관중수용률이 매년 증가한 종목은 3개이다.
④ 2009년 연간 관중 수는 배구가 핸드볼보다 많다.
⑤ 2007 ~ 2011년 동안 연간 경기장 수용규모의 전년 대비 증감 방향은 농구와 핸드볼이 동일하다.

11 다음은 2009 ~ 2012년 도시폐기물량 상위 10개국의 도시폐기물량지수와 한국의 도시폐기물량을 나타낸 자료이다. 이에 대한 〈보기〉의 설명 중 옳은 것을 모두 고르면?

〈도시폐기물량 상위 10개국의 도시폐기물량지수〉

순위	2009년		2010년		2011년		2012년	
	국가	지수	국가	지수	국가	지수	국가	지수
1	미국	12.05	미국	11.94	미국	12.72	미국	12.73
2	러시아	3.40	러시아	3.60	러시아	3.87	러시아	4.51
3	독일	2.54	브라질	2.85	브라질	2.97	브라질	3.24
4	일본	2.53	독일	2.61	독일	2.81	독일	2.78
5	멕시코	1.98	일본	2.49	일본	2.54	일본	2.53
6	프랑스	1.83	멕시코	2.06	멕시코	2.30	멕시코	2.35
7	영국	1.76	프랑스	1.86	프랑스	1.96	프랑스	1.91
8	이탈리아	1.71	영국	1.75	이탈리아	1.76	터키	1.72
9	터키	1.50	이탈리아	1.73	영국	1.74	영국	1.70
10	스페인	1.33	터키	1.63	터키	1.73	이탈리아	1.40

※ (도시폐기물량지수) = $\dfrac{\text{(해당 연도 해당 국가의 도시폐기물량)}}{\text{(해당 연도 한국의 도시폐기물량)}}$

〈한국의 도시폐기물량〉

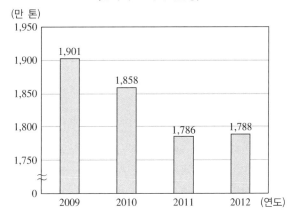

〈 **보기** 〉

ㄱ. 2012년 도시폐기물량은 미국이 일본의 4배 이상이다.
ㄴ. 2011년 러시아의 도시폐기물량은 8,000만 톤 이상이다.
ㄷ. 2012년 스페인의 도시폐기물량은 2009년에 비해 감소하였다.
ㄹ. 영국의 도시폐기물량은 터키의 도시폐기물량보다 매년 많다.

① ㄱ, ㄷ
② ㄱ, ㄹ
③ ㄴ, ㄷ
④ ㄱ, ㄴ, ㄹ
⑤ ㄴ, ㄷ, ㄹ

12 다음은 2015년 '갑'국 공항의 운항 현황을 나타낸 자료이다. 이에 대한 설명으로 옳은 것은?

〈표 1〉 운항 횟수 상위 5개 공항

(단위 : 회)

국내선			국제선		
순위	공항	운항 횟수	순위	공항	운항 횟수
1	AJ	65,838	1	IC	273,866
2	KP	56,309	2	KH	39,235
3	KH	20,062	3	KP	18,643
4	KJ	5,638	4	AJ	13,311
5	TG	5,321	5	CJ	3,567
'갑'국 전체		167,040	'갑'국 전체		353,272

※ 일부 공항은 국내선만 운항함

〈표 2〉 전년 대비 운항 횟수 증가율 상위 5개 공항

(단위 : %)

국내선			국제선		
순위	공항	증가율	순위	공항	증가율
1	MA	229.0	1	TG	55.8
2	CJ	23.0	2	AJ	25.3
3	KP	17.3	3	KH	15.1
4	TG	16.1	4	KP	5.6
5	AJ	11.2	5	IC	5.5

① 2015년 국제선 운항 공항 수는 7개 이상이다.

② 2015년 KP공항의 운항 횟수는 국제선이 국내선의 $\frac{1}{3}$ 이상이다.

③ 국내선 운항 횟수가 전년 대비 가장 많이 증가한 공항은 MA공항이다.

④ 국내선 운항 횟수 상위 5개 공항의 국내선 운항 횟수 합은 전체 국내선 운항 횟수의 90% 미만이다.

⑤ 국내선 운항 횟수와 국내선 운항 횟수의 전년 대비 증가율 모두 상위 5개 안에 포함된 공항은 AJ공항이 유일하다.

13 다음은 A자선단체의 수입액과 지출액에 관한 자료이다. 이에 대한 설명으로 옳은 것은?

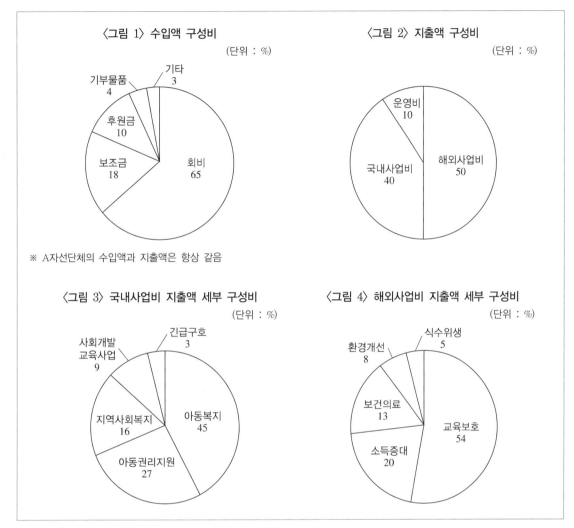

① 전체 수입액 중 후원금 수입액은 국내사업비 지출액 중 아동복지 지출액보다 많다.

② 국내사업비 지출액 중 아동권리지원 지출액은 해외사업비 지출액 중 소득증대 지출액보다 적다.

③ 국내사업비 지출액 중 아동복지 지출액과 해외사업비 지출액 중 교육보호 지출액의 합은 A자선단체 전체 지출액의 45%이다.

④ 해외사업비 지출액 중 식수위생 지출액은 A자선단체 전체 지출액의 2% 미만이다.

⑤ A자선단체 전체 수입액이 6% 증가하고 지역사회복지 지출액을 제외한 다른 모든 지출액이 동일하게 유지된다면, 지역사회복지 지출액은 2배 이상이 된다.

14 다음은 지역별, 등급별, 병원유형별 요양기관 수를 나타낸 자료이다. 이에 대한 〈보기〉의 설명 중 옳은 것을 모두 고르면?

〈표 1〉 지역별, 등급별 요양기관 수

(단위 : 개소)

지역＼등급	1등급	2등급	3등급	4등급	5등급
서울	22	2	1	0	4
경기	17	2	0	0	1
경상	16	0	0	1	0
충청	5	2	0	0	2
전라	4	2	0	0	1
강원	1	2	0	1	0
제주	2	0	0	0	0
계	67	10	1	2	8

〈표 2〉 병원유형별, 등급별 요양기관 수

(단위 : 개소)

병원유형＼등급	1등급	2등급	3등급	4등급	5등급	합
상급종합병원	37	5	0	0	0	42
종합병원	30	5	1	2	8	46

〈 **보기** 〉

ㄱ. 경상 지역 요양기관 중 1등급 요양기관의 비중은 서울 지역 요양기관 중 1등급 요양기관의 비중보다 작다.

ㄴ. 5등급 요양기관 중 서울 지역 요양기관의 비중은 2등급 요양기관 중 강원 지역 요양기관의 비중보다 크다.

ㄷ. 1등급 상급종합병원 요양기관 수는 5등급을 제외한 종합병원 요양기관 수의 합보다 적다.

ㄹ. 상급종합병원 요양기관 중 1등급 요양기관의 비중은 1등급 요양기관 중 종합병원 요양기관의 비중보다 크다.

① ㄱ, ㄴ   ② ㄱ, ㄷ

③ ㄴ, ㄷ   ④ ㄴ, ㄹ

⑤ ㄴ, ㄷ, ㄹ

15 다음은 섬유수출액 상위 10개국과 한국의 섬유수출액 현황에 대한 자료이다. 이에 대한 〈보기〉의 설명 중 옳은 것을 모두 고르면?

〈표 1〉 상위 10개국의 섬유수출액 현황(2010년)

(단위 : 억 달러, %)

순위	국가	섬유	원단	의류	전년 대비 증가율
1	중국	2,424	882	1,542	21.1
2	이탈리아	1,660	671	989	3.1
3	인도	241	129	112	14.2
4	터키	218	90	128	12.7
5	방글라데시	170	13	157	26.2
6	미국	169	122	47	19.4
7	베트남	135	27	108	28.0
8	한국	126	110	16	21.2
9	파키스탄	117	78	39	19.4
10	인도네시아	110	42	68	20.2
세계 전체		6,085	2,570	3,515	14.6

〈표 2〉 한국의 섬유수출액 현황(2006 ~ 2010년)

(단위 : 억 달러, %)

구분	연도	2006	2007	2008	2009	2010
섬유		177 (5.0)	123 (2.1)	121 (2.0)	104 (2.0)	126 (2.1)
	원단	127 (8.2)	104 (4.4)	104 (4.2)	90 (4.4)	110 (4.3)
	의류	50 (2.5)	19 (0.6)	17 (0.5)	14 (0.4)	16 (0.5)

※ 괄호 안의 숫자는 세계 전체의 해당 분야 수출액에서 한국의 해당분야 수출액이 차지하는 비중으로, 소수점 이하 둘째자리에서 반올림한 값임

─〈 **보 기** 〉─

ㄱ. 2010년 한국과 인도의 섬유수출액 차이는 100억 달러 이상이다.
ㄴ. 2010년 세계 전체의 섬유수출액은 2006년의 2배 이하이다.
ㄷ. 2010년 한국 원단수출액의 전년 대비 증가율과 의류수출액의 전년 대비 증가율의 차이는 10%p 이상이다.
ㄹ. 2010년 중국의 의류수출액은 세계 전체 의류수출액의 50% 이하이다.

① ㄱ, ㄴ　　　　　　　　　　② ㄱ, ㄷ
③ ㄷ, ㄹ　　　　　　　　　　④ ㄱ, ㄴ, ㄹ
⑤ ㄴ, ㄷ, ㄹ

16 다음은 2012년 1~4월 동안 월별 학교폭력 신고에 대한 자료이다. 이에 대한 설명으로 옳은 것은?

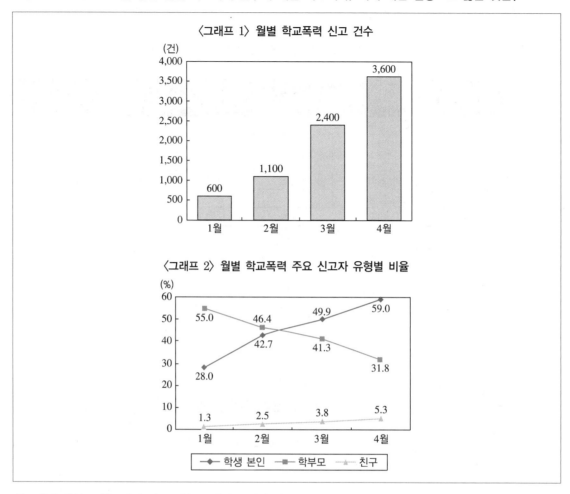

〈그래프 1〉 월별 학교폭력 신고 건수

〈그래프 2〉 월별 학교폭력 주요 신고자 유형별 비율

① 1월의 학부모 학교폭력 신고 건수는 학생 본인의 학교폭력 신고 건수의 2배 이상이다.
② 학부모의 학교폭력 신고 건수는 매월 감소하였다.
③ 2~4월 중에서 전월 대비 학교폭력 신고 건수 증가율이 가장 높은 달은 3월이다.
④ 학생 본인의 학교폭력 신고 건수는 1월이 4월의 10% 이상이다.
⑤ 학교폭력 발생 건수는 매월 증가하였다.

17 다음은 A국에 출원된 의약품 특허출원에 관한 자료이다. 이를 바탕으로 작성된 보고서의 내용 중 옳은 것을 모두 고르면?

〈표 1〉 의약품별 특허출원 현황

(단위 : 건)

구분 \ 연도	2008	2009	2010
완제의약품	7,137	4,394	2,999
원료의약품	1,757	797	500
기타 의약품	2,236	1,517	1,220
계	11,130	6,708	4,719

〈표 2〉 의약품별 특허출원 중 다국적기업 출원 현황

(단위 : 건)

구분 \ 연도	2008	2009	2010
완제의약품	404	284	200
원료의약품	274	149	103
기타 의약품	215	170	141
계	893	603	444

〈표 3〉 완제의약품 특허출원 중 다이어트제 출원 현황

(단위 : 건)

구분 \ 연도	2008	2009	2010
출원 건수	53	32	22

〈보고서〉

㉠ 2008년부터 2010년까지 의약품의 특허출원은 매년 감소하였다. 그러나 기타 의약품이 전체 의약품 특허출원에서 차지하는 비중은 매년 증가하여 ㉡ 2010년 전체 의약품 특허출원의 30% 이상이 기타 의약품 특허출원이었다. 다국적기업의 의약품 특허출원 현황을 보면, 원료의약품에서 다국적기업 특허출원이 차지하는 비중이 다른 의약품에 비해 매년 높아 ㉢ 2010년 원료의약품 특허출원의 20% 이상이 다국적기업 특허출원이었다. 한편, ㉣ 2010년 다국적기업에서 출원한 완제의약품 특허출원 중 다이어트제 특허출원은 11%였다.

① ㉠, ㉡

② ㉠, ㉢

③ ㉡, ㉣

④ ㉠, ㉢, ㉣

⑤ ㉡, ㉢, ㉣

18 다음은 A ~ E면접관이 '갑' ~ '정' 응시자에게 부여한 면접 점수에 대한 자료이다. 이에 대한 〈보기〉의 설명 중 옳은 것을 모두 고르면?

〈'갑' ~ '정' 응시자의 면접 점수〉

(단위 : 점)

면접관 \ 응시자	갑	을	병	정	범위
A	7	8	8	6	2
B	4	6	8	10	( )
C	5	9	8	8	( )
D	6	10	9	7	4
E	9	7	6	5	4
중앙값	( )	( )	8	( )	-
교정점수	( )	8	( )	7	-

※ 1) 범위 : 해당 면접관이 각 응시자에게 부여한 면접 점수 중 최댓값에서 최솟값을 뺀 값
　2) 중앙값 : 해당 응시자가 A ~ E면접관에게 받은 모든 면접 점수를 크기순으로 나열할 때 한가운데 값
　3) 교정점수 : 해당 응시자가 A ~ E면접관에게 받은 모든 면접 점수 중 최댓값과 최솟값을 제외한 면접 점수의 산술평균값

〈 **보기** 〉

ㄱ. 면접관 중 범위가 가장 큰 면접관은 B이다.
ㄴ. 응시자 중 중앙값이 가장 작은 응시자는 '정'이다.
ㄷ. 교정점수는 '병'이 '갑'보다 크다.

① ㄱ
② ㄴ
③ ㄱ, ㄷ
④ ㄴ, ㄷ
⑤ ㄱ, ㄴ, ㄷ

19 다음은 통신사 '갑', '을', '병'의 스마트폰 소매가격 및 평가점수 자료이다. 이에 대한 〈보기〉의 설명 중 옳은 것을 모두 고르면?

〈통신사별 스마트폰의 소매가격 및 평가점수〉

(단위 : 달러, 점)

통신사	스마트폰	소매가격	평가항목					종합품질점수
			화질	내비게이션	멀티미디어	배터리수명	통화성능	
갑	A	150	3	3	3	3	1	13
	B	200	2	2	3	1	2	( )
	C	200	3	3	3	1	1	( )
을	D	180	3	3	3	2	1	( )
	E	100	2	3	3	2	1	11
	F	70	2	1	3	2	1	( )
병	G	200	3	3	3	2	2	( )
	H	50	3	2	3	2	1	( )
	I	150	3	2	2	3	2	12

※ 스마트폰의 종합품질점수는 해당 스마트폰의 평가항목별 평가점수의 합임

〈 **보기** 〉

ㄱ. 소매가격이 200달러인 스마트폰 중 종합품질점수가 가장 높은 스마트폰은 C이다.
ㄴ. 소매가격이 가장 낮은 스마트폰은 종합품질점수도 가장 낮다.
ㄷ. 통신사 각각에 대해서 해당 통신사 스마트폰의 통화성능 평가점수의 평균을 계산하여 통신사별로 비교하면 병이 가장 높다.
ㄹ. 평가항목 각각에 대해서 스마트폰 A~I 평가점수의 합을 계산하여 평가항목별로 비교하면 멀티미디어가 가장 높다.

① ㄱ
② ㄷ
③ ㄱ, ㄴ
④ ㄴ, ㄹ
⑤ ㄷ, ㄹ

20 다음은 '갑'국의 2008 ~ 2013년 연도별 산업 신기술검증 현황에 대한 자료이다. 이에 대한 설명으로 옳은 것은?

〈산업 신기술검증 연간건수 및 연간비용〉

(단위 : 건, 천만 원)

구분	연도	2008년	2009년	2010년	2011년	2012년	2013년
서류검증	건수	755	691	( )	767	725	812
	비용	54	( )	57	41	102	68
현장검증	건수	576	650	630	691	( )	760
	비용	824	1,074	1,091	( )	2,546	1,609
전체	건수	1,331	1,341	1,395	1,458	1,577	1,572
	비용	878	1,134	1,148	1,745	2,648	( )

※ 신기술검증은 서류검증과 현장검증으로만 구분됨

① 산업 신기술검증 전체비용은 매년 증가하였다.
② 서류검증 건수는 매년 현장검증 건수보다 많다.
③ 서류검증 건당 비용은 2008년에 가장 크다.
④ 현장검증 비용이 전년에 비해 감소한 연도는 2개이다.
⑤ 현장검증 건수가 전년에 비해 감소한 해에는 서류검증 건수가 전년에 비해 증가하였다.

MEMO

MEMO

I wish you the best of luck!

2022 최신판

합격의 공식 시대에듀

만점받는 NCS 수리능력 마스터

+ 무료NCS특강

편저
NCS직무능력연구소 김현철 외

기업별 NCS 시리즈
누적 판매량

1위

정답 및 해설

SD에듀
(주)시대고시기획

만점받는 NCS
수리능력
마스터

+ 무료NCS특강

01	02	03	04	05	06	07	08	09	10	11	12	13	14	15	16	17	18	19	20
①	⑤	②	④	②	⑤	①	②	⑤	②	①	⑤	⑤	③	③	③	②	②	③	⑤

01 정답 ①

ㄱ. 자료에서 살펴보면 매년 불법체류외국인 수가 체류외국인 수의 10% 이상인 것을 알 수 있다. 따라서 옳은 내용이다.

ㄹ. 80%를 구하기보다는 20%를 이용해서 판단하는 것이 효율적이다. 즉, 선택지의 내용이 옳게 되기 위해서는 체류외국인 범죄 건수에서 불법체류외국인 범죄 건수가 차지하는 비중이 20% 이하가 되어야 하는데 제시된 자료를 어림해 보면 모두 성립하고 있음을 알 수 있다. 따라서 옳은 내용이다.

오답분석

ㄴ. 불법체류외국인 범죄 건수가 전년 대비 증가한 것은 2019년과 2020년인데 굳이 어림산을 하지 않아도 2020년의 증가율이 훨씬 크다는 것을 알 수 있다. 반면, 합법체류외국인의 범죄 건수가 증가한 해는 2018년과 2020년인데 단순히 눈대중으로 보아도 2018년의 증가율이 훨씬 크다는 것을 알 수 있다. 따라서 옳지 않은 내용이다.

ㄷ. 체류외국인 범죄 건수가 전년에 비해 감소한 해는 2017년과 2019년이며, 2017년의 경우 합법체류외국인 범죄 건수와 불법체류외국인 범죄 건수도 전년에 비해 감소하였다. 그러나 2019년의 경우 불법체류외국인 범죄 건수는 전년에 비해 증가하였다. 따라서 옳지 않은 내용이다.

02 정답 ⑤

1933년 미곡과 맥류 재배면적의 합은 2,000천 정보가 넘는 반면, 곡물 재배면적 전체의 70%는 약 1,900천 정보이므로 옳은 내용이다.

오답분석

① 1932년의 경우 미곡 재배면적은 전년 대비 감소하였으나, 두류는 증가하였으므로 1931 ~ 1934년의 기간 동안 미곡과 두류의 전년 대비 증감방향은 동일하지 않다.

② 1932년부터는 서류의 생산량이 두류보다 더 많으므로 옳지 않은 내용이다.

③ 1934년의 경우 잡곡의 재배면적이 서류의 2배에 미치지 못하므로 옳지 않은 내용이다.

④ 재배면적당 생산량이 가장 크다는 것은 생산량당 재배면적이 가장 작다는 것을 의미한다. 직관적으로 보아도 서류의 분모가 분자의 대략 20배의 값을 지니므로 가장 작은 것을 알 수 있다.

03 정답 ②

ㄱ. 먼저 2013년의 빈칸을 채우면, 산식에 의해 2013년의 전년 이월 건수는 8,278(2012년 처리대상 건수) − 6,444(2012년 처리 건수)=1,834건이며, 이에 따라 2013년의 처리대상 건수 소계는 9,717건으로 계산할 수 있다. 따라서 처리대상 건수가 가장 적은 연도는 2016년임을 알 수 있으며 이 해의 처리율은 약 81%$\left(≒\dfrac{6,628}{8,226}×100\right)$이어서 75% 이상이 된다. 따라서 옳은 내용이다.

ㄹ. 직접 인용률을 계산하기보다는 분모와 분자의 크기비교로 대소를 비교할 수 있다. 2014년의 경우 분모는 인용 건수가 줄어들기는 했지만 기각 건수의 증가폭이 그것을 상쇄하고도 남을 만큼 크기 때문에 2012년보다 크다. 또한, 분자인 인용 건수의 경우도 2014년이 2012년보다 작기 때문에 결과적으로 2012년의 인용률이 더 크다는 것을 알 수 있다.

ㄴ. 2015년의 경우 취하 건수는 2014년에 비해 증가했으나 기각 건수는 반대로 감소하는 모습을 보이고 있으므로 옳지 않은 내용이다.

ㄷ. ㄱ에서 구한 수치를 이용하여 살펴보면, 만약 2013년의 처리율이 80%라면 처리 건수는 $9,717 \times 0.8$로 계산되는데 이 수치는 구체적으로 계산하지 않아도 실제 처리 건수인 7,314건보다 크다는 것은 판단이 가능하다. 따라서 2013년 처리율은 80% 미만이므로 옳지 않은 내용이다.

04 정답 ④

ㄱ. $A+B$에서 B가 전체의 50% 이하라면 A는 B보다 커야 한다. 이 논리를 주어진 표에 대입하면, 관내와 관외 모두 $2009 \sim 2011$년의 신규 안치 건수가 2012년보다 크므로 2012년 안치 건수가 50% 이하임을 알 수 있다. 따라서 옳은 설명이다.

ㄴ. 개인단과 부부단 모두 $2009 \sim 2012$년의 관내 신규 안치 건수가 관외 신규 안치 건수보다 크다. 따라서 개인단과 부부단을 합한 전체 안치 건수 역시 관내가 관외보다 크다.

ㄷ. 먼저 어떤 항목의 X년의 값이 $X-1$년에 비해 50% 증가한 것이라면 $X-1$년의 값은 X년의 값을 1.5로 나눈 값이라는 것을 정리해 두자. 이를 통해 2011년 부부단의 매출액을 계산해 보면 관내는 220,000원이며 관외는 약 110,000원임을 알 수 있다. 그렇다면 $2009 \sim 2010$년의 매출액은 관내가 약 100,000원, 관외가 약 180,000원으로 계산되므로 $2009 \sim 2010$년 매출액의 합은 부부단 관내가 부부단 관외보다 작다.

ㄹ. $2009 \sim 2011$년과 2012년 모두 개인단 – 관내 유형의 신규 안치 건수가 가장 크므로 두 기간을 합한 것 역시 개인단 – 관내 유형이 제일 크다.

05 정답 ②

ㄱ. $1949 \sim 2010$년 동안 직전 조사연도에 비해 도시 수가 증가한 조사연도는 1955, 1960, 1966, 1970, 1975, 1985, 2000, 2005, 2010년이며 이 해에는 모두 직전 조사연도에 비해 도시화율이 증가하였다. 따라서 옳은 내용이다.

ㄷ. 1970년의 도시인구는 2,100만 명에 육박하는 상황에서 도시화율은 50%에 약간 미치지 못하고 있다. 만약 1970년의 전체인구가 4천만 명이 되지 않는다면 주어진 도시화율을 대입했을 때 도시인구는 2천만 명에도 미치지 못할 것이다. 따라서 1970년의 전체인구는 4천만 명을 넘었다는 것을 알 수 있으며 그 이전의 조사연도에는 구체적으로 계산할 필요 없이 이에 한참 미치지 못했다는 것을 알 수 있다.

ㄴ. $1949 \sim 2010$년 동안 직전 조사연도 대비 도시인구 증가폭이 가장 큰 조사연도는 약 590만 명 증가한 1960년이고, 직전 조사연도 대비 도시화율 증가폭이 가장 큰 조사연도는 8.5%p 증가한 1975년이다. 따라서 옳지 않은 내용이다.

ㄹ. 만약 1955년의 도시 수가 63.20823개였다면 평균 도시인구 수는 정확히 10만 명이었을 것이다. 하지만 1955년의 도시 수는 이보다 많은 65개이므로 평균 도시인구 수는 10만 명보다 적을 것이다. 따라서 옳지 않은 내용이다.

06 정답 ⑤

ㄷ. D지방법원의 출석률이 25% 이상이라면 소환인원인 191명의 $\frac{1}{4}$ 이상인 약 47명 이상이 출석했어야 하는데 실제는 그보다 더 많은 57명이 출석하였으므로 옳은 내용이다.

ㄹ. 이런 선택지는 약식으로 판단이 어려우므로 전체 소환인원을 직접 구하면 4,947명으로 계산된다. 따라서 $\frac{1,880}{4,947}$ 과 $\frac{35}{100}$ 를 비교하면 되는데 분수비교를 위해 $\frac{35}{100}$ 의 분모와 분자에 50을 곱하면 $\frac{1,750}{5,000}$ 이므로, $\frac{1,880}{4,947}$ 은 35% 이상임을 알 수 있다.

ㄱ. 출석의무자의 수를 계산해보면 B지방법원(737명)이 A지방법원(774명)보다 적다.

ㄴ. E지방법원의 실질출석률을 계산하면 $\frac{115}{174}$ 이고, C지방법원의 $\frac{189}{343}$ 이다.

　그런데 분모는 C지방법원이 거의 2배 가량 큰 반면, 분자의 증가율은 그에는 미치지 못한다. 따라서 C지방법원 실질출석률이 더 낮다.

ㄱ. 대소비교만 하면 되므로 백분율값을 무시하고 각주에서 주어진 산식을 변형하면 '(공급의무량)=[공급의무율(%)]×(발전량)'으로 나타낼 수 있다. 그런데 2014년은 2013년에 비해 발전량과 공급의무율이 모두 증가하였으므로 계산하지 않고도 공급의무량 또한 증가하였음을 알 수 있다. 그리고 2013년은 2012년에 비해 공급의무율의 증가율이 50%에 육박하고 있어 발전량의 감소분을 상쇄하고도 남는다. 따라서 2013년 역시 2012년에 비해 공급의무량이 증가하였다.

ㄴ. 2014년의 인증서 구입량은 2012년의 10배가 넘는데 반해, 자체공급량은 10배에는 미치지 못한다. 따라서 자체공급량의 증가율이 더 작다.

오답분석

ㄷ. 직접 계산해 보면 둘의 차이는 2012년에 680(GWh), 2013년에 570(GWh), 2014년에 710(GWh)으로 2013년에 감소한다. 다만, 이 선택지는 실전에서 직접 계산하게끔 출제된 것이 아니라 시간 소모를 유도하기 위해서 출제된 것이다. 과도한 계산이 요구되는 선택지는 일단 뒤로 미뤄놓고 정오판별을 하는 습관을 들이도록 하자.

ㄹ. 먼저 각 연도별 이행량은 2012년 90(GWh), 2013년 450(GWh), 2014년 850(GWh)임을 구할 수 있다. 이를 통해 이행량에서 자체공급량이 차지하는 비중을 구하면 2012년 $\frac{75}{90}\times100\fallingdotseq83\%$, 2013년 $\frac{380}{450}\times100\fallingdotseq84\%$, $\frac{690}{850}\times100\fallingdotseq81\%$이므로 이행량에서 자체공급량이 차지하는 비중이 매년 감소하는 것은 아님을 알 수 있다.

주어진 표를 완성하면 다음과 같다.

연도 \ 구분	접수	심리·의결				취하·이송	인용률
		인용	기각	각하	소계		
2010년	31,473	4,990	24,320	1,162	30,472	1,001	16.4
2011년	29,986	4,640	23,284	(999)	28,923	1,063	16
2012년	26,002	3,983	19,974	1,030	24,987	1,015	16
2013년	26,255	4,713	18,334	1,358	24,405	1,850	19.3
2014년	26,014	4,131	19,164	(1,975)	25,270	744	16.3

ㄱ. 주어진 공식을 이용하여 계산한 위의 표를 보면 인용률이 가장 높은 해는 2013년이다. 하지만 실전에서 위의 표처럼 모두 계산할 수는 없으므로 2013년과 비교했을 때 분모가 크고 분자가 작은 것은 제외하고 살펴보는 것이 좋은데, 2011, 2012, 2014년이 이에 해당함을 알 수 있다. 결국 2013년과 2010년을 비교해 보면 분모는 20%가 훨씬 넘게 증가한 반면, 분자는 그에는 미치지 못하게 증가했음을 알 수 있다. 따라서 2013년의 인용률이 가장 높다.

ㄷ. 완성된 위 표에 따르면 2011년의 각하 건수는 999건이고, 2014년은 1,975건이므로 각하 건수가 가장 적은 해는 2011년임을 알 수 있다.

오답분석

ㄴ. 취하·이송 건수는 2011년과 2013년에 전년 대비 증가하였으므로 옳지 않은 내용이다.

ㄹ. 2013년의 경우 접수 건수는 전년 대비 증가하였으나 심리·의결 건수는 전년 대비 감소하였으므로 둘의 연도별 증감방향은 동일하지 않다.

유치원당 교지면적은 국립(255.0m²)이 사립(1478.4m²)보다 작지만 원아 1인당 교사면적은 국립(7.5m²)이 사립(7.2m²)보다 크므로 옳지 않은 내용이다.

오답분석

① 사립의 원아 1인당 교지면적은 13.2m²이며 공립은 6.1m²이므로 사립이 공립의 2배 이상임을 알 수 있다.

② 유치원당 교사면적이 가장 큰 유형부터 순서대로 나열하면 사립(806.4m²), 국립(562.5m²), 공립(81.2m²) 순서이므로 옳은 내용이다.

③ 유치원당 교지면적이 유치원당 교사면적보다 작은 유치원 유형은 국립(255.0m²<562.5m²)뿐이므로 옳은 내용이다.

④ 유치원당 교지면적은 사립(1,478.4m²)이 국립(255.0m²)의 약 5.8배이므로 5.5배 이상이고, 유치원당 교사면적은 사립(806.4m²)이 국립(562.5m²)의 약 1.43배이므로 1.4배 이상이다. 따라서 옳은 내용이다.

10

정답 ②

2025년 전체 에너지 효율화 시장규모의 30%는 23.55억 달러인데 '사무시설'의 2025년 시설규모는 21.7억 달러로 예상되므로 옳은 내용이다.

오답분석

① 2020년 '주거시설' 유형의 에너지 효율화 시장규모의 2019년 대비 증가폭은 0.8억 달러인데, 2019년 시장규모의 15%는 0.96억 달러이어서 전자보다 크다. 따라서 매년 15% 이상 증가한 것은 아니므로 옳지 않다.

③ 자료에서 나타난 것은 2025년과 2030년의 효율화 시장규모의 예상치일 뿐이어서 이 사이의 연도에 대한 자료는 알 수 없다. 따라서 매년 30% 증가할지의 여부는 알 수 없다.

④ 2019년 전체 에너지 효율화 시장규모는 46억 달러이며 이의 50%는 23억 달러인데 반해, '산업시설' 유형의 에너지 효율화 시장규모는 23.9억 달러여서 이보다 크다. 따라서 옳지 않다.

⑤ '공공시설'의 2018년 시장규모가 2.5억 달러이고 2030년 시장규모가 10억 달러로 예상되고 있으므로 '공공시설' 시장규모의 증가율은 300%, 즉 4배이다. 그러나 나머지 3개의 시설은 4배에 미치지 못하는 시장규모를 보이고 있다. 따라서 증가율이 가장 높을 것으로 전망되는 시설유형은 '공공시설'이다.

11

정답 ①

문제를 풀기 전에 먼저 확인해야 할 것은 A프랜차이즈가 서울과 6대 광역시에만 위치하고 있느냐이다. 정석대로 하려면 주어진 숫자들을 정확하게 더한 값이 전체의 총합과 일치하는지를 판단해보아야 하나, 실전에서는 일의 자리 숫자만 더해보고 일치하는지의 여부로 판단해도 충분하다. 이 문제의 경우는 서울과 6대 광역시를 제외한 나머지 지역에는 프랜차이즈가 위치하고 있지 않은 상황이다.

만약 중규모 가맹점과 대규모 가맹점이 모두 서울 지역에 위치하고 있다면 이 둘의 결제 건수인 4,758건이 모두 서울 지역에서 발생한 것이 된다. 그렇다면 서울 지역의 결제 건수인 142,248건에서 4,758건을 차감한 137,490건이 최소로 가능한 건수이다. 따라서 옳지 않은 내용이다.

오답분석

② 서울 지역의 결제 건수인 142,248건에 6,000건을 더하더라도 전체 결제 건수인 148,323건에 미치지 못한다. 따라서 6대 광역시 가맹점의 결제 건수 합은 6,000건 이상이다.

③ 표 2에서 결제 건수 대비 결제 금액을 어림해 보면 소규모와 대규모 가맹점은 건당 2만 원에 근접한 수치로 계산되는데, 중규모 가맹점의 경우는 건당 2만 원에 한참 미치지 못한다. 따라서 옳은 내용이다.

④ 대구 지역의 가맹점 수 대비 결제 금액은 약 300만 원인데 반해 나머지 지역들은 이에 한참 미치지 못한다. 따라서 옳은 내용이다.

⑤ 전체 가맹점 수인 1,363개에서 이의 10%를 차감한 값이 90% 값이다. 이를 계산하면 1,363－136＝1,227이므로 서울의 가맹점 수인 1,269개는 이보다 크다. 따라서 옳은 내용이다.

12

정답 ⑤

가격지수의 기준연도가 2002년이고 2002년의 가격지수가 100이므로, 2002년 가격지수 대비 2015년 3월의 가격지수의 상승률을 판단하는 것은 결국 2015년 3월 가격지수의 크기를 비교하는 것과 같은 의미이다. 따라서 가격지수가 가장 낮은 유지류(151.7)의 상승률이 가장 낮음을 알 수 있다.

오답분석

① 그래프에서 2014년 3월의 식량 가격지수가 213.8이고, 이것의 10%는 21.4, 5%는 약 10.7이므로 15%는 대략 32.1%임을 알 수 있다. 따라서 213.8에서 15% 감소한 값은 약 181.7로 계산되는데 이는 2015년 3월의 식량 가격지수 173.8보다 더 크다. 따라서 옳은 내용임을 알 수 있다.

② 그래프에서 2014년 4월부터 9월까지 식량 가격지수가 매월 하락하였음을 알 수 있으므로 옳은 내용이다.

③ 표에서 2014년 3월에 비해 2015년 3월 가격지수가 가장 큰 폭으로 하락한 품목은 낙농품(83.6)이므로 옳은 내용이다.

④ 표에서 육류 가격지수는 2014년 8월까지 매월 상승하다가 그 이후에는 매월 하락하고 있음을 알 수 있으므로 옳은 내용이다.

13

정답 ⑤

ㄴ. 전체 저수지 수인 3,226개소의 80%는 2,580.8인데 저수 용량이 10만m³ 미만인 저수지 수는 2,668개소로 이보다 크다. 따라서 옳은 내용이다.

ㄷ. 관리기관이 N공사인 저수지의 개소당 수혜면적은 $\frac{69,912}{996}$ 이며, 관리기관이 자치단체인 저수지의 개소당 수혜면적은 $\frac{29,371}{2,230}$ 로 나타낼 수 있는데, 이를 어림해서 구하면 전자는 약 70이고 후자는 약 13이다. 따라서 전자는 후자의 5배 이상이므로 옳은 내용이다.

ㄹ. 전체 저수지의 총 저수용량의 5%는 약 3,500만m³인데 저수용량이 50만 이상 100만 미만인 저수지가 100개소라고 하였다. 따라서 이들의 저수용량은 최소 5,000만m³이므로 전체 저수용량의 5%보다는 클 수밖에 없다. 따라서 옳은 내용이다.

오답분석

ㄱ. 관리기관이 자치단체인 저수지는 2,230개소이고 제방높이가 10m 미만인 저수지는 2,566개소이다. 만약 이 둘이 서로 겹치지 않는다면 이 둘의 합이 전체 저수지 수보다 작아야 한다. 하지만 둘의 합은 4,796개소로 전체 저수지 수인 3,226개소보다 크다. 따라서 적어도 1,570개소 이상은 관리기관이 자치단체이면서 제방높이가 10m 미만인 저수지이다.

14

정답 ③

ㄱ. 먼저 그래프의 구성비를 살펴보면, 잣나무 생산량은 전나무 생산량의 약 $\frac{1}{4}$ 이므로 2011년의 잣나무의 생산량은 대략 14만m³임을 알 수 있다. 이를 토대로 2011년 원목생산량의 2006년 대비 증가율을 판단해 보면 소나무는 약 3배가량 증가하였으나 나머지 수종은 이에는 미치지 못하고 있음을 확인할 수 있다. 따라서 옳은 내용이다.

ㄹ. 전체 생산량을 직접 구하기보다는 이미 주어진 2011년 소나무의 구성비를 역으로 활용하면 보다 간편하게 구할 수 있다. 만약 2009년의 소나무 비중이 2011년과 같은 23.1%라면 소나무 생산량에 4배가 약간 넘는 수치를 곱했을 때 전체 원목의 생산량이 구해져야 한다. 표에서 이를 활용해 보면 소나무의 생산량은 약 40만이고 여기에 4배가 약간 넘는 수치를 곱한다면 전체 합은 대략 160만 정도가 된다. 그러나 2009년 각 수종의 생산량을 어림해서 보아도 160만은 훨씬 넘는다는 것을 알 수 있다. 따라서 2009년 소나무의 구성비는 23.1%보다 작다는 것을 이끌어낼 수 있으며 2011년의 비중이 2009년보다 크다는 것을 알 수 있다.

오답분석

ㄴ. '기타'를 제외하고 2006~2011년 동안 원목생산량이 매년 증가한 수종은 낙엽송과 참나무 2개이므로 옳지 않은 내용이다.

ㄷ. 2010년 잣나무 원목생산량(12.8m³)의 6배는 76.8m³으로 참나무 원목생산량(76.0m³)보다 크다. 따라서 옳지 않은 내용이다.

15

정답 ③

ㄴ. 같은 항목 내에서는 지수의 감소율과 실수치의 감소율이 동일하다. 따라서 1837년의 인구지수가 1789년 대비 증가한 한성과 경기를 제외한 나머지 지역을 보면, 평안 지역의 감소율이 30%를 넘어 나머지 지역의 감소율을 압도한다. 따라서 옳은 내용이다.

ㄷ. 곱셈비교를 통해 1864년의 인구를 비교하면 경상 지역(=425×358)의 인구가 가장 많다는 것을 알 수 있다.

오답분석

ㄱ. 1753년 강원 지역 인구를 계산하기 위해 각주의 첫 번째 산식을 변형하여 구하면 (724×54,000)/100=390,960명이므로 표 1에서 주어진 1648년 전라 지역 인구(432,000명)보다 적다. 따라서 옳지 않다.

ㄹ. 1904년이라는 동일한 연도 내에서의 비교이므로 굳이 1904년의 전체 인구를 계산할 필요는 없고 경기 지역의 인구와 함경 지역의 인구를 비교하면 된다. 이에 따르면 경기 지역 인구는 81×831,100(=약 67만 명)이고, 함경 지역 인구는 69×1,087,100(=약 75만 명)이므로 경기 지역이 함경 지역보다 작다. 따라서 옳지 않다.

16

정답 ③

ㄴ. 표 1에 의하면 2013년 제조용 로봇의 평균단가는 개당 54.6천 달러이고, 이것의 3배는 160을 넘는다. 그런데 전문 서비스용 로봇의 평균단가는 개당 159.0천 달러이므로 이에 미치지 못한다. 따라서 옳은 내용이다.

ㄷ. 표 2에 의하면 전문 서비스 분야는 건설, 물류, 의료, 국방의 4개 분야이며 표 3에 의하면 이 4개 분야의 구성비의 합은 50%이므로 옳은 내용이다.

ㄱ. 표 1에 의하면 2013년 전체 로봇 시장규모는 15,000백만 달러이며 이의 70%는 10,500백만 달러이다. 그런데 제조용 로봇 시장규모는 9,719백만 달러로서 이에 미치지 못한다. 따라서 옳지 않은 내용이다.

ㄹ. 표 2에 의하면 가사 분야와 여가 분야의 로봇 시장규모는 매년 증가하였으나, 교육 분야는 매년 감소하고 있으므로 옳지 않은 내용이다.

17

정답 ②

ㄱ. 자료에 의하면 2015년 이후 항공기사고 발생 건수는 2015년(2건), 2016년(4건), 2017년(7건), 2018년(9건)으로 매년 증가하고 있다.

ㄷ. 자료에 의하면 총 항공기사고 발생 건수가 58건이므로 이의 60%는 34.8건인데, 순항단계(22건)와 착륙단계(17건)의 항공기사고 발생 건수의 합은 39건이므로 옳은 내용이다.

ㄴ. 자료에 의하면 비행단계별 항공기사고 발생 건수가 많은 것부터 순서대로 나열하면 순항(22건), 착륙(17건), 상승(7건), 접근(6건)이므로 상승단계와 접근단계의 순위가 바뀌었다.

ㄹ. 자료에 따르면 2016년의 경우 2015년에 비해 100% 증가하였으나, 2017년과 2018년은 모두 전년에 비해 100% 미만으로 증가하였음을 확인할 수 있다.

18

정답 ②

ㄱ. 표 1에 따르면 회원기금원금은 2007년과 2008년에 전년에 비해 각각 감소하였으므로 옳지 않은 내용이다.

ㄷ. 표 3에 따르면 2010년 회원급여저축총액은 37,952억 원인데 반해 회원급여저축원금은 26,081억 원으로 50%를 훨씬 넘는다. 따라서 회원급여저축총액의 또 다른 구성요소인 누적이자총액의 비중은 50%에 한참 미치지 못하므로 옳지 않다.

ㄴ. 표 2에 따르면 공제회 회원 수가 가장 적은 해는 2008년(159,398명)이며, 표 1에 따르면 목돈수탁원금이 가장 적은 해는 역시 2008년(6,157억 원)이다. 따라서 옳은 내용이다.

ㄹ. 표 2에 의하면 1인당 평균 계좌 수가 가장 많은 해는 2010년(70.93개)이며 표 1에 따르면 회원기금원금이 가장 많은 해도 2010년(38,720억 원)이었다. 따라서 옳은 내용이다.

19

정답 ③

2010년 A성씨의 동 지역 인구는 556명이고 2010년 A성씨의 면 지역 인구는 53명이다. 따라서 2010년 A성씨의 동 지역 인구는 2010년 A성씨의 면 지역 인구의 10배 이상이므로 옳은 내용이다.

① 2010년 A성씨의 전체 가구는 228가구이며 1980년 A성씨의 전체 가구는 80가구이다. 따라서 2010년 A성씨의 전체 가구는 1980년의 3배 이하이므로 옳지 않다.

② 빈칸을 채우면 1980년 경기의 A성씨 가구는 31가구이며 2010년 경기의 A성씨 가구는 64가구이다. 따라서 2010년 경기의 A성씨 가구는 1980년의 3배 이하이므로 옳지 않다.

④ 굳이 1980년 전북, 경북, 경남, 제주의 인구수를 직접 구하지 않더라도 최댓값은 11(=140-129)이라는 것을 알 수 있으므로 부산보다는 적다는 것을 확인할 수 있다. 따라서 1980년 A성씨의 인구가 부산보다 많은 광역자치단체는 서울(122명), 인천(40명), 경기(124명)의 3곳임을 알 수 있다.

⑤ 서울의 2010년 A성씨 인구의 1980년 대비 증가폭은 61명(=183-122)인데, 경기의 인구 증가폭은 92명(=216-124)이다. 따라서 A성씨 인구 증가폭이 서울보다 큰 광역자치단체가 없는 것이 아니므로 옳지 않은 내용이다.

20

표에서 주어진 빈칸을 채우면 다음과 같다. 단, 전체 합계는 숫자가 커지므로 처음에는 계산하지 말고 선택지를 보면서 필요한 경우에만 채워 넣도록 하자.

(단위 : 건)

연도＼발의주체	단체장	의원	주민	합
2010년	527	(374)	23	924
2011년	(628)	486	35	1,149
2012년	751	626	39	(1,416)
2013년	828	804	51	1,683
2014년	905	865	(54)	1,824
전체	3,639	3,155	202	(6,996)

2014년 조례발의 건수(1,824건)는 2012년 조례발의 건수(1,416건)의 1.5배(약 2,100건)에 미치지 못하므로 옳지 않은 내용이다.

오답분석

① 2012년 조례발의 건수(1,416건)의 50%는 708건인데 단체장발의 건수(751건)는 이보다 크므로 옳은 내용이다.
② 2011년 단체장발의 건수(628건)는 2013년 의원발의 건수(804건)보다 적으므로 옳은 내용이다.
③ 자료에서 주민발의 건수는 매년 증가하고 있으므로 옳은 내용이다.
④ 2014년 의원발의 건수(865건)는 2010년(374건)과 2011년(486건)의 합(860건)보다 크므로 옳은 내용이다.

01	02	03	04	05	06	07	08	09	10	11	12	13	14	15	16	17	18	19	20
②	①	④	②	④	②	②	⑤	⑤	④	①	①	③	⑤	④	③	②	③	⑤	⑤

01

정답 ②

ㄴ. 2012년 비수도권의 지가변동률은 1.47%로 수도권의 0.37%에 비해 높으며, 2013년 비수도권은 1.30%로 수도권의 1.20%에 비해 높다. 마지막으로 2015년 비수도권은 2.77%로 수도권의 1.90%에 비해 높으므로 총 3개 연도에서 비수도권의 지가변동률이 수도권의 지가변동률보다 높다.

오답분석

ㄱ. 2013년 비수도권의 지가변동률은 1.30%로 2012년 1.47%에 비해 하락하였으므로 옳지 않은 내용이다.

ㄷ. 수도권의 경우는 2018년이 전년에 비해 1.80%p 높아 전년 대비 지가변동률 차이가 가장 크지만, 비수도권은 2017년이 전년에 비해 1.00%p 높아 차이가 가장 크므로 연도는 동일하지 않다.

02

정답 ①

ㄱ. 지연율을 직접 계산하기보다는 분자와 분모의 관계를 바꿔 총 운항 대수가 총 지연 대수의 몇 배인가를 따져 가장 배수 값이 큰 것을 고르는 것이 더 편하다. 이 기준으로 판단할 경우 BK항공사는 나머지 항공사에 비해 월등히 큰 20배가 넘는 값으로 계산되므로 지연율이 가장 낮았다는 것을 알 수 있다.

ㄴ. 여사건의 개념을 활용하여 항공사별 총 지연 대수 중 연결편 접속사유가 차지하는 비중이 가장 낮은 항공사를 찾으면 된다. 다른 항공사의 경우는 두 값이 큰 차이를 보이지 않아 이 비중이 크다는 것을 알 수 있는데, ZH항공사의 경우는 구체적인 수치를 계산해 보지 않아도 이 값이 작다는 것을 눈어림으로 확인할 수 있다. 따라서 옳은 내용이다.

오답분석

ㄷ. 기상 악화로 인한 총 지연 대수는 605건이어서 이의 50%는 약 302건으로 계산할 수 있는데, EK항공과 JL항공의 기상 악화로 인한 지연 대수의 합은 361건으로 이보다 크다. 따라서 옳지 않은 내용이다.

ㄹ. EZ항공의 경우 항공기 정비로 인한 지연 대수 대비 기상 악화로 인한 지연 대수 비율이 3과 4 사이 값으로 계산되나, 8L의 경우는 이 비율이 9로 나타나 EZ항공보다 더 크다. 따라서 옳지 않은 내용이다.

03

정답 ④

ㄱ. 지분율 상위 4개 회원국의 특표권 비율은 중국(26.06%), 인도(7.51%), 러시아(5.93%), 독일(4.15%)이므로 이들의 합은 약 43%이다. 따라서 옳은 내용이다.

ㄴ. 중국을 제외한 지분율 상위 9개 회원국들에 대해 지분율과 투표권 비율의 차이를 어림해보면 인도는 1%p를 넘는 반면 나머지 8개 회원국들은 1%p에 미치지 못한다. 따라서 옳은 내용이다.

ㄹ. 독일(4.57%)과 프랑스(3.44%)의 지분율 합은 8.01%이므로 AIIB의 자본금 총액이 2,000억 달러라면 이들이 출자한 자본금의 합은 160억 달러를 넘는다. 따라서 옳은 내용이다.

오답분석

ㄷ. 직접 계산하는 것 이외에는 특별한 방법이 없다. A지역 회원국의 지분율 합은 약 50%인데 반해, B지역 회원국의 지분율 합은 약 21%이므로 전자가 후자의 3배에 미치지 못한다. 따라서 옳지 않은 내용이다.

04

ㄱ. 부정적 키워드와 긍정적 키워드를 직접 비교하는 것보다는 긍정적 키워드의 건수가 전체 건수의 절반이 넘는지를 대략적으로 어림해 보는 것이 효율적이다. 이에 따라 판단해 보면 2001년, 2002년, 2007 ~ 2013년의 9개년도에서 긍정적 키워드의 건수가 부정적 키워드의 건수보다 더 많으므로 옳은 내용이다.

ㄷ. 모든 연도를 계산해볼 필요 없이 전체를 스캔해 보면 2002년의 경우 2001년에 비해 검색 건수가 2배 이상 증가했다는 것을 확인할 수 있는데 다른 연도의 경우 이처럼 큰 증가율을 보이고 있지 않다. 따라서 옳은 내용이다.

오답분석

ㄴ. '세대소통' 키워드의 검색 건수는 2006년, 2013년이 전년에 비해 감소하였다. 따라서 2005년 이후 매년 증가하였다는 진술은 옳지 않다.

ㄹ. 2002년 '세대소통'의 2001년 대비 검색 건수는 정확히 2배 증가하였는데, '세대갈등'의 경우는 2배에 미치지 못하고 있다. 따라서 검색 건수의 전년 대비 증가율이 가장 낮은 것은 '세대소통'이 아니다.

05

ㄱ. 대소비교만 하면 되는 것이므로 백분율을 무시하고 각주의 첫 번째 산식을 변형하면 주택 수는 '[주택보급률(%)]×(가구 수)'로 나타낼 수 있다. 그런데 주택보급률과 가구 수 모두 주어진 기간 동안에는 매년 증가하는 모습을 보이고 있으므로 이의 곱인 주택 수 역시 매년 증가하였을 것이다. 따라서 옳은 내용이다.

ㄷ. 2016년의 1인당 주거공간의 전년 대비 증가율을 살펴보면, 분모가 되는 전년도의 1인당 주거공간의 면적은 가장 작은 반면, 분자가 되는 면적의 증가분은 가장 크다. 따라서 직접 계산할 필요 없이 2016년이 가장 크다는 것을 확인할 수 있다.

ㄹ. 이는 직접 구하기보다 곱셈비교를 통해 비교하는 방법이 보다 간편하다. 즉, 10,167×58.5×2<12,995×94.2의 관계가 성립하는지를 확인하면 된다. 여기서 12,995는 10,167보다 약 30%가량 증가한 수치인 반면 94.2는 117에 비해 20% 정도만 감소한 상태이다. 따라서 위의 관계가 성립함을 알 수 있다.

오답분석

ㄴ. 단순히 주택보급률과 가구 수만으로는 주택을 두 채 이상 소유한 가구 수를 계산할 수 없다. 극단적인 예로 한 가구가 모든 주택을 소유하고 있는 경우, 실제 소유한 가구는 한 가구에 불과하지만 전체 주택 수에 따라 주택보급률이 변화하게 된다.

06

ㄱ. 먼저 A, D, E는 에탄올 주입량이 0.0g일 때의 렘수면시간이 4.0g일 때와 비교할 때 2배를 훨씬 뛰어넘는 차이를 보인다. 그리고 C는 2배에는 미치지 못하지만 1이 부족할 뿐이고 B 역시 7이 부족할 뿐이다. 따라서 B와 C는 나머지 쥐들이 벌려놓은 대세에 영향을 주지 못하므로 이 둘의 평균은 2배 이상의 차이를 보인다고 판단할 수 있다.

ㄷ. 에탄올 주입량이 0.0g일 때와 1.0g일 때의 렘수면시간 차이를 계산하면 A(24분), B(19분), C(21분), D(18분), E(3분)로 A의 차이가 가장 크다.

오답분석

ㄴ. 에탄올 주입량이 2.0g일 때 쥐 B(60분)와 쥐 E(39분)의 렘수면시간 차이는 21분이므로 옳지 않은 내용이다.

ㄹ. A, E는 에탄올 주입량이 많을수록 렘수면시간이 감소하였다. 그러나 B와 D는 에탄올 주입량이 1.0g에서 2.0g으로 늘어날 때에 렘수면시간이 증가하였고 C는 2.0g에서 4.0g으로 늘어날 때에 렘수면시간이 증가하였으므로 옳지 않은 내용이다.

07

ㄱ. 비중이 25% 이상이라는 것은 결국 해당 항목의 수치에 4를 곱한 것이 전체 합계보다 크다는 것을 의미한다. 이에 따르면 노인복지관과 자원봉사자의 수치에 4를 곱한 것이 전체 합계보다 크므로 각각의 비중은 25% 이상이다.

ㄷ. A ~ I지역 중 복지종합지원센터 1개소당 자원봉사자 수가 가장 많은 지역은 E(1,188명)이며 복지종합지원센터 1개소당 등록노인 수가 가장 많은 지역은 E(59,050명)이므로 옳은 내용이다.

오답분석

ㄴ. $\left(\dfrac{\text{노인복지관 수}}{\text{복지종합지원센터 수}}\right) \leq 100$을 변형하면, 노인복지관 수≤(복지종합지원센터×100)으로 나타낼 수 있다. 이를 이용하면 A, B, I가 이에 해당하며 D는 노인복지관 수가 더 크기 때문에 해당되지 않는다.

ㄹ. 분수의 대소비교를 이용하면, 분모가 되는 노인복지관의 수는 H가 C의 3배임에 반해 분자가 되는 자원봉사자의 수는 3배에 미치지 못한다. 따라서 H가 C보다 더 적다.

ㄷ. 제조업 생산액 대비 식품산업 생산액 비중을 a라 하고 GDP 대비 식품산업 생산액 비중을 b라 하면, GDP 대비 제조업 생산액 비중은 $\frac{b}{a}$ 로 나타낼 수 있다. 따라서 2007년의 비중은 $\frac{3.4}{13.89}$, 2012년의 비중은 $\frac{3.42}{12.22}$ 로 표현할 수 있는데, 분자는 변화가 거의 없는 반면 분모는 2012년이 적으므로 2012년의 비중이 더 크다는 것을 알 수 있다.

ㄹ. 정확한 수치, 더 나아가 단위수가 중요한 역할을 하므로 ㄱ과 같이 백분율을 무시한 계산이 아닌 제대로 된 수치를 계산해야 한다. 즉, GDP는 $\frac{(\text{식품산업 생산액})}{(\text{비중})} \times 100$ 으로 구할 수 있으므로 수치를 대입하면 $\frac{36,650}{3.57} \times 100 \fallingdotseq 1,026,610$, 즉, 1,000,000 이상이 된다. 그런데 주어진 생산액의 단위가 십억 원이므로 최종적인 수치는 1,000조 원 이상임을 알 수 있다.

오답분석

ㄱ. 백분율을 무시하고 제조업 생산액을 구하면 2001년은 $\frac{27,685}{17.98}$ 로, 2012년은 $\frac{43,478}{12.22}$ 로 나타낼 수 있다. 이는 직접 구하는 것보다 어림산으로 계산하는 것이 훨씬 효율적이다. 즉, 2001의 생산액을 $\frac{28}{18}(\fallingdotseq 1.6)$로 2012의 생산액을 $\frac{43}{12}(\fallingdotseq 3.6)$로 자릿수를 줄여 판단하면 후자는 전자의 4배에 미치지 못함을 알 수 있다. 따라서 옳지 않은 내용이다.

ㄴ. 2009년과 2011년을 비교해 보면, 2009년의 식품산업 매출액은 39,299십억 원에서 44,441억 원으로 증가하였고, 2011년은 38,791십억 원에서 44,448십억 원으로 증가하였다. 즉, 2011년이 2009년보다 더 적은 매출액에서 거의 비슷한 매출액으로 증가한 것이므로 매출액의 증가율은 2011년이 더 클 것이라는 것을 알 수 있다.

회주철 수도관의 총 파손 건수(334건)의 10%는 약 33건인데 보수과정 실수로 인한 파손 건수는 43건으로 이보다 더 크다. 따라서 보수과정 실수로 인한 파손 건수는 전체 회주철 수도관 파손 건수의 10% 이상이다.

오답분석

① 덕타일주철 수도관의 파손 건수가 50건 이상인 파손원인은 시설노후(71건), 수격압(98건)이므로 옳은 내용이다.
② 회주철 수도관의 총 파손 건수(334건)가 덕타일주철 수도관의 총 파손건수(232건)보다 많으므로 옳은 내용이다.
③ 주철 수도관의 파손원인별 파손 건수 중에서 '자연재해' 파손 건수(2건)가 가장 적으므로 옳은 내용이다.
④ 주철 수도관의 총 파손 건수(566건)의 30%는 약 170건임에 반해 시설노후로 인한 파손 건수는 이보다 더 큰 176건이다. 따라서 시설노후로 인한 파손 건수는 전체 파손 건수의 30% 이상이다.

구체적으로 계산해 보지 않더라도 배구의 관중 수는 1,400천 명을(구체적으로 계산하면 1,472천 명) 넘는 데 반해 핸드볼은 그에는 한참 미치지 못하며 1,100천 명을 넘는 수준(구체적으로 계산하면 1,207천 명)이다. 따라서 2009년 연간 관중 수는 배구가 핸드볼보다 많다.

오답분석

① 축구의 연간 관중 수는 2008년에는 11,644천 명, 2009년에는 10,980천 명, 2010년에는 10,864천 명으로 감소하고 있음을 알 수 있다.
② 2011년의 경우 야구(65.7%)의 관중수용률이 농구(59.5%)보다 높으므로 옳지 않은 내용이다.
③ 관중수용률이 매년 증가한 종목은 야구와 축구 2개이므로 옳지 않은 내용이다.
⑤ 2007년을 보더라도 농구의 수용규모는 전년보다 증가하고 있는 반면, 핸드볼의 수용규모는 전년보다 감소하고 있음을 알 수 있으므로 옳지 않은 내용이다.

11

정답 ①

ㄱ. 동일한 연도라면 분모가 되는 해당 연도 한국의 도시폐기물량이 동일하므로 도시폐기물량지수의 비교만으로도 실제 해당 국가의 도시폐기물량의 비교가 가능하다. 이에 따르면 2012년 미국의 도시폐기물량지수는 12.73이고 일본은 2.53이어서 미국의 수치가 일본의 4배 이상이다. 따라서 옳은 내용이다.

ㄷ. 이 선택지를 판단하기 위해서는 먼저 아래의 ㄴ에서 사용된 원리를 파악해야 한다. 이에 따라 계산하면 2009년 스페인의 폐기물량은 1.33×1,901만 톤임을 알 수 있다. 그런데 2012년의 경우는 상위 10개국에 스페인이 포함되지 않아 구체적인 지수값은 알 수 없다. 그러나 10위인 이탈리아(1.40×1,788)보다는 작을 것임은 확실하므로 이 둘을 곱셈비교를 통해 비교하여 판단하면 2009년 스페인의 폐기물량이 더 크다는 것을 알 수 있다. 따라서 2012년 스페인의 도시폐기물량은 2009년에 비해 감소하였다.

오답분석

ㄴ. 주어진 산식을 변형하면, 2011년 러시아의 도시폐기물량은 도시폐기물량지수(3.87)에 한국의 도시폐기물량(1,786만 톤)을 곱한 값이 되는데 어림산으로 계산해 보면 7,000만 톤에도 미치지 못하므로 옳지 않은 내용이다.

ㄹ. ㄱ에서 살펴본 것과 같이 동일한 연도 내의 폐기물량을 비교하기 위해서는 도시폐기물량지수를 직접 비교하면 된다. 그런데 2012의 경우는 터키의 지수(1.72)가 영국(1.70)보다 큰 것으로 나타나고 있으므로 옳지 않은 내용임을 알 수 있다.

12

정답 ①

'갑'국 전체의 국제선 운항 횟수가 353,272회이며 표 1에서 언급된 1~5위의 운항 횟수를 모두 더하면 348,622회이므로 6위 이하 공항의 운항 횟수가 4,650회임을 알 수 있다. 그런데 현재 5위인 CJ공항의 운항 횟수가 약 3,500회에 불과하여 6위 이하에는 최소 2개의 공항이 존재함을 알 수 있다. 따라서 2015년 국제선 운항 공항 수는 7개 이상이다.

오답분석

② 2015년 KP공항 국제선의 운항 횟수는 18,643회이며 국내선의 운항 횟수는 56,309회이고 국내선 운항 횟수의 $\frac{1}{3}$ 은 약 18,770회로 계산된다. 따라서 2015년 KP공항의 국제선 운항 횟수는 국내선의 $\frac{1}{3}$ 에 미치지 못한다.

③ 표 2에서 MA공항 운항 횟수의 전년 대비 증가율이 1위라는 것은 알 수 있으나 MA공항의 전년과 금년의 운항 횟수가 얼마인지는 알 수 없으므로 옳지 않은 내용이다.

④ 국내선 운항 횟수 상위 5개 공항의 국내선 운항 횟수 합은 약 153,000회인데 '갑'국 전체 국내선 운항 횟수의 90%는 약 150,000회이므로 옳지 않은 내용이다.

⑤ 국내선 운항 횟수와 국내선 운항 횟수의 전년 대비 증가율 모두 상위 5개 이내에 포함된 공항은 KP, TG, AJ 총 3개의 공항이므로 옳지 않은 내용이다.

13

정답 ③

국내사업비 지출액 중 아동복지 지출액은 0.4×0.45=0.18(18%)이고 해외사업비 지출액 중 교육보호 지출액은 0.5×0.54=0.27(27%)이므로 둘의 합은 45%이다.

오답분석

① 먼저 각주에서 수입액과 지출액이 같다고 하였으므로 구성비를 통해 직접 대소비교가 가능하다는 점을 알아두자. 이에 따르면 전체 수입액 중 후원금 수입은 10%이고, 국내사업비 지출액 중 아동복지 지출액은 0.4×0.45=0.18(18%)이므로 전자가 후자보다 작다.

② 국내사업비 지출액 중 아동권리지원 지출액은 0.4×0.27=0.108(10.8%)이고 해외사업비 지출액 중 소득증대 지출액은 0.5×0.2=0.1(10%)이므로 전자가 후자보다 크다.

④ 해외사업비 지출액 중 식수위생 지출액은 0.5×0.05=0.025(2.5%)이므로 A자선단체 전체 지출액의 2%를 초과한다.

⑤ 전체 수입액(=지출액)을 100이라 가정하면, 전체 수입액이 증가하기 전의 지역사회복지 지출액은 6.4이다. 그런데 전체 수입액이 6만큼 증가하였고 지역사회복지 지출액을 제외한 나머지 지출액은 동일하게 유지되었다고 하였으므로, 증가액 전체가 지역사회복지 지출액과 같다고 판단할 수 있다. 여기서 현재 지출액의 2배 이상이 되려면 전체 수입액이 6.4만큼 증가하여야 하는데 그에 미치지 못하는 6만큼만 증가하고 있다. 따라서 2배 미만으로 증가한다.

14

ㄴ. 5등급 요양기관 중 서울 지역 요양기관의 비중은 $0.5\left(=\frac{4}{8}\right)$이고, 2등급 요양기관 중 강원 지역 요양기관의 비중은 $0.2\left(=\frac{2}{10}\right)$이므로 전자가 더 크다. 따라서 옳은 내용이다.

ㄷ. 1등급 '상급종합병원' 요양기관 수는 37개소이고, 5등급을 제외한 '종합병원' 요양기관 수의 합은 38개소이므로 전자가 후자보다 적다. 따라서 옳은 내용이다.

ㄹ. '상급종합병원' 요양기관 중 1등급 요양기관의 비중은 $\frac{37}{42}$이고, 1등급 요양기관 중 '종합병원' 요양기관의 비중은 $\frac{30}{67}$인데 전자는 분자가 분모의 절반을 넘는 반면, 후자는 분자가 분모의 절반이 되지 않으므로 전자가 더 크다. 따라서 옳은 내용이다.

오답분석

ㄱ. 경상 지역 요양기관 중 1등급 요양기관의 비중은 $\frac{16}{17}$이며, 서울 지역 요양기관 중 1등급 요양기관의 비중은 $\frac{22}{29}$이다. 전자는 계산을 하지 않아도 90%를 넘는다는 것을 알 수 있으며 후자는 그에 한참 미치지 못하므로 경상 지역 요양기관 중 1등급 요양기관의 비중이 더 크다. 따라서 옳지 않은 내용이다.

15

ㄱ. 표 1에서 2010년 한국의 섬유수출액(126억 달러)과 인도의 섬유수출액(241억 달러)의 차이는 100억 달러를 넘으므로 옳은 내용이다.

ㄴ. 세계 전체의 섬유수출액은 (한국의 섬유수출액)÷(한국의 수출액 비중)으로 구할 수 있다. 따라서 표 2에서 2006년 세계 전체의 섬유수출액은 177÷0.05=3,540억 달러이며, 2010년은 표 1에서 6,085억 달러로 주어져 있으므로 후자가 전자의 2배 이하임을 알 수 있다.

ㄹ. 표 1에서 2010년 세계 전체 의류수출액은 3,515억 달러로서 이의 50%는 약 1,800억 달러이다. 중국의 의류수출액은 1,542억 달러로 이에 미치지 못하므로 옳은 내용이다.

오답분석

ㄷ. 2010년 한국원단수출액의 전년 대비 증가율은 $\frac{110-90}{90}\times100\fallingdotseq22\%$이고, 의류수출액의 전년 대비 증가율은 $\frac{16-14}{14}\times100\fallingdotseq14\%$로 그 차이는 22-14=8%p이다. 따라서 10%p보다 작으므로 옳지 않은 내용이다.

16

각 월별 증가율을 직접 계산할 필요 없이 배수를 어림해 보면 3월의 경우 2월에 비해 2배 이상 증가한 상태이지만 다른 월은 모두 2배 이하로 증가한 상태이다. 따라서 옳은 내용이다.

오답분석

① 1월의 학교폭력 신고 건수를 직접 계산할 필요 없이 그래프 2의 비율 자체를 비교하면 학부모의 비율은 55%인데 반해 학생 본인은 28%로서 학부모의 절반을 넘는다. 따라서 학부모의 신고 건수는 학생 본인의 신고 건수의 2배 미만이다.

② 그래프 2에 의하면 학부모의 신고 비율은 매월 감소하고 있으나, 그래프 1의 전체 건수는 매월 증가하고 있다. 그런데 3월의 경우 전체 신고 건수는 2배 이상 증가한 반면, 동월 학부모의 신고 비율은 약 10% 정도의 감소율만 보였다. 따라서 이 둘을 서로 곱한 학부모의 신고 건수는 증가하였음을 알 수 있다.

④ 1월의 학생 본인의 학교폭력 신고 건수는 600건×28%, 4월은 3,600건×59%인데, 1월이 4월의 10% 이상이라고 하였으므로 (600건×28%)>(360건×59%)가 성립하는지를 파악하면 될 것이다. 이를 곱셈비교의 원리를 이용해 살펴보면, 59는 28의 2배를 넘는 데 반해 600은 360의 2배에 미치지 못하고 있다. 따라서 우변이 더 크므로 옳지 않은 내용이다.

⑤ 그래프 1의 자료는 신고된 학교폭력 건수를 보여주고 있을 뿐이지 학교폭력 발생 건수 자체를 나타내는 것이 아니므로 옳지 않다.

17

㉠ 표 1에 의하면 의약품의 특허출원은 2008년부터 2010년까지 매년 감소하고 있으므로 옳은 내용이다.
㉢ 2010년 원료의약품 특허출원 건수가 500건이고 이것의 20%가 100건인데 다국적기업이 출원한 것은 103건으로 이보다 많다. 따라서 옳은 내용이다.

오답분석

㉡ 2010년 전체 의약품 특허출원의 30%는 약 1,400건인데 반해 기타 의약품 출원은 1,220건에 불과하므로 옳지 않은 내용이다.
㉣ 표 2를 통해서는 다국적기업이 출원한 원료의약품 특허출원이 몇 건인지를 알 수 있지만 이 중 다이어트제가 얼마나 되는지는 알 수 없다. 표 3은 다국적기업에 국한된 것이 아닌 전체 기업을 대상으로 한 집계결과이다.

18

이와 같이 괄호의 수가 많지 않고 보기도 적은 경우는 거의 대부분 괄호를 채워놓고 시작하는 것이 편한 경우가 많으며, 꼭 편리성의 측면을 떠나 결국에는 다 채워야 정답을 판단할 수 있게 구성되는 경우가 많다. 표의 빈칸을 채우면 다음과 같다.

응시자 면접관	갑	을	병	정	범위
A	7	8	8	6	2
B	4	6	8	10	(6)
C	5	9	8	8	(4)
D	6	10	9	7	4
E	9	7	6	5	4
중앙값	(6)	(8)	8	(7)	–
교정점수	(6)	8	(8)	7	–

ㄱ. 위 표에 의하면 면접관 중 범위가 가장 큰 면접관은 B(6)이므로 옳은 내용이다.
ㄷ. '병'의 교정점수는 8점이며 '갑'은 6점이므로 옳은 내용이다.

오답분석

ㄴ. 응시자 중 중앙값이 가장 작은 응시자는 갑(6)이므로 옳지 않은 내용이다.

19

먼저 각각의 스마트폰의 종합품질점수를 계산하면 다음과 같다.

구분	A	B	C	D	E	F	G	H	I
점수	13	10	11	12	11	9	13	11	12

ㄷ. 항목의 수가 같은 상황에서 평가점수 평균의 대소를 구하는 것이므로 굳이 평균을 구할 필요 없이 총점을 비교하면 된다. 이를 계산하면 통신사 '통화성능' 총점은 갑이 4점, 을은 3점, 병은 5점이므로 병이 가장 높다.
ㄹ. 직접 계산할 필요 없이 '멀티미디어' 항목은 스마트폰 I에서 2점을 얻은 것을 제외하고는 모두 3점으로 최소한 공동으로 1위는 차지하고 있다. 따라서 옳은 내용이다.

오답분석

ㄱ. 소매가격이 200달러인 스마트폰은 B, C, G이며 이 중 '종합품질점수'가 가장 높은 스마트폰은 G(13점)이므로 옳지 않은 내용이다.
ㄴ. 소매가격이 가장 낮은 스마트폰은 H(50달러)이며 '종합품질점수'가 가장 낮은 스마트폰은 F(9점)이므로 옳지 않은 내용이다.

먼저 제시된 표의 빈칸을 채우면 다음과 같다.

(단위 : 건, 천만 원)

구분 \ 연도		2008년	2009년	2010년	2011년	2012년	2013년
서류검증	건수	755	691	(765)	767	725	812
	비용	54	(60)	57	41	102	68
현장검증	건수	576	650	630	691	(852)	760
	비용	824	1,074	1,091	(1,704)	2,546	1,609
전체	건수	1,331	1,341	1,395	1,458	1,577	1,572
	비용	878	1,134	1,148	1,745	2,648	(1,677)

현장검증 건수가 전년에 비해 감소한 연도는 2010년과 2013년인데, 두 해 모두 전년에 비해 서류검증 건수가 증가하였으므로 옳은 내용이다.

오답분석

① 2013년의 경우 산업 신기술검증 전체비용이 전년에 비해 감소하였으므로 옳지 않은 내용이다.
② 2012년의 경우 서류검증 건수(725)보다 현장검증 건수(852)가 더 많으므로 옳지 않은 내용이다.
③ 판단의 편의를 위해 선택지의 분모와 분자를 바꾸면 '서류검증 비용당 건수는 2008년에 가장 작다.'로 선택지를 변환할 수 있다. 그런데 이는 직접 계산을 하지 않더라도 2008년은 이 값이 10이 넘는데 반해 2012년은 약 7에 그치고 있다는 것을 확인할 수 있으므로 옳지 않은 내용이다.
④ 현장검증 비용이 전년에 비해 감소한 연도는 2013년(2012년 2,546천만 원에서 1,609천만 원으로 감소)뿐이므로 옳지 않은 내용이다.

좋은 책을 만드는 길
독자님과 함께하겠습니다.

도서나 동영상에 궁금한 점, 아쉬운 점, 만족스러운 점이
있으시다면 어떤 의견이라도 말씀해 주세요.
SD에듀는 독자님의 의견을 모아 더 좋은 책으로 보답하겠습니다.

www.sdedu.co.kr

2022 최신판 만점받는 NCS 수리능력 마스터 + 무료NCS특강

개정1판1쇄 발행	2022년 05월 20일 (인쇄 2022년 03월 25일)
초 판 발 행	2021년 10월 15일 (인쇄 2021년 08월 30일)
발 행 인	박영일
책 임 편 집	이해욱
편 저	NCS직무능력연구소 김현철 외
편 집 진 행	유정화 · 구현정
표지디자인	조혜령
편집디자인	김성은 · 곽은슬
발 행 처	(주)시대고시기획
출 판 등 록	제 10-1521호
주 소	서울시 마포구 큰우물로 75 [도화동 538 성지 B/D] 9F
전 화	1600-3600
팩 스	02-701-8823
홈 페 이 지	www.sdedu.co.kr
I S B N	979-11-383-2144-0 (13320)
정 가	18,000원

현재 나의 실력을 객관적으로 파악해 보자!
모바일 OMR
답안채점 / 성적분석 서비스

도서에 수록된 모의고사에 대한 객관적인 결과(정답률, 순위)를 종합적으로 분석하여 제공합니다.

OMR 입력

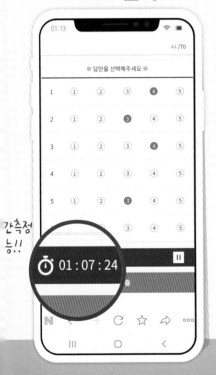

성적분석

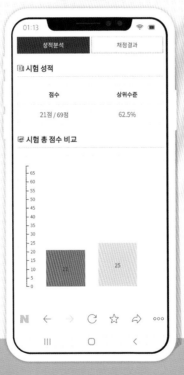

채점결과

※OMR 답안채점 / 성적분석 서비스는 등록 후 30일간 사용 가능합니다.

참여 방법

도서 내 모의고사 우측 상단에 위치한 QR코드 찍기 → 로그인 하기 → '시작하기' 클릭 → '응시하기' 클릭 → 나의 답안을 모바일 OMR 카드에 입력 → '성적분석 & 채점결과' 클릭 → 현재 내 실력 확인하기

합격의 공식 시대에듀

SD에듀

공기업 취업을 위한 NCS
직업기초능력평가 시리즈

NCS 모듈부터 실전까지 "기본서" 시리즈

공기업 취업의 기초부터 차근차근! 취업의 문을 여는 *Master Key!*

NCS 영역별 체계적 학습 "합격노트" 시리즈

암기용
셀로판지로
다회독!

영역별 핵심이론부터 모의고사까지! 단계별 학습을 통한 *Only Way!*

기업별 맞춤 학습 "기업별 NCS" 시리즈

공기업 취업의 기초부터 합격까지! 취업의 문을 여는 Hidden Key!

기업별 기출문제 "기출이 답이다" 시리즈

역대 기출문제와 주요 공기업 기출문제를 한 권에! 합격을 위한 One Way!

시험 직전 마무리 "봉투모의고사" 시리즈

실제 시험과 동일하게 마무리! 합격을 향한 Last Spurt!

※ **기업별 시리즈** : 부산교통공사/한국가스공사/LH 한국토지주택공사/한국공항공사/건강보험심사평가원/국민연금공단/인천국제공항공사/한국수력원자력/한국중부발전/한국환경공단/부산환경공단/한국국토정보공사/SR/신용보증기금&기술보증기금/도로교통공단/한국지역난방공사/한국마사회/한국도로공사/강원랜드/발전회사/항만공사 등

※도서의 이미지 및 구성은 변동될 수 있습니다.

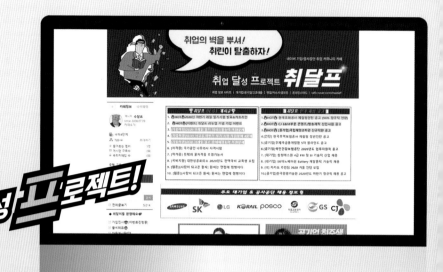